생각에 지친
뇌를 구하는
감정 사용법

생각에 지친
뇌를 구하는
감정 사용법

베르너 티키 퀴스텐마허 | 한윤진 옮김 김대수 감수

Happiness

나무사이

한국 독자들에게

제 절친한 삶의 동반자이자 이 책의 주인공인 '림비'를 한국 독자들에게 소개하게 되어 매우 기쁩니다. 앞으로 알게 되겠지만, 림비는 여러분이 건강하고 행복한 삶을 영위하는 데 가장 필수적인 협력자입니다. 여러분이 이 세상에서 첫 숨을 내쉬었을 때부터 함께했고 지금도 여러분의 머릿속에서 숨쉬고 있는 림비의 귀여운 이름은 'limbisches system'에서 유래했습니다. 신체의 균형 유지와 감정을 담당하는 뇌 영역인 대뇌변연계를 지칭하는 라틴어죠. 이 영역은 우리 삶에 몹시 중요한 역할을 하는데도 충분히 주목받지 못하는 것 같습니다. 그래서 그를 제대로 이해하고 더 널리 알리기 위해 저는 작고 하얀 모습의 림비 캐릭터를 고안했습니다. 한국어로 이런 언어유희는 통하지 않겠지만, 그래도 림비의 매력을 느끼는 데는 문제가 없으리라 생각합니다. 림비와 충분히 친해지고 나면 한국어 별명을 붙이셔도 좋겠네요!

독일에서 림비는 여러 분야에서 친숙한 개념이 되었습니다. 저는 대규모 청중 앞에서 강연을 할 기회가 많은데, 그때마다 림비는 슈퍼스타 대우를 받습니다. 림비를 간략하게만 소개해도 청중은 이 매력덩어리를 이해하고, 예전부터 잘 알던 사이처럼 자연스럽게 림비 이야기를 합니다. 사실 세상에 태어난 순간부터 대뇌변연계가 우리와 함께했다는 점을 상기하면 당연한 일일지도 모르죠.

림비를 한국에 인사시키는 것은 제게 유독 특별하게 느껴집니다. 제가 집필한 《단순하게 살아라》가 2001년에 독일에서 베스트셀러가 된 후 한국에도 번역되어 나왔는데, 그 책이 제가 처음으로 해외에서 출간한 책이었기 때문입니다. 어쩌면 독일과 대한민국의 감정적인 관계, 그러니까 대뇌변연계의 연결이 그만큼 진득한 것이지 않을까요? 분단선 너머의 가족을 만나기 원했던 간절한 마음이 우리를 연결시켰을지 모릅니다.

어쩌면 한국에서는 통일에 대한 희망이 거의 사라졌을 수도 있겠죠. 최소한 이성을 담당하고 있는 신피질에서는 말입니다. 하지만 감정을 맡고 있는 림비는 여전히 꿈을 꾸고 있을 듯합니다. 그리고 이 책을 읽으며 여러분도 실감하게 되겠지만, 때로는 허무맹랑해 보여도 림비는 생각보다 막강한 힘을 발휘할 수 있습니다.

그 강한 힘을 활용하는 방법을 정치인들은 너무 빠르게 습득했습니다. 비합리적인 림비의 감정을 이용하려고만 하기에 토론과 정치 프로그램은 점점 그 의미가 퇴색되고 있습니다. 또한 전 세계 곳곳에서 일어나는 전쟁이나 테러 등도 림비의 비이성적인 분노에서 비롯되었을 가능성이 큽니다. 제가 그린 림비는 깜찍할 뿐이지만, 그 이면에는 이처럼 아주 끔찍한 모습도 있습니다.

따라서 림비를 제대로 파악하는 것은 아주 중요합니다. 그리고 림비가 혼자 멋대로 행동하지 못하도록 이 감정의 뇌와 협력하는 기술을 반드시 익혀야 합니다. 이성적인 대뇌피질만 있다면 우리는 그저 생물학적 로봇에 불과할 것입니다. 반면 림비만 있다면 너무 순진하거나 사나운 야생동물 같겠죠. 감정과 이성 이 두 가지가 온전히 조화를 이룰 때 비로소 우리는 진정한 인간이 됩니다. 인간에게는 림비와 대뇌피질이 합력해야만 발현되는 위대한 능력이 있습니다. 바로 믿음, 희망, 인내, 사랑 그리고 유머 같은 것이죠. 이 글을 읽는 독자 여러분은 물론, 전 세계의 정치인 그리고 때로는 이상하기도 하지만 대체로 사랑스러운 독일과 한국의 모든 사람에게도 이 특별한 능력이 항상 넘치기를 기원합니다.

2025년 1월,
베르너 티키 퀴스텐마허

행복으로 오신 걸
환영합니다!

행복에 이르는 길 — 책 한 권 읽는다고 그 길을 찾을 수 있을까? 누군가 내게 묻는다면 난 자신 있게 대답할 것이다. 그렇다! 난 인생 전반에 지대한 영향을 미치고 기존의 생각을 모두 뒤엎는 감동적인 책들을 읽으면서 실제로 그 책들이 나를 보다 단순하고 행복한 인생으로 이끄는 것을 경험했다. 그래서 나도 그렇게 의미 있는 책을 집필해 내가 누린 행복의 길을 더 많은 사람에게 알려주겠다는 목표가 생겼다.

그래서 수년 동안 그 주제로 강연을 하고, 일러스트를 그리고, 라디오 프로그램을 제작했다. 일상에서 일어나는 각종 문제에 영리하게 대처하는 사람들의 조언을 모으고 또 찾아다녔다. 그러나 한 가지 질문이 계속해서 나를 따라다녔다. 인생을 행복하게 사는 일종의 마스터플랜 같은 것은 없을까? 단 하나의 열쇠로 행복이라는 상자를 열 수는 없는 걸까?

답을 찾아 헤매기를 몇 년, 비로소 나는 그 해답에 가까워진 것 같다. 빠르게 발전하며 갈수록 대중화되고 있는 신경과학 덕분이다. 뇌를 연구하는 이 학문은 행복한 인생으로 가는 열쇠가 우리 머릿속에 숨겨져 있다고 분명하게 밝혀준다.

1970~1980년대에는 양쪽 뇌의 놀라운 차이점이 세상의 이목을 끌었다. 우리의 두뇌에는 분석적인 '디지털식' 좌뇌와 좀 더 '아날로그식'으로 작동하는 우뇌가 있다는 것이다. 그 후 진행된 더 많은 연구로 양쪽 뇌 사이에 차이가 있긴 하지만, 초기에 생각했던 것처럼 뚜렷하게 그 영역이 나뉘지는 않는다는 사실도 알아냈다.

그러는 동안 뇌에 관한 정보들이 여러 출판물과 강연을 통해 널리 퍼졌다. 인간만이 고도로 발전된 형태로 지니고 있는 대뇌피질과 그보다 더 깊숙이 위치한 조절기관들에 관한 지식이었다. 바로 그곳에서 나는 인생을 뒤바꿀 만한 발견을 했다. 아니, 사실 무언가를 발견했다기보다는 누군가를 만났다는 표현이 더 정확할 듯하다. 내가 만난 누군가를 지금부터 소개하고자 한다.

자, 이제 뇌와 함께 행복을 찾는 즐거운 탐험을 시작해보자!

차례

🔓 서장. 림비와 인사하기

🕯 1장. 림비와 시간

🗄 2장. 림비와 공간

🪙 3장. 림비와 돈

💓 4장. 림비와 몸

5장. 림비와 관계

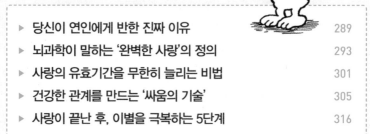

6장. 림비와 사랑

7장. 림비와 행복

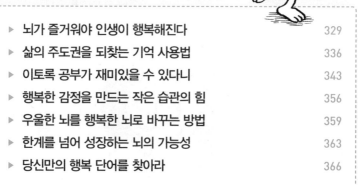

림비와
인사하기

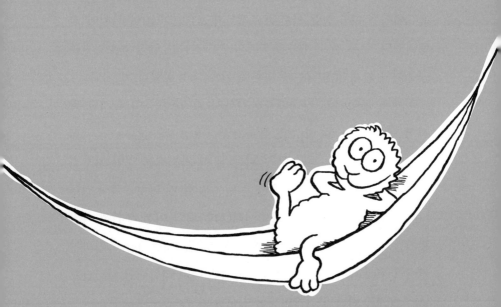

당신의 머릿속에 감춰진
위대한 세계

1990년, 미국의 조지 부시 대통령이 '뇌의 10년'을 선포했다. 독일에서는 이와 견줄 만한 프로젝트가 2001~2010년 사이에 진행되었다. 이후 전 세계의 신경과학 연구진들은 안정적인 입지를 구축했고 현재 뇌 연구는 유망한 분야로 자리 잡았다.

이토록 공고하게 자리매김하기까지 뇌 연구는 여러 기술 발전의 덕을 봤다. 특히 기능적자기공명영상fMRI, functional Magnetic Resonance Imaging으로 '사고하는 뇌 관찰'이 가능해진 것이 결정적이었다. 이 기술은 특정 생각 또는 행동을 할 때 머릿속에서 일어나는 활동 변화를 눈으로 확인시켜준다. 뇌의 어떤 부위에 피가 몰리는지, 즉 어디가 더 많은 산소를 필요로 하는지를 측정하는 것이다. 비록 막연한 정보이기는 하지만 이런 대략적인 힌트만으로도 학계에 커다란 지각변동이 일어났다.

마치 미지의 행성을 탐사할 때처럼 인체를 탐구할 때도 수많은 질문이 쏟아져 나온다. 우리의 뇌는 무엇으로 이뤄져 있는가? 무엇이 어디에서 일어나는가? 각 부위를 명확하게 구분할 수 있는가?

인간의 뇌는 상상할 수 없을 정도의 규모를 자랑한다. 리우데자네이루대학교의 브라질 신경과학자 수자나 에르쿨라누-아우젤Suzana Herculano-Houzel 박사가 지금까지 가장 근접한 수치를 측정했는데, 그녀의 연구에 따르면 무려 860억 개의 신경세포, 즉 뉴런neuron이 인간의 뇌에 분포해 있다. 그뿐 아니라 뇌 전체를 결합하는 역할을 하며 정보 교환 속도를 높이는 데 도움을 주는 신경아교세포glia cell 같은 세포들이 유사한 숫자로 존재한다. 더 놀라운 것은 각각의 신경세포가 다른 세포와 형성할 수 있는 연결 선의 수다. 세포마다 무려 20만 가지에 이른다. 이 가느다란 선을 수상돌기dendrite라고 부르는데, 어원은 '나무'를 뜻하는 그리스어지만 이렇게 많은 가지를 가진 나무는 단언컨대 없다. 다른 세포와 연결되는 지점은 시냅스synapse라 부르며, 우리 머릿속에는 약 100조 개(1에 0이 무려 14개 붙는다)의 시냅스가 있다.

이 엄청난 숫자의 세포들이 무시무시한 에너지를 필요로 한다는 사실은 별로 놀랍지 않다. 뇌의 무게는 신체 몸무게의 2퍼센트도 차지하지 않지만 전체 에너지의 약 20퍼센트를 소모하며, 항상 우선적으로 에너지를 공급받는다.

미국의 뇌 연구학자 폴 맥린Paul MacLean은 이렇게 대단한 규모를 자랑하는 두뇌의 지도를 그리는 데 일조한 위대한 선구자 중 한 명이다. 그는 '뇌의 삼중구조'라는 개념을 발표했고, 인간의 뇌를 구성하는 세 개의 구조가 수백만 년에 걸친 종의 진화사를 그대로 복제했다고 확신했다. 그렇지만 현재 이 가설은 널리 받아들여지지 않는다. 포유류 뇌의 삼중구조는 서로 상반된 특징을 지닌 채로 거의 동시에 진화했다는 설이 더 많은 지지를 얻고 있다. 게다가 이 세 구역을 더 자세히 들여다보면 맥린의 생각만큼 그 기능이 명확하게 구분되지 않는다. 각 영역은 매우 섬세하고 복잡한 방식으로 함께 일한다.

그러나 삼중구조는 기본적인 사고모델로서 여전히 유용하다. 특히 뇌의 똑똑한 분업을 입증하려는 실험에서 빛을 발한다.

두개골 아래쪽 중심부에서 철저한 보호를 받는 뇌의 가장 오래된 부분은 뇌간brainstem으로, 척추의 끝과 아주 가까이 위치한다.

단단한 줄기 모양의 뇌간은 신체의 기초 기능을 제어한다. 호흡, 심장박동을 비롯해 도망, 공격, 죽은 척 등 응급 시의 즉흥적인 근육 반응이 여기에 포함된다. 도마뱀이나 개구리, 뱀처럼 고대부터 존재했던 동물 종도 인간의 것과 비슷한 뇌간을 가지고 있다. 그래서 이 영역을 파충류의 뇌라고 부르기도 한다.

이 책의 슈퍼스타는 바로 대뇌변연계limbic system다. 대뇌변연계는 뇌의 중간층에 위치하며, 뇌간을 에워싸고 있다. 포유류의 뇌라고 부르기도 하는데, 쥐, 고양이, 개, 원숭이 등 포유류에 공통으로 존재하기 때문이다.

대뇌변연계는 최소 1억 5000만 년 전에 생겨났다. 그리고 약 6500만 년 전, 지름 약 10킬로미터의 거대 운석이 지구에 충돌하며 공룡을 포함해 수많은 생물체를 역사의 뒤안길로 보내버린 대멸종이 일어났다. 적응력이 아주 뛰어나고 매우 영리한 작은 동물만 살아남았는데, 아마 설치류일 거라고 추정하는 이 생명체가 현존하는 모든 포유류의 조상이 되었다. 이 영민하고 생명력이 강한 동물이 우리의 대뇌변연계 안에 살아 있다고 볼 수 있다.

난 이 매력적인 대뇌변연계를 귀여운 캐리커처로 그려 아내에게 보여줬다. 그리고 그녀에게 대뇌변연계의 중요성을 설명했다. 그 얘기를 듣던 아내는 이 작은 캐릭터의 이름을 단번에 떠올렸다. "그러니까 얘가 바로 림비로군요!"

림비는 고대 포유류가 이뤄낸 가장 중요한 성취, 즉 감정을 상징한다. 감정은 공룡, 도마뱀, 악어 등 파충류의 뇌간에는 존재하

안녕,
난 림비야!

지 않는다. 대뇌변연계는 감정의 뇌로, 뇌간의 자극-반응 체계보다 훨씬 복잡한 양식에 따라 활동한다.

우리 뇌의 표면층은 대뇌피질cerebral cortex이라고 한다. 대뇌피질의 90퍼센트는 신피질neocortex이라 불리는데, 진화 과정에서 비교적 늦게 생겨난 젊은 부분이다. 이 책에서 다루고자 하는 이야기의 대부분은 신피질에서 일어난다. 그래서 이 책에서는 신피질과 대뇌피질을 같은 의미로 혼용해서 썼다. 정확하게 들어맞지 않더라도 전문가들이 양해해주기를 바란다.

돌고래, 코끼리, 고양이, 침팬지 등 대부분의 포유류는 대뇌피질이 있으며 그 크기도 크다. 그러나 인간의 대뇌피질은 비교가 안 될 정도로 정교하다. 무엇보다 인간의 대뇌피질에는 전전두엽피질PFC, prefrontal cortex이 있는데, 여기서 인간만의 독창적인 능력이 발현된다. 바로 자기 자신을 관찰하고 성찰할 수 있는 능력이다. 이 능력 덕분에 자의식이 생긴다. 즉, 우리는 우리가 뭔가를 알고 있다는 사실을 인지한다. 무언가를 느낄 뿐 아니라 그 기분을 느끼고 있다는 사실을 의식한다. 우리는 우리의 생각과 감정 그리고 거기에서 비롯된 반응들을 관찰하고 판단할 수 있다.

우리의 대뇌피질은 고도로 발달했으며 굉장한 분석 능력을 지녔다. 결정 사항을 세부적으로 검토하고, 주어진 사실을 숙고하고, 정보를 주고받는다. 신체의 모든 감각기관은 대뇌피질과 연결되어 있으며 광범위한 데이터 신호를 동시다발적으로 끊임없이 보내고 있다.

진화사적 측면에서 신피질의 업적 중 특히 인상적인 것은 지난 10만 년 동안 일궈낸 의사소통의 발전이다. 언어를 형성했고, 더 나아가 후두, 성대, 혀, 구개, 구강 등 우리의 하드웨어도 크게 변화시켰다. 이런 언어 발전의 흐름 속에서 문자, 수학, 철학 그리고 자연과학이 등장했다. 뇌와 감각기관의 합작인, 손으로 무언가를 만드는 능력 또한 계속 발전했다. 단순한 도구 사용에서 시작해 정밀한 가공을 넘어 기계를 이용한 대량 생산까지 이르렀다. 인류는 예술과 음악, 교통수단, 소통 기술을 만들었고, 전구로 어둠을, 항공기로 중력을 이겨냈다.

우리의 림비, 즉 대뇌변연계

"림부스Limbus"는 원래 "가장자리"라는 뜻이다. 가장자리에 위치한 여러 부위들을 "대뇌변연계"라는 명칭 아래 묶은 것은 앞서 언급한 폴 맥린이다. 그는 측두엽temporal lobe처럼 대뇌변연계에서 조금은 벗어난 영역까지 파악했다.

어느 부위가 대뇌변연계에 포함되고 어디는 그렇지 않은지는 아직 명확하지 않다. 이 책에서는 대뇌변연계의 해부학적 위치보다 기능에 주목한 학자들의 의견을 소개한다. 특정 부위가 대뇌변연계에 속하는지 판단하는 데 해부학적 위치보다 중요한 것은 그것이 감정을 생산하는 데 주도적인 역할을 하느냐는 것이다. 그런 관점에서 림비는 좌로 하나, 우로 하나, 한 쌍으로 존재하는 다음의 부위들로 구성되어 있다.

- **해마**hippocampus : 뇌로 향하는 문과 같다. 해마(정확히는 한 쌍의 해마들은)는 기억과 공간지각에 관여하며, 림비의 본부라고 할 수 있다.
- **편도체**amygdala : 림비의 알람 시설이다. 감각기관으로부터 가장 중요한 핵심 정보를 전달받아 분석하고, 필요에 따라 중대한 반응을 일으킨다. 두렵거나 격한 감정이 일어날 때 양 편도체는 매우 활성화된다. 또한 편도체는 성적 자극에도 중요한 역할을 한다.
- **후각망울**olfatory bulb : 코 위에 있고, 다른 감각기관보다 훨씬 짧은 길을 통해 후각 정보를 림비에 전한다.

- **띠이랑**cingulate gyrus : 진화적으로 원시적인 구피질로, 집중력과 주의력에 핵심적인 역할을 한다.
- **유두체**mamillary body : 매우 작지만 그 핵은 기억을 저장하는 데 결정적인 역할을 한다.
- **시상**thalamus : 림비의 중심축에 위치하고, 후각을 제외한 주요 감각과 운동신호 조절에 관련된 신경로가 이곳에 모였다 퍼진다. 특히 수면에 큰 역할을 한다.
- **안와전두피질**orbitofrontale cortex : 기능적으로 대뇌변연계에 연결되어 보상과 처벌 등 감정적 의미를 결정하고 공감을 형성하는 데 중요한 역할을 수행한다.

뇌의 모든 부위는 신경로를 통해 대뇌변연계와 이어져 있다. 이에 신경생리학자 게하르트 로트Gerhard Roth는 뇌 전체가 결국 어느 정도는 림비라고 말했다.

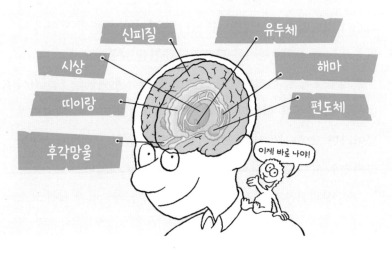

여태까지 우리는
뇌의 잠재력을 억눌러왔다

앞서 말했듯이 대뇌피질은 인류의 위대한 역사를 이끌어왔다. 하지만 이런 대뇌피질에도 결정적인 단점이 하나 있다. 엄청난 양의 정보를 다루다 보니 위기에 처해 번개처럼 결정해야 하는 순간에 속도를 맞추지 못한다는 것이다. 대뇌피질의 신경로 자체가 느리다는 것이 아니다. 모든 선택지를 세심하게 비교한 후 판단하는 데에는 몇 초 또는 몇 분이 걸릴 수 있는데, 특정 상황에서는 이 시간이 지나치게 긴 시간일 수 있다는 것이다. 인류의 오래전 과거로 돌아가 검치호랑이를 맞닥뜨린 순간을 상상해보자.

검치호랑이 한 마리가 갑자기 수풀 뒤에서 뛰어올라 신석기시대의 우리 조상을 덮친다. 만약 그의 의사결정 기관이 대뇌피질뿐이라면 그 무시무시한 고양이가 자신을 덮쳐 쓰러트리는데도 그저 놀라서 "오!" 감탄사 한마디만 뱉고 끝날 것이다.

그의 신피질은 이런 위기의 순간에도 모든 가능성과 위험 요소를 따져보며 고도로 차별화된 답을 찾으려 노력한다. 어쩌면 이런 돌발적인 검치호랑이 문제를 해결하기 위해 부족 내에 위기 관리 조직을 만들어야겠다고 생각할지도 모른다. 그러나 이 해결책을 실행하기는 어려울 것이다. 왜냐하면 대뇌피질이 생각을 마치기도 전에 맹수가 대뇌피질 주인의 목을 날카로운 이빨로 물어뜯어 버릴 테니 말이다. 이렇듯 대뇌피질만 있었다면 인류는 대뇌피질의 다른 특출난 재능에도 불구하고 멸종하고 말았을 것이다.

지금 당신이 이 책을 읽을 수 있는 것은 림비의 신속한 반응 덕택이다. 림비는 기가 막힐 정도로 재빠르다. 하지만 사람이 모든

것을 가질 수 없듯이 림비는 대뇌피질만큼 고차원적인 결정을 내리지는 못한다. 호불호를 대략적으로 표현할 뿐이다. 림비의 호감과 비호감은 원시적인 감정이지만, 굉장히 강력할 수 있다.

림비는 신체를 통해 당신과 소통한다. 림비가 좋으면 당신은 편안함을 느낀다. 반대로 무언가가 림비를 불쾌하게 했다면 당신은 고통, 피로, 무기력 등을 느낀다. 림비는 이렇게 '신체언어'로 소통한다.

포르투갈 출신으로 현재 캘리포니아에서 강의를 하는 신경생리학자 안토니오 다마지오Antonio Damasio는 림비 연구 분야에 핵심적인 학자들 중 한 명이다. 그는 감정emotion과 기분feeling을 구분하는 것이 중요하다고 역설했다. 감정은 림비의 경험이다. 반면 기분은 감정에 대해 대뇌피질이 판단한 결과다. 이 둘 사이의 배달부는 신체다. 림비가 기쁘거나 두렵거나 혹은 짜증이 나면 당신은 그 즉시 몸으로 그것을 느낀다. 다마지오는 이런 림비의 표현 방식을 '소마틱 마커somatic marker', 즉 '체성 표지'라 명명했다.

대뇌피질이 내린 결정이 림비를 불편하게 만든다면 림비를 더 또렷하게 느낄 수 있다. 세금신고서나 지루한 보고서를 작성할 때, 사이가 서먹서먹한 사람에게 전화를 걸어야 할 때 또는 지저분한 욕실을 청소해야 할 때를 떠올려보라. 우리의 일상은 처리해야 하는 크고 작은 과제의 연속이고, 당신 내면에는 그것을 거부하는 뭔가가 자리 잡고 있다. 이제 당신은 그 존재를 분명히 알고 있다. 그 존재에 붙여줄 이름도 있다. 바로 림비다. 게다가 림비는 종종 아

주 세게 고집을 부린다.

　그렇다면 어떻게 해야 할까? 대부분은 강압적인 해결책을 시도할 것이다. 림비가 억지로 무언가를 하도록 강요하는 것이다. fMRI 장비 안의 참가자에게 자발적인 결정을 내리라고 요청하면 전전두피질, 즉 이마 바로 뒤에 있는 대뇌 부위가 활성화되는 것을 관찰할 수 있을 것이다. 전전두피질에 위치한 것으로 추정되는 의지가 대뇌변연계의 충동과 싸운다. 간단히 말해, 림비에게 목줄을 메는 것이다.

　그러나 림비는 그렇게 하대받을 존재가 아니다! 림비는 우리 뇌 속에 있는 아주 멋지고 훌륭한 시스템이다. 림비는 당신의 생명을 이미 수차례 구해줬을 것이다. 림비는 다른 포유류에 존재하는 대뇌변연계와는 다르다. 림비는 유일무이한 특별한 존재다.

　림비를 억지로 제어하려는 모든 방식에는 하나의 공통점이 있다. 별로 효과가 없다는 것이다. 이를 입증한 공은 신경심리학에 있다. 엄격한 기준에 맞춰 실험을 수행하고, 측정하고, 분석했는데 그 결과는 예외 없이 명백했다. 림비를 옥죄는 방법들의 효율성은 실험에 따라 3~8퍼센트로, 평균을 내도 약 5퍼센트, 겨우 한 자릿수 백분율을 기록했다.

　강력한 림비의 저항을 이겨내고 의지가 제 기능을 발휘하는 것은 모든 조건이 잘 갖춰진 상황에서만 가능하다. 충분히 숙면을 취하고, 건강 상태가 양호하고, 굉장히 주도적인 성격을 가지고 있어야 한다. 그 외에도 당신을 방해하는 것도 없고, 모든 주변 환경 또한 최적화되어 있다면 림비가 원치 않는 일이라도 의지에 따라 실행에 옮길 수 있다. 그러나 그런 조건이 모두 충족되더라도, 장기적으로 림비를 계속 옭아맬 수는 없다.

　가장 바람직한 건 림비에게 강요하려는 시도를 아예 하지 않는 것이다. 어차피 효율성이 고작 5퍼센트이지 않은가! 그럼에도 자기계발이나 동기부여, 교육학 등 여전히 많은 분야에서 이 방식을 고수하려 한다.

　이제 이런 방식을 바꿔야만 한다! 림비를 억압하거나 가르치려 들지 말고, 림비와 함께 협력하라! 행복으로 가는 길에서 림비는 당신의 가장 든든한 동지이지, 절대 적이 아니다. 림비가 지닌 엄청난 힘을 제대로 활용하는 것, 그것이 이 책의 핵심이다.

미국의 심리학자 대니얼 카너먼Daniel Kahneman은 '전망이론Prospect theory'을 창안한 공을 인정받아 미국의 경제학자 버논 스미스Vernon Smith와 함께 2002년 노벨 경제학상을 받았다. 그는 수없는 실험을 통해 인간의 의사결정 과정을 정리해냈다. 그가 밝힌 의사결정 과정에는 '빠른 사고'와 '느린 사고'라고 명명된 두 개의 시스템이 작동한다. 심리학자인 그는 이 두 시스템이 우리 머릿속 어디에서 일어나는지는 관심이 없었지만, 빠른 사고에 대한 묘사를 듣는 순간 난 분명히 알 수 있었다. 바로 림비다!

전망이론은 경제적 의사결정을 포함한 모든 결정에 적용된다. 우리가 특정 상품을 구매하거나, 주식을 매수하거나, 집이나 차를 선택할 때면 그 근거를 엄청나게 고심한다. 모든 정보를 모으고, 장점과 단점을 저울질하고, 후기를 읽고, 전문가들과 상담을 한다.

그렇지만 사실 최초의 결정은 림비가 내린다. 모든 곳에서, 항상 그렇다. 대뇌변연계는 궁극의 결정 기관이다. 왜냐하면 감정이 없으면 복합적인 결정이 절대로 불가능하기 때문이다.

만약 신피질과 림비 사이 연결이 끊긴다면 무슨 일이 벌어질까? 1936년에서 1970년대 초반까지는 만성통증, 정신분열증, 우울증을 앓고 있는 환자들에게 전두엽절제술, 즉 전두엽과 대뇌변연계의 연결을 절단하는 시술을 시행했다. 시술 이후 환자들의 성

이렇게 생각하겠지만……

격은 완전히 달라졌다. 게다가 치료하고자 했던 증상은 여전했는데, 그보다 더 큰 문제가 더해졌다. 미국의 전 대통령 존 케네디의 누이인 로즈메리 케네디Rosemary Kennedy를 비롯한 일부 사람들은 평생을 어린아이 정도의 발달단계에 머물게 되었다. 이 끔찍한 수술은 뇌 외과의술상 최악의 오류로 남아 있다.

감정 본부가 없이는 인간은 더 이상 인간일 수 없다. 그간 의학과 철학 분야에서는 이성과 감정의 분리를 의미 있는 통찰이라고 여겼지만, 이제는 그 생각을 바꿔야 한다. 안토니오 다마지오는 이런 발견을 바탕으로 인간의 정신에 관련한 데카르트의 철학적 명제, "나는 생각한다. 고로 존재한다"의 종말을 선언했다. 그의 비평에 따르면, 철학은 정신과 육체를 단호하게 분리해서 보았지

사실은 이렇죠!

만, 하나가 없으면 둘 다 온전할 수 없다. 림비가 없다면 자신이 어디에서 왔고 어디로 가는지 고민하며 인생의 의미를 고찰하는 것도 불가능하다.

고도로 발달된 컴퓨터와 인공지능 시대를 살아가는 우리는 뇌의 사색적, 기술적 성과에 너무 매혹된 나머지 뇌가 이룩한 최고의 성취를 간과하기도 한다. 영국의 신경의학자 대니얼 월퍼트 Daniel Wolpert는 근본적으로 뇌가 발달한 이유는 한 단계 높은 차원에서 성찰하기 위해서가 아니라 현실에서 우리의 신체를 제대로 움직이기 위해서라고 강조했다. 움직임을 조정하는 것이야말로 뇌의 주된 업무이며, 실제로 우리 뇌는 감탄이 나올 만큼 뛰어나게 그 일을 수행하고 있다.

간단한 예시만으로도 이 사실의 위대함을 알 수 있다. 체스대회에서 전 세계를 제패한 챔피언마저 컴퓨터 프로그램에게 패했다. 그렇지만 그 어떤 최신식 기술로 무장한 로봇도 약간의 연습만 하면 어린아이마저 능숙하게 하는 일을 지금까지 성공하지 못했다. 그건 바로 서른두 개의 체스 말을 상자에서 꺼내서 1분 안에 체스판에 정확히 배치하는 것이다.

그런 로봇을 만드는 데 성공한다고 해도 동일한 하드웨어와 소프트웨어로 식탁 세팅을 하고, 구두끈을 묶고, 병 속에 담긴 음료수를 잔에 따를 수 있을까? 로봇의 움직임도 많이 발전했지만, 아직까지 그런 장치는 등장하지 못했다. 특정 기능에서 특출난 로봇이라도 인간과 동물의 움직임과 비교하면 굼뜬 멍청이가 된다.

행복은
어떻게 만들어지는가

림비의 강력한 힘인 감정을 좀 더 자세히 들여다보자. 감정은 감각적 정보를 평가하면서 일어나는 최초의 충동이다. 그 충동에 서부터 날랜 도망이나 맹렬한 공격 등 신체 움직임이 시작된다.

감정에는 두 가지 핵심 기능이 있다. 첫째, 감각적 정보를 평가한다. 게하르트 로트는 대뇌변연계를 뇌의 핵심 평가 기관이라 표현했다. 모든 지각은 대뇌변연계를 통과한다. 림비는 뇌로 향하는 모든 입장객을 관리하는, 절대 지치지 않는 문지기다. 감각을 인지할 때마다 림비는 의견을 내놓는다. 이 의견은 자신만의 선명한 체계에 따라 순식간에 도출된다.

감정의 두 번째 기능은 당신을 자극하는 것이다. 희로애락과 그 외 다양한 감정이 당신의 내면에서 충동을 일으키고 당신의 모든 행동을 야기한다.

감정은 무의식적인 신체 내 현상으로, 기분으로 이어지는 선행

과정이다. 당신이 뱀 또는 모기, 고양이과 맹수를 발견했다고 가정해보자. 그 순간 림비는 번개같이 그에 대한 평가를 내리고, 그 결과가 신체에 직접적으로 반영된다. 근육은 도망치거나 잡을 준비를 하며 수축한다. 맥박과 호흡은 더 많은 에너지를 생산하기 위해 빨라지며, 지각 능력을 향상하기 위해 동공이 확장된다. 한편 신피질은 지속적으로 신체를 관찰하고 있기에, 위험이 닥치는 순간 곧바로 신체의 변화를 감지한다.

언젠가 한 청년이 아시아 원시림에 위치한 연구기지를 방문한 이야기를 들려줬다. 그는 그 근방에 잠시 나갔다가 갑자기 팔의 털들이 쭈뼛 솟아오르는 것을 느꼈다. 그다음, 정글의 암흑 속에서 한 마리의 표범이 그를 주시하고 있는 것을 발견했다. 그 표범은 청년만큼이나 놀란 것 같았다. 이 둘은 매우 느린 속도로 조심스레 뒷걸음쳐 서로에게서 물러났다. 이 청년은 막 의학 공부를 시작한 학생으로, 대뇌변연계가 신체에 미치는 영향에 대해 들어는 봤지만 직접 체험한 것은 그때가 처음이었다고 했다.

감정이란 매우 광범위한 영역이다. 림비의 핵심 기능은 위험 방지이기에 림비는 특히 부정적인 상황과 감정에 특화되어 있다. 그렇지만 자신과 타인에게 동기를 부여하는, 매우 근사한 감정인 기쁨을 빼놓을 수 없다. 심리학적 측면에서 기쁨은 세 개의 아종으로 분류되는데, 각 아종은 신경전달물질이라 불리는 특정 메신저와 연관되어 있다.

림비는 화학적 자극과 전류 자극을 사용해 대뇌피질을 포함한

나머지 신체와 소통한다. 세포 간 소통의 세부적인 과정은 미국의 생리의학자 랜디 셰크먼Randy Schekman, 생물학자 제임스 로스먼James Rothman, 독일 출신의 미국 생화학자 토마스 쥐트호프Thomas Südhof의 핵심 연구 주제였다. 이들은 세포의 소통 체계에 대한 발견으로 2013년 노벨 의학상을 수상했다.

동기부여에 가장 중요한 물질은 도파민이다. 엄밀히 말하면 도파민은 신경전달물질이라기보다 신경조율물질에 가깝다. 다른 여러 전달물질에 영향을 주기 때문이다. 이 과정은 매우 복잡해서 이를 정확히 묘사하기 위해 무수한 연구가 이뤄졌다. 명백한 것은 도파민은 말을 달리게 하려고 코앞에 매달아 놓은 당근과 같은 작용을 한다는 사실이다.

도파민은 파킨슨병에도 매우 중요한 역할을 한다. 특정 뇌 부위의 도파민 수치가 낮아지면 신경세포 사이의 신호 교류에 문제가 발생하고 근육을 통제하는 능력이 사라진다.

살다 보면 간혹 아침에 일어나 출근할 마음이 눈곱만큼도 생기지 않을 때가 있다. 그럴 때 도파민은 당신의 행동을 촉구하는 연료가 된다. 월말에 월급통장에 찍힐 금액을 떠올리고는, 피곤한 정신과 육체를 비로소 움직이는 것이다.

당신이 무언가를 기대할 때 림비의 신경세포는 도파민을 생성한다. 이는 뇌 전체의 화학적 프로세스를 거쳐 행복이라는 감정을 만들어낸다. 그 과정들 중 하나가 '보상 중추'라는 별칭으로 알려진 측좌핵nucleus accumbens에서 일어난다. 그곳에서 도파민은 집중력을 향상하고, 일의 효율을 높이며 우리에게 성취감을 선사한다.

또 다른 행복 물질인 엔도르핀은 '천연 진통제'라 불리며 모르핀이나 아편처럼 고통을 완화하고 전반적으로 좋은 기분을 퍼트린다. 자연에서 경이를 느끼거나 사랑에 빠지는 감격적인 순간 또는 운동을 하거나 웃음을 터뜨리는 일상에서 림비의 기적 같은 약인 엔도르핀을 체험할 수 있다.

만약 매일 아침 월급 때문에 어쩔 수 없이 일어나는 대신, 일 자체에서 즐거움을 느낀다면 당신의 림비는 엔도르핀을 추가적으로 분비하며 당신에게 더 큰 행복을 선사할 것이다.

학계에서 주목받는 또 다른 전달물질은 옥시토신이다. 림비가 호감을 느끼는 타인의 림비와 함께 있을 때 옥시토신이 분비된다. 좋아하는 사람과 같이 식사할 때 뇌의 옥시토신 수치는 눈에 띄게 상승한다. 이는 림비가 줄 수 있는 굉장한 선물 중 하나다.

옥시토신 수치가 최고치에 도달하는 건 바로 여성이 아이를 출산할 때다. 그래서인지 옥시토신은 그리스어로 '빠른 출산'이라는 뜻이 있다.

프랑크푸르트 괴테대학교의 경영학 교수 미하엘 코스펠트 Michael Kosfeld는 한 실험에서 참가자들에게 투자 게임을 하게 했다. 그 결과, 인위적으로 옥시토신 수치를 높인 실험 대상자는 다른 참여자를 훨씬 많이 신뢰하는 것으로 드러났다.

스킨십을 하거나 오르가슴을 느낄 때도 옥시토신이 분비되는 데, 이는 상대와 더 강력히 연결되는 감정을 일으킨다. 또한 옥시토신은 긴장을 완화하고 마음을 안정시킨다. 그런 까닭에 옥시토신은 친밀감과 신뢰의 호르몬, 결속과 평화, 평온의 물질로 통용된다.

그러나 이렇게 훌륭한 물질인 옥시토신도 과용해서는 안된다. 흐로닝언대학교의 사회심리학 교수 카르스텐 드 드류_{Carsten De Dreu} 연구팀은 여러 실험을 통해 옥시토신이 집단 내의 연대감을 강화해준다는 것을 입증했다. 그러나 뇌 안의 옥시토신 수치가 높으면 외부인에게 거부감을 보이기도 했다.

이제 림비가 당신의 일상에 어떤 보물들을 선사할 수 있는지 감을 잡았을 것이다. 이런 근사한 선물을 받으려면 어떻게 해야 할까? 행복 물질에 관한 지식이 퍼지며 그런 성분을 몸속에 직접 투입하라는 유혹도 커졌다. 실제로 모든 마약 종류는 인위적으로 신경전달물질의 작용을 일으킨다. 따라서 잠깐은 효과가 있지만, 항상 끔찍한 부작용을 동반한다. 그보다 훨씬 건강하고, 저렴하고, 지속 가능한 방법은 림비가 지닌 본연의 잠재력을 활용하는 것이다. 어렵다고 생각할 필요 없다. 놀라울 정도로 단순한 일만으로도 실현 가능하다!

1장

림비와
시간

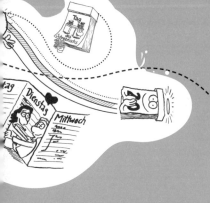

시간 관리는 우리가 목표한 바를 이루면서 사는 데에 필수적인 요소다. 그런데 안타깝게도 림비의 최대 약점이기도 하다. '시간'이라는 개념 자체가 대뇌피질이 사고하는 과정에서 생긴 것이기 때문이다. 그래서 림비는 프로젝트에 필요한 소요 시간을 제대로 예측하지 못하는 실수를 저지르기도 하고, 당장 시급한 일을 미뤄두고 다른 외부 자극에 집중을 빼앗기기도 한다. 그렇지만 림비의 리듬을 이해하고 림비의 관심을 끄는 방법을 익히기만 하면 림비는 누구보다도 즐겁게 과업에 몰두할 것이다. 이 장에서는 림비와 함께 시간을 보내는 법을 알아보자.

림비의 순간들이
바로 인생이다

당신이 어떤 행동에 완전히 열중해 있거나, 술에 만취해 있다면 오롯이 림비가 지배하는 순간을 경험하게 될 것이다. 미래에 대한 걱정이 모두 사라지고, 과거로 인한 후회 역시 희미해진다. 깊게 생각하고 판단할 필요 없이 앉거나 일어서고, 노래 부르거나 말하고, 기다리거나 뛴다. 그저 단순하게 뭔가에 빠져 행동하거나 또는 아예 아무것도 하지 않는 이런 멋진 성향을 림비에게서 배울 수 있다. 당신이 이 책을 읽고 하루에 단 10분이라도 그냥 단순하게 사는 순간을 누릴 수 있게 된다면, 그것만으로도 이 책은 충분히 가치가 있는 셈이다.

여느 현자처럼 림비 역시 갖추고 있는 지혜와 매력에 비해 믿기지 않을 정도로 어리석은 면도 있다. 우선 림비는 시간개념이 없다. 당신은 기르는 고양이가 빈둥거리는 모습을 보면서 고양이가 심심해한다고 생각하겠지만, 사실 그건 당신의 해석일 뿐이다.

동물은 지루함을 모른다. 시간에 쫓겨 서두르거나 예정 시간에 늦는 경우도 없고, 시간이 넘치도록 많다거나 너무 적어서 더 필요하다고 느끼지도 않는다. 시간개념은 대뇌피질이 사고하며 스스로를 평가하는 과정에서 생겨나는, 오로지 대뇌피질의 능력으로만 인지할 수 있는 관념이다.

물론 포유류도 과거와 미래를 인식한다. 앞서 저지른 실수를 통해 배우고 다가올 미래를 위해 대비책을 세운다. 예를 들어 다람쥐는 겨울을 위해 식량을 모은다. 프레리도그는 맛있는 약초들이 가득한 가을이 왔을 때 약초 밭에 쉽게 당도하기 위해서 이른 봄부터 쿵쾅거리며 들판 바닥에 길을 만든다. 또 모든 동물은 번식하며 다음 세대를 준비한다. 그렇지만 단언컨대, 특정 시간을 지루하다고 느끼거나 시간이 빠르게 혹은 느리게 흐른다고 평가하는 동물은 없을 것이다. 시간에 대한 평가는 인간의 신피질만이 가진 고유한 능력이다.

우리 몸에는 소리, 빛, 온도, 촉감, 냄새, 움직임을 감지하는 센서가 있지만 시간을 위한 센서는 없다. 추측컨대 시간에 관련된 경험과 평가는 사람은 언젠가 죽는다는 사실을 인지한 순간부터 시작되었을 것이다. 시간에 대한 지각은 이 지상에서 우리 존재가 지닌 근본적인 한계를 마주할 때 비로소 생겨난다. 35만~5만 년 전(학자들 사이에 논쟁이 이어지고 있기 때문에 보다 정확한 수치를 언급하기 힘들다)을 거슬러 올라가면 망자를 위한 의식을 치르고 주검을 매장한 첫 인류가 등장한다. 이때부터 우리 조상은 시간개념을 발전시켜왔을 것으로 추정된다.

인간의 시간개념은 그때부터 크게 발전해왔는데 시간 관리에 대한 서적이나 강연에서 빠지지 않는 상징을 통해서 이를 살펴볼 수 있다. '다람쥐 쳇바퀴'는 별다른 성과 없이 지루하게 이어지는 일을 나타내는 표현으로 흔히 쓰이지만, 모든 은유가 그렇듯이 좀 더 자세히 들여다볼 필요가 있다. 사실 다람쥐에게 쳇바퀴를 도는 행위는 전혀 피로하지도, 무의미하지도 않다. 오히려 다람쥐는 쳇바퀴 위를 달리는 것을 좋아한다. 쳇바퀴는 아무런 구속도 없이 끝없이 질주하는 기분을 선사해주기 때문이다.

이는 작은 철장 안에 기르는 다람쥐나 연구실의 쥐뿐 아니라 야생에 사는 동종에게도 적용된다. 네덜란드 레이덴대학교에서 의료 연구를 하던 요한나 메이저Johanna Meijer와 유리 로버스Yuri Robbers는 도심 공원과 인적이 드문 모래언덕 주변에 쳇바퀴를 설

치하고 수년간 비디오로 관찰했다. 자유로운 야생동물도 이 운동기구를 사용하는지 확인하기 위해서였다. 그 결과 집쥐, 뒤쥐, 들쥐는 물론 개구리까지도 설치된 시설에 호기심을 가지고 염탐할 뿐 아니라 이를 적극적으로 이용한다는 사실을 발견했다. 관찰된 작은 포유동물의 20퍼센트가 쳇바퀴 위에서 1분 이상을 달렸다. 최고 기록은 집쥐가 달성했는데, 무려 18분 동안이나 쳇바퀴 위에서 빠른 속도로 달렸고, 쳇바퀴를 자주 찾아왔다.

만약 우리가 다람쥐였다면 우리도 쳇바퀴를 사랑했을 것이다. 그러나 인간인 우리에게 쳇바퀴는 재미있는 운동기구가 될 수 없었다. 인간은 끔찍할 정도로 분명한 목적을 가지고 쳇바퀴 위를 달렸기 때문이다. 고대 로마 노예들은 건물에 사는 부유한 귀족들의 승강기를 위로 들어 올리려고 쳇바퀴를 돌았다. 중세시대의 쳇바퀴는 무거운 화물을 들어 올리는 기중기 역할을 하거나 화약 공장을 가동하는 데 쓰였다. 이런 일은 고되고, 생명을 담보로 해야할 만큼 위험했다. 무시무시한 설비들이나 거대한 짐이 연결된 쳇바퀴는 다람쥐의 쳇바퀴와는 사뭇 달랐다.

림비는 '포유류의 뇌'답게 자신만의 림비-쳇바퀴 속에서 달리는 것을 무척이나 좋아한다. 그래서 자신이 좋아하는 일에는 놀라운 끈기와 인내심을 보이며 그 일을 오랫동안 지속할 수 있다. 그러나 림비의 동료, 대뇌피질에 의해 좋아하는 일이 과제와 목표로 변질되고, 기한과 시행 규정이 더해지면 즐거움은 연기처럼 단숨에 사라지고 만다. 쳇바퀴에 발전기를 연결하는 순간, 무한대로 질주하려던 림비의 의욕과 열정은 잔혹하게 꺾이는 것이다.

림비의 솟구치는 힘을 영리하게 사용하는 비법은 매우 간단하다. 당신의 쳇바퀴를 다람쥐 쳇바퀴처럼 만들면 된다! 발전기 따위는 떼어버려라! 당신이 의무라 생각했던 것에서 재미를 찾고, 해야만 하는 임무가 아닌 놀이라고 발상을 전환하고, 자신을 혹사하는 짐이라 생각했던 것에서 유머를 발견하라. 불가능한 소리처럼 들리는가? 림비는 그리 욕심쟁이가 아니다. 사소한 변화만으로도 림비는 자신의 생활을 쉽고 단순하게 받아들일 수 있다.

과제를 게임으로 바꾸는
림비의 트릭

　대학 시절 정말 싫어했던 과제가 지금도 가끔씩 떠오른다. 신학도로서 우리는 두 명씩 짝을 지어 집집마다 방문해 상처 입은 영혼들을 대규모 선교 행사에 초대해야 했다. 낯선 사람에게 욕먹는 것을 즐기거나 저녁에 사적인 약속은 하나도 잡을 수 없는 상황이 아무렇지 않은 사람이라면 아마 천직이라 생각했을지 모른다. 그렇지만 나에게는 지옥이나 다름없었다. 이 지옥을 함께한 내 전우가 한 가지 아이디어를 내놓기 전까진 말이다.

　그는 모든 일을 일종의 놀이로 바꾸는 독특한 발상을 가지고 있었다. 그는 과제를 우리만의 게임으로 만들었다. '우리를 가장 효과적으로 야단치는 사람은 누굴까?', '어느 집에서 제일 빨리 쫓겨날까?', '가장 얼토당토않은 핑계로 내쫓는 사람은, 정원이 유독 관리가 안 되어 있는 사람은, 가장 지독한 냄새를 풍기는 사

람은 누굴까?'

여전히 사람들의 집을 불쑥 방문하는 걸 즐길 수는 없었지만, 그런 식으로 하나의 놀이처럼 질문을 던지다 보니 끔찍이 하기 싫었던 그 일이 어느 정도 참을 만해졌다. 그리고 정말 드물긴 했지만, 우리를 반겨주는 가정을 만나면 그 즐거움은 배가 되었다.

내게 맞는
최적의 리듬을 찾는 법

　당신은 종달새형인가? 아니면 올빼미에 가까운가? 종달새형이라면 당신의 림비는 이른 아침에 일어나길 선호한다. 올빼미형 림비는 그보다 늦게 정신을 차리지만 대신 훨씬 늦은 시간까지 깨어 있다. 새벽 4시에 일어나 닭이 잘 때쯤 침대에 눕는 유형, 해가 뜨기 직전에 잠들어 정오가 지나도록 침대에서 나오지 않는 유형 등 극단적인 경우를 포함해 스펙트럼은 넓다. 그러나 대다수의 사람은 어느 한쪽으로 치우치지 않는다. 대부분 아침 7시에서 9시 사이에 기상해 밤 10시에서 12시 사이에 피곤함을 느낀다.

　당신이 종달새 또는 올빼미에 가깝다면, 이는 타고난 천성이다. 이런 특성은 자라면서 변하기도 한다. 아이들은 대부분 어렸을 때는 종달새 유형으로 살지만 사춘기가 오면 명백한 올빼미가 된다. 그렇지만 어느 정도 성장하고 나면 이리저리 갈피를 잡지 못하던 유형이 어느 한쪽에 정착한다. 교육으로는 이런 성향을 쉽게 바꿀 수 없다. 생물학적 시계는 고유한 리듬에 맞춰 흐른다. 내면의 리듬을 이해하고 그 흐름대로 살면 효율적으로 생활하게 된다. 반대로 림비의 박자를 거부하면 최악의 경우 건강상의 문제로 이어질 수도 있다.

당신의 림비가 지닌 박자를 찾고 싶다면 일주일 동안 한 시간 먼저 자고 그만큼 일찍 기상해보라. 그다음 주에는 평소보다 한 시간씩 늦게 잠자리에 들고 일어나라. 그렇게 바꿨을 때 기분이 어떤가? 당신의 림비가 정상적으로 활동하는가? 낮잠을 자면 림비는 어떤 반응을 보이는가?

평소에 이런 테스트를 해볼 여건이 안 된다면 최소한 휴가 기간만이라도 알람을 꺼보자. 당신의 림비가 피곤하다고 외치면 잠을 푹 자고, 림비가 움직이고 싶어 할 때 침대에서 나오라.

하루 중 림비가 각성되어 있는 시간과 축 늘어져 있는 시간을 곡선으로 그려보자. 이를 바탕으로 계획을 짜면 일할 때 업무를 효율적으로 분배할 수 있다. 가장 어려운 업무는 림비가 생기발랄한 시간대에 배정하고, 비교적 단순한 업무는 림비가 피로해하는 시간대에 배치하라. 나는 아직까지도 컨디션이 최상일 때 별로 중요하지 않은 일로 시간을 허비하는 경우가 빈번하다. 그러면 정작 중요한 일을 처리하려고 할 때 이미 지쳐 있다. 정말 바보 같은 행동이 아닌가? 한 주를 정해 '림비 친화 주간'으로 보내보자. 나에게 맞는 최적의 흐름에 따라 일을 하라. 그러면 별다른 비용을 들이지 않고도 즐거움과 능률을 배로 올릴 수 있다!

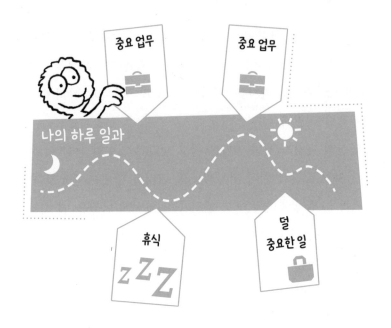

친화 주간이 별로였는가? 그렇다면 당신이 세운 계획에 문제가 있는 것이다. 당신의 림비가 어느 시점에 어떤 업무와 활동을 해야 최고의 성과를 낼지 직장 상사, 가족과 함께 의논해보라. 이런 방식으로 모두의 기대치와 림비의 리듬을 조화롭게 조율하면 삶의 질을 개선할 수 있을 것이다. 한두 번 시도해서 잘되지 않았다고 포기하지 마라. 장기적으로 노력할 만한 가치가 충분하다!

Tip 중요한 결정은 햇살이 비출 때 하라!

중요한 결정은 대체로 이른 오전 시간에 하는 것이 좋다. 오랫동안 고민해온 중대한 결정 사항이 있다면, 휴가 때까지 잠시 기다리자. 그리고 휴가 동안 충전한 림비와 신피질의 힘을 그대로 일상생활에 쏟지 말고, 그 결심에 대해서 유연하게 생각해보는 데 써라.

우리는 하루를 보내면서 크고 작은 결정들을 셀 수 없이 많이 내려야 한다. 이를 위해 내면에서 쉴 틈 없이 회의가 이어지니 뇌는 지칠 수밖에 없다. 그래서 새로운 결정을 하는 데 엄청난 피로감을 느끼게 된다.

이는 똑똑한 판사도 마찬가지다. 한 연구에 따르면 충분히 휴식을 취한 판사가 더 대담한 판결을 내릴 가능성이 크다. 선고받은 징역보다 일찍 출소하게 해달라는 수감자의 청원이 수용될 확률은 재판 시간이 이른 아침 또는 점심시간 직후인 경우 65퍼센트까지 올랐다. 반대로 재판 시간이 점심시간과 가까워지거나 늦은 오후가 될수록 판사가 청원을 수용할 확률은 낮아졌다.

법률적인 관점에서 사건 정황이 거의 동일한 경우에도 서로 다른 결과가 발생할 수 있다. 기존 판결에서 아무것도 바꾸지 않는 동일한 판결을 내릴 때 판사의 림비는 결정에 대한 압박, 피로감을 덜 느낀다. 그렇기 때문에 림비가 피로할 때는 청원을 거부할 가능성이 커지는 것이다.

우리의 림비도 더 유연하게 사고하고 더 모험적인 결정을 내리기 위해서는 에너지가 필요하다. 그러므로 충분히 휴식을 취한 후인 오전 시간 또는 휴가 이후에 중요한 결정을 내리도록 하자.

빼앗긴 집중력을 되찾는 5가지 훈련법

누군가 내게 요즘 어떻게 지내냐고 물으면 막대 위의 접시 여러 개를 동시에 돌리는 서커스 묘기 사진을 보여주곤 한다. 그러면 대다수가 고개를 끄덕이며 동조한다. "그래요, 나도 딱 그런 상황이에요."

접시 여러 개를 떨어트리지 않고 동시에 계속 회전시켜야 하는 것처럼 대부분의 사람은 여러 일을 병행하고 있다. 한 가지 일을 하고 있는 동안에도 머리는 이미 다른 일을 생각하고 있다. 그러다 보니 많은 이들이 과부하 상태가 되어 자기 생활에 대해 불만을 터트린다.

불평불만을 쏟아내면서도 능률과 효율을 높이려고 애쓴 덕분에 인류는 고도의 발전을 이룩했다. 사회 문제로 대두된 여유 없는 조급한 일상과 심각한 환경 문제에도 불구하고 우리가 앞선 세대보다 훨씬 더 편리한 삶을 살고 있다는 것은 분명한 사실이다.

야생동물과 싸워 생존할 걱정을 하지 않아도 되고 일용할 식량을 위해 산과 들을 헤매지 않아도 된다. 또한 눈부시게 발전한 의학 기술도 삶의 질에 큰 기여를 하고 있다. 미국의 1대 대통령 조지 워싱턴은 스물두 살 때부터 거의 매년 치아를 하나씩 뽑았다. 대통령으로 당선되었던 1789년에는 성한 치아가 거의 하나도 남아 있지 않았고, 끔찍한 의치 때문에 매일 괴로워해야만 했다.

이 모든 성과는 지난 수천 년 동안 지치지도 않고 열심히 활동한 대뇌피질의 덕택이다. 신피질은 이미 달성한 것에 만족할 줄

모르고 미래를 바라본다. 보다 좋은 생활을 꿈꾸며 그것을 현실화하기 위해 최선을 다한다. 이렇듯 미래에 한 발을 담그고 있기에 불안감과 초조함을 느끼지만, 이것이 나쁜 것만은 아니다.

인류의 삶의 질을 개선하는 데 가장 큰 공을 세운 것은 멀티태스팅의 대가인 대뇌피질이다. 대뇌피질은 눈 깜짝할 사이에 여러 과제를 오간다. 당신이 이 문장을 읽는 동안에도 대뇌피질에서는 셀 수 없이 많은 복합적 프로세스가 동시다발적으로 실행된다. 새로운 과제를 준비하고 다양한 문제에 대한 답을 고민하며 동시에 당신의 신체 감각기관을 주시한다.

이러한 멀티태스킹으로 인해 스멀스멀 불편한 심기가 올라오는데, 이는 림비에게서 비롯된다. 림비는 한 번에 하나만 하기 때문이다. 이 점이 바로 림비와 대뇌피질의 가장 근본적인 차이다.

앞의 그림이야말로 이 책의 핵심 메시지라 할 수 있다. 진심을 다한 집중은 한 번에 딱 한 가지에만 가능하다. 그리고 '진심'은 림비와 관련되어 있다. 따라서 뇌와 친화적인 삶을 사는 법의 핵심은 이렇다. 매일 단 한 순간만이라도 한 가지에 몰입해 림비가 온전히 그 순간을 느끼게끔 하라. 앞으로 닥칠 일에 대한 걱정도 전혀 하지 않고 지나간 일로도 끙끙 앓지 않는 그런 순간 말이다.

다른 걱정, 일, 의무는 모두 다른 접시에 담아 바닥에 놓아두고 하고 있는 일이 끝날 때까지 잠시 방치해둬라. 물론 여러 접시를 한 번에 돌리는 묘기처럼 장관은 아닐 것이다. 그렇지만 당신과 림비에게는 더할나위 없이 좋을 것이다. 그렇게 매일 일정한 '림비-순간'을 가지면 번아웃 현상으로부터 자신을 지킬 수 있다.

그렇지만 인생 전체가 림비의 순간들로만 가득하다면 삶은 무척 무미건조할 것이다. 멀티태스킹은 우리를 다소 안절부절못하게 만들지만, 이를 습득하지 못했다면 우린 원시인처럼 아직도 나무 위에서 살았을지도 모른다. 반면 싱글태스킹을 차분하게 제대로 해내지 못했다면 우리 내면은 활활 타올라 소멸해버렸을 것이다. 원만하고 능숙한 인류의 삶을 유지하려면 대뇌피질의 멀티태스킹과 림비-순간의 싱글태스킹을 병행해야 한다.

물론 특정 활동에 온전히 집중하는 것은 쉽지 않다. 다행히 신경과학자(림비 연구자)들이 이 주제를 연구해 명백한 결론을 냈다. 집중력은 림비의 도움을 받아 훈련하면 키울 수 있다는 것이다. 림비와 함께하는 집중력 훈련법을 몇 가지 살펴보자.

Tip 당신의 뇌는 더 대단한 것을 해낼 수 있다

당신의 생각이 계속 딴 곳으로 향하고 아주 가벼운 유혹에도 마음이 혹한다면 그건 뇌가 보내는 신호일 수 있다. 당신이 뇌를 너무 과소평가한 것이다! 그럴 땐 뇌에게 더 강한 요구를 하라!

정신 나간 소리처럼 들릴 수도 있겠지만, 지금 하는 일보다 훨씬 더 어려운 일을 하라! 당신의 뇌에 더 많은 부담을 줘라. 림비가 비상 모드에 돌입하도록 만드는 것이다. 신기하게도 이런 정신적 비상 상태가 거북하게 느껴지지 않을 것이다. 오히려 즐거움을 불러일으킨다.

근육계나 소화기관과는 달리, 뇌는 항상 최대치로 일할 준비가 되어 있다. 그 점은 림비와 신피질 모두 동일하다. 이 두 기관은 매우 훌륭한 인내심과 끈기를 지닌 선수들이다. 이 드림팀에게 더 야심찬 과제를 던져주자. 예를 들어 지독하게 지루한 보고서를 운문 형식에 맞춰 써보는 식이다. 또는 따분한 회의록을 신비한 오지, 광활한 초원, 위험한 협곡으로 떠나는 모험소설처럼 써보자. 그런 관점으로 회의록을 작성한다면 회의 시간이 예전만큼 갑갑하지는 않을 것이다. 보고서에 직접 촬영한 사진이나 인터넷에서 다운로드받은 그림을 덧붙여보라. 당신의 회의록 덕분에 동료들도 책상에 딱 붙어 앉아 만성 무기력증에 시달리는 상태에서 탈출할 수 있을 것이다.

Tip 다른 곳으로 향하는 시선을 차단하라

림비는 환상적인 알람 시스템을 갖추고 있다. 위험과 기회를 포착하기 위해 민감한 센서로 24시간 내내 360도로 주변 환경을 감시한다. 림비는 당신의 안전을 위해 주위에서 일어나는 모든 일에 항상 촉각을 곤두세우고 있다. 림비가 주변 환경으로부터 눈과 귀를 차단하는 경우는 단 한 가지, 특정 활동이 월등히 더 중요하거나 재미있을 때다.

이는 반대로도 적용할 수 있는데, 림비가 외부로부터 최소한의 신호만 받도록 방해가 될 만한 요소를 아예 원천 차단하는 것이다. 지금 하고 있는 일에 필요한 도구만 남겨두고 책상을 깨끗이 치워보자. 이메일 창을 닫고, 전화기도 전원을 꺼버리자. 그리고 가능하다면 문도 닫아보라. 때로는 가족사진이 담긴 액자 또는 아름다운 풍경을 깔아놓은 모니터 바탕화면 등 감정을 유발하는 요소들까지 과감하게 치워보자.

언뜻 사소해 보이는 것도 뇌의 반응 속도에 꽤나 큰 영향을 미칠 수 있다. 어려운 과제가 있을 때는 한번 이렇게 해보라. 잠시 사진을 전부 책상 서랍 안에 넣어두고 컴퓨터 화면도 단색으로 바꿔보자. 나중에 일이 끝나고 모두 원상태로 되돌리면 된다.

일하는 중에 다른 문의가 들어오거나 새로운 업무가 생겨도 그

훼방꾼이 집중을 깨도록 허용하지 마라. 지금 긴급한 일을 처리하고 있다고 분명히 밝히고, 문의 내용을 간략하게 기록해두자. 그리고 그 쪽지를 옆으로 치워둬라. 그렇게 하면 림비의 단기기억장치에 혼선이 빚어지는 것을 방지하고 지금 하는 핵심 업무에 집중할 수 있다. 일을 모두 마치고 나면 쪽지에 적힌 일을 가벼운 마음으로 시작할 수 있을 것이다.

 당장 처리해야 하는 일을 소리 내어 말하라

트란스플란토비치 박사에게 보낼 감사의 편지를 작성하는 대신 인터넷에서 러시아 교통사고 동영상을 보고 있을 때, 계산이 맞는지 검토하는 대신 창밖의 구름만 넋 놓고 보고 있을 때, 진상 고객에게 전화를 거는 대신 꿈꾸던 커피머신을 살지 말지 고민하고 있을 때는 당장 집중해야 하는 일을 소리 내어 말하는 것이 도움이 된다. "지금 당장 트란스플란토비치 박사님에게 감사 편지를 써야 하잖아." 소리 내어 입 밖으로 내뱉는 순간 당신의 주의력은 해야 할 업무로 복귀할 것이다.

그 이유는 림비가 인지부조화cognitive dissonance를 선호하지 않기 때문이다. 인지부조화란 행동과 생각이 서로 일치되지 않는 것을 일컫는다. 인지한 것이 생각이나 의도와 다를 때 림비는 매우 초조해하고 스트레스를 받는다. 림비는 무엇보다 조화를 추구하기 때문에 당신의 사고와 행동을 일치하게 만드는 데 힘을 보탤 것이다.

게다가 소리 내어 말하기는 신체적인 활동으로, 림비와 연결하는 가장 좋은 방법이기도 하다. 신체 감각을 통한 림비의 소통 방식인, 체성 표지에 대해 기억하는가? 이는 양방향 모두 통한다. 주변에 빼앗긴 림비의 시선을 주 업무로 다시 돌려놓기 위해 신체를 활용하라. 소리 내어 말할 수 없는 상황이라면 조용히 입술만이라도 움직여서 말해보자. 또는 페널티킥을 성공한 축구선수가 기쁨에 겨워 양팔을 하늘로 쭉 뻗듯이 당신도 양팔을 뻗어보라. "안녕 업무야, 내가 다시 돌아왔다!"

Tip 중간 단계마다 매듭을 지어라

중간 목표를 정하라. 프로젝트 콘셉트를 기획하는 업무든, 고객의 요청사항을 처리하는 일이든, 차고 정리든, 우선 그 과제를 단계별로 나눠보자. 특정 기한까지 일부분을 마치고 나면 직장 상사, 업무인계자 또는 배우자와 중간 결과물을 공유해보라.

하던 일이 아직 끝나지 않았고, 프로젝트는 미완 상태이며, 목표가 달성되지 않은 상태가 오래 지속되면 정신이 지치고 집중력이 약해진다. 중간에 멈춘 행동은 완전히 완료한 것보다 기억에 오래 남는다. 심지어 완수한 업무에 더 오랜 시간을 투자했더라도 미완성 작업을 더 잘 기억한다. 이런 경향은 1920년대에 이 현상을 발견한 러시아 심리학자 블루마 자이가르닉Bljuma Zeigarnik의 이름을 따 '자이가르닉 효과'로 알려졌다. 텔레비전 프로그램은 이 효과를 활용해, 결정적인 순간에 방송을 끝내곤 한다. 이야기의 끝이 궁금해진 시청자가 다음 주 방송도 보게 하려는 의도다.

장기 프로젝트가 피곤하고 힘든 이유도 여기에 있다. 마무리가 되지 않았기 때문에 뇌는 해야 할 일을 자꾸 떠올리고, 그런 상황이 림비를 지치게 만든다.

이제 겨우 일부를 끝냈을 뿐이고 완성까지는 아직도 갈 길이 멀었다는 식의 자기 비난으로 자신과 림비를 괴롭히지 마라. 비록 일부분일지언정 끝마친 부분에 대해 기뻐하라! 그렇게 하면 림비는 아직도 부족하다는 자기 파괴적인 감정에서 벗어나 기분 전환을 할 수 있다. 한 단계를 완수한 뿌듯함을 림비와 만끽하라. 그런 감정은 그다음 단계에 몰입할 수 있도록 힘과 의욕을 샘솟게 한다.

림비를 집중하게 만드는 50분의 비밀

가끔 일이 정말 안 풀릴 때가 있다. 아무것도 안 되는 그런 때! 그럴 때면 그냥 집중이 안 된다. 앞에 놓인 일이 조금도 마음에 들지 않고, 오로지 거부하는 마음만 가득하다. 림비가 굳게 마음의 빗장을 걸어 잠가서 도무지 이겨낼 재간이 없다. 방 안을 누비는 파리를 관찰하는 것이 훨씬 더 흥미로워 보일 정도로 당신 앞에 놓인 과제가 림비의 마음에 들지 않고, 그 대신 하고 싶은 일이 수천 가지다. 그래도 그 일을 해야만 한다면 어떻게 해서든 림비를 집중하게 만들어야 한다.

이럴 때는 어쩔 수 없이 림비에게 강요를 해야만 한다. 단 이 책 도입부에서 설명했듯 림비에게 무언가를 강제하는 것은 겨우 5퍼센트의 성공률을 보인다. 그렇지만 도저히 다른 방법으로는 해결되지 않는 비상 상황이라면, 그럴 때 쓸 수 있는 림비의 비밀 하나를 살짝 공개하고자 한다.

50분, 그 시간만큼은 아무리 하기 싫은 일이라도 림비가 받아들인다. 그 고통이 영원히 지속되지 않는다는 걸 인지하기 때문에 50분 동안은 자신을 가둬두고, 신체 감각을 억제하며 조용히 견뎌내는 것이다. 50분이라는 수치가 어디서 비롯된 건지는 분명히 밝혀지지 않았지만, 미국 대학생들 사이에서는 '마법의 집중 시간'으로 통용된다. 축구의 전후반 경기 시간도 연장 시간을 포함해 딱 그 정도이며, 학교의 수업 시간도, 드라마 방영 시간도 그러하다.

타이머를 50분에 맞춰놓고 그 시간만큼은 다른 곳에 시선을 돌리거나 딴생각을 하지 말고 자신을 제어해보자. 우선 이 50분 동안 무엇을 처리할지 분명히 결정해야 한다. 여러 단계로 나눠진 일이라면 그 시작과 끝을 구체적으로 정하자. 20분 동안은 인터넷에서 주제에 관해 검색을 하고, 나머지 30분 동안 보고서를 작성한다는 식이다. 현실적으로 시간을 정해야 하지만, 불가피한 외부 방해 요소 하나 정도는 감안해서 조금 타이트하게 계획을 세우는 게 좋다.

50분이 지나고 나면 림비를 새장 밖으로 풀어줘야 한다. 10분

에서 20분 정도 림비에게 휴식을 누리게 해줘라. 자리에서 일어나서 잠시 주변을 산책하든지 하늘을 바라보자. 커피나 차를 마시거나, 좋아하는 게임이나 가벼운 취미에 전념해보자. 무엇이든 림비가 원하는 것을 들어줘라. 반드시 정말로 휴식을 취해야만 하며, 다른 술수를 써서는 안 된다. 림비에게 보상을 주기로 해놓고 실천하지 않는다면 림비는 실망해서 다음번 50분 집중을 시도할 때 온 힘을 다해 반항할 것이기 때문이다.

처리해야 할 일이 매우 어려운 데다 시급한 경우라면 전반전을 치르고 난 뒤 잠깐 휴식을 취했다가 다시 50분 라운드를 실행해볼 수 있다. 하지만 가능하다면 다음 라운드를 최대한 미루는 것이 좋다. 림비는 자신을 옥죄는 50분 라운드를 하루에 3회 이상 버티지 못하기 때문이다. 이 방법은 어쩔 수 없을 때만 사용하는 비상책으로 남아 있어야 한다. 림비를 억압하기보다 림비의 긍정적인 에너지를 이용하는 편이 훨씬 더 좋다.

게으름은 의지가 아닌
감정의 문제다

림비는 모든 일을 거부하는 게으름뱅이가 절대 아니다. 오히려 그 반대다. 림비도 일에 몰입해 열심을 다하기도 한다. 설령 따분한 일일지라도 끝내야 한다는 도전의식을 심어주면 림비의 흥미를 일깨울 수 있다.

림비가 어떤 일에 거부반응을 보이는 주요 원인 중 하나는 여태껏 해보지 못한 새로운 일이라서 실패할까 봐 두려움이 앞서기 때문이다. 아마 당신도 이런 상황을 몇 번 경험해봤을 것이다. 림비는 가능한 한 그 일을 뒤로 미루려고 하고, 찜찜한 마음만큼이나 하지 않으려는 고집도 커져만 간다.

그런 림비에게 동기를 부여하는 훌륭한 방법 중 하나는 결과를 미리 상상해보는 것이다. 일을 모두 완수하고 나면 얼마나 좋을지 보여줘라! 파티나 행사를 계획한다면 그곳에 와서 감격할 손님들의 모습을 자세히 떠올려보자. 보고서를 써야 한다면 그것을 제출

했을 때 크게 만족한 상사가 당신에게 악수를 청하며 칭찬하는 모습을 그려보고, 집안일이라면 책장을 설치하고 현관에 거울을 달았을 때 행복해할 배우자의 모습을 떠올려보자.

Tip 결말부터 시작해 거꾸로 계획하라

과제 완료 시점에서부터 단계별로, 영역별로 시간을 거슬러 올라가며 계획해보자. 성공적인 행사, 탁월한 보고서 또는 아름다운 복도에 필요한 모든 것을 생각해보라. 이렇게 구체적으로 계획을 세우면 실패에 대한 림비의 두려움을 덜어낼 수 있다.

"다음 달 15일에 보고서를 제출하려면 14일에 보고서를 복사해야겠군. 그러려면 13일경에는 모든 수정 사항을 반영해야겠어. 따라서 12일까지 동료가 수정 사항 검토를 마쳐야 해. 분명 3일은 필요할 거야. 그렇지만 그 사이에 국경일과 주말이 꼈으니 6일까지는 그에게 보고서를 넘겨줘야겠어."

이런 식으로 접근하면 신규 프로젝트의 불확실한 면이 명확하게 정리가 될 뿐 아니라 림비의 흥미도 일깨울 수 있다. 성공, 즐거움, 조화 등 림비의 심장을 뜨겁게 하는 모든 멋진 감정을 불러일으키는 것이다. 독일의 신경생물학자 게랄트 휴터Gerald Hüther는 일을 성공적으로 완수하거나 새로운 일에 과감히 도전할 때 흥미가 매우 결정적인 역할을 한다고 주장했다. 림비에게 결과부터 제시해, 이후에 얻게 될 즐거움을 떠올리게 하는 데 성공했다면 이제 림비는 당신이 그것을 성취하도록 최선을 다해 협력할 것이다.

우리가 맡은 일을 재차 미루는 또 다른 이유는 실패에 대한 림비의 공포 때문이다. 림비는 비난받거나 타인을 실망시키는 위험을 감수하지 않으려고 당신이 모든 일을 최대한 완벽하게 완수하도록 유도한다. 다시 한번 검토하고, 삭제하고, 추가 수정하고, 세부사항을 매끄럽게 다듬으라고 촉구하는 것이다. 이는 시간을 소모하며, 사실 모든 걸 완전무결하게 완성하기란 거의 불가능에 가깝다. 게다가 주관적인 요인까지 더해진다. 스스로 보기에는 결과물이 완벽하더라도 상사, 고객, 연인에게는 그저 평범한 수준으로 느껴질 수 있다.

따라서 림비와 계약 하나를 체결하길 권한다. 계약 내용은 다음과 같다. 당신은 림비와 한 팀이 되어 맡겨진 과제를 잘 처리한다. 그 이상도 그 이하도 아니다. 사소한 실수나 결점이 있어도 전체적으로 괜찮다면 그 과제를 완수한 것으로 간주한다.

　주어진 일을 멀리서 보면 너무나 커 보이고, 절대 끝낼 수 없을 것만 같지만, 막상 뚜껑을 열어보면 분명 처리할 수 있는 일이다. 림비는 신규 프로젝트를 처음 접하는 순간에는 모든 프로젝트를 어마어마한 일로 여기고 혼란스러워한다. 그러나 찬찬히 제대로 들여다보면 생각만큼 그리 어렵지 않다는 걸 깨닫게 될 것이다.

따라서 광범위하고 힘든 일일수록 그 즉시 착수하는 것이 림비에게 가장 좋은 방법이다. 일단 시작하고 나면 불분명한 두려움은 사라지고 실질적이고 구체적인 고민거리만이 남는다. 막연한 공포에 비하면 그 정도야 수월하게 견뎌낼 수 있다! 예컨대, 정원을 새롭게 가꾸려고 결심했다면 바로 정원에 들어가 가위로 덤불을 잘라버려라. 웹사이트를 새로 오픈하려고 마음먹었다면 우선 웹디자이너에게 연락해보자. 부서 전체를 새롭게 개편하려 한다면 일부 관계자들을 모아 브레인스토밍을 시작하라.

단번에 돌파하기가 힘에 부친다면 조금씩 진행해보자. 우선 신규 프로젝트를 15분간 진행해보기로 림비와 합의하라. 그런 뒤 다른 일을 해도 좋다. 만약 15분이 지난 뒤에도 그 일을 계속하고 싶은 마음이 생긴다면 꼭 멈추지 않아도 된다.

Tip 하룻밤 자고 나서 생각하라!

그러나 일부 프로젝트는 가짜 거인이 아니라 가시덤불로 뒤덮인 공주의 성일 수도 있다. 접근하기 힘들고, 길도 복잡하고, 입구조차 보이지 않는 성처럼 어디에서부터 시작해야 할지 전혀 감이 잡히지 않고, 선례도, 표준화된 절차도 찾아볼 수 없는 것이다. 대뇌피질이 "시작하면 괜찮아질 거야. 잘할 수 있어"라고 속삭이지만 림비는 도무지 무엇부터 해야 할지 몰라 주저한다.

그럴 때는 앞서 소개한 '우선 시작하고 보기' 기술을 변형해서 활용해보라. 퇴근하기 직전 그 업무를 몇 분간 면밀히 검토하라. 그런 뒤 잠시 덮어두고, 업무에 대해 더 이상 생각하지 말고 하룻밤을 자라. 대부분 아침이 되면 해결책을 찾기가 좀 더 수월해지고, 첫 업무 단계를 떠올릴 수 있을 것이다.

그 이유는, 밤사이 잠자는 동안 당신의 뇌가 마법에 걸린 성에 들어갈 방법을 고심했기 때문이다. 해마와 대뇌피질이 소통하면서 새로운 기억 중 필요한 것은 장기 기억으로 저장해 기억을 강화하기도 하고, 기억들 간 연관성을 정립하며 이전 정보와 연결해 창의적인 아이디어를 생성하기도 하는 것이다.

Tip 림비를 의도적으로 코너로 밀어넣어라

다음 주에 있을 발표의 원고를 쓰도록 림비를 도저히 설득할 수 없다면 또는 며칠 후 제출해야 할 연간 보고서 쓰기를 림비가 완강하게 거부한다면 어찌할 것인가?

이럴 때는 '의도적으로 미루기'를 실행해보라. 미국 철학자 존 페리John Perry는 이에 관한 완벽한 저서를 집필했다. 책의 요지는 림비를 그냥 놔두라는 것이다. 페리는 생각만 해도 끔찍한 연설문을 작성해야 한다고 끊임없이 되뇌기보다 림비가 하고 싶어 하는 단순한 작업을 그냥 하게 놔두라고 말한다. 예를 들어 세금신고서 작성 같은 일 말이다. 물론 세금신고서 작성도 그다지 내키는 일은 아니지만 연설문보다는 훨씬 낫다. 페리는 그런 상황에서는 림

비가 중요도가 낮고 조금 더 단순한 일에 엄청난 기쁨과 열정을
느끼며 전념한다는 것을 알아냈다.

그 일을 하면서 림비에게 미뤄두고 있는 일이 훨씬 더 중요하
다는 사실을 재차 설명하며 빨리 착수하도록 설득해야 한다. 그러
나 페리는 이런 방식이 모든 림비에게 적합하지는 않다고 인정했
다. 일반적인 림비라면 하기 싫은 의무에서 도망쳐 소파로 가서
범죄소설을 읽거나 초콜릿 먹기를 선호할 테니 말이다.

페리의 기술을 효과적으로 실현하려면 약간의 운과 대뇌피질에
서 철저하게 준비한 계획이 있어야 한다. 또한 이 기술은 강한 책
임감과 양심을 가진 림비에게 더 적합하다. 당신의 림비가 이에 해
당한다면 페리가 집필한 《미루기의 기술》을 한번 읽고 실천해볼
만하다. 물론 단점도 있다. 우선순위 2번을 처리하는 동안 시간은
흐르고, 우선순위 1번에 할애할 시간은 점점 줄어든다는 것이다.

다시 한번 말하지만 림비의 최대 약점은 시간개념이다. 림비는 시간에 관해 편안하고 느긋한 태도를 취하기 때문에 진정한 시간의 현자라 할 만하다. 그러나 실질적인 업무 시간을 추정할 때는 꼭 실수를 저지르고 만다. "제품 콘셉트요? 그건 제가 모레 이메일로 보내드리죠", "다음 달 업무 계획안은 2시간 내로 보내드리겠습니다." 이런 식으로 확신에 차서 말하지만, 항상 뒤늦게 생각한다. "예상보다 시간이 많이 드네. 왜 그런 걸까?"

림비는 조화를 추구해서, 상대의 마음을 만족시키고 싶어 한다. 그래서 다른 사람들이 실망하지 않도록 가능한 한 빠른 기한을 약속하는 것이다. 림비는 낙천주의자이기도 하다. 이상적인 세계에서는 월간 업무 계획표를 2시간 내로 작성하는 것이 가능하다. 일전에 누군가는 45분 만에 썼다 하지 않던가! 림비는 모든 업무가 아무런 문제 없이 끝날 거란 낙관적인 비전에 사로잡힌다.

반면 당신의 대뇌피질은 그런 경우는 극히 드물다는 사실을 잘 알고 있다. 대부분 그사이에 무슨 일이든 생기기 마련이다. 전화벨이 울리고, 할머니가 당신의 도움을 필요로 하고, 회계팀에서 지난주 연수에서 쓴 경비지출영수증을 급히 요구한다. 그리고 때때로 우리 머릿속이 갑자기 텅 비어버리기도 한다. "우리 제품 콘셉트가 뭐였더라?"

막연히 추정하지 말고 평균 시간을 계산하라

림비의 낙천적인 시간개념을 보완하기 위해서는 최소한 한 주간 당신이 한 모든 업무와 그 소요 시간을 솔직하게 목록화해야한다. 향후 계획을 세울 때는 그 소요 시간을 바탕으로 계산하라.

다음에 소요 시간을 예측할 때는 이상적인 경우가 아닌 평균을 생각하라. 제품 콘셉트 기획 40분, 이메일 쓰기 15분, 보고서 다섯 장 작성은 아무런 방해가 없을 경우 3시간, 이런 식으로 말이다.

그런 뒤 다음 요소들을 진지하게 고민해봐야 한다. 3시간 동안 방해받지 않고 일했던 적이 언제였던가? 예상치 못한 전화, 계획에 없던 돌발 사고(컴퓨터의 전원이 갑자기 나간다든지), 거부할 수 없는 깜짝 손님("저, 5분만 시간 되세요?") 등을 감안해 완충 시간을 충분히 계산해야 한다.

현실적인 업무 일정표를 작성해라

림비는 일정표의 빈칸에 쉽게 현혹된다. 아직 빈칸이 많다는 사실에 기뻐하며 빈 곳마다 야심찬 계획으로 꽉꽉 채운다. 그렇지만 안타깝게도 실상은 그렇지 않다. 대개 일정표에는 다른 사람과 한 약속만 기록하기 마련이다. 매일 반복적으로 해야 하는 업무, 회신해야 하는 이메일, 서류 정리나 비용 정산처럼 잡다한 일 등 업무에 필수적으로 수반되는 수많은 일정은 그곳에 적혀 있지 않

다. 업무를 인계하는 데도, 달력에 기록된 미팅 전후로 사전 준비
나 후속 조치를 하는 데도 시간이 필요하다. 예상하지 못한 고장,
불운, 갈등은 반드시 생기기 마련인데, 그것 역시 일정표에 전혀
반영되어 있지 않다. 그렇게 림비가 좋아했던 빈칸은 순식간에 연
기처럼 사라져버린다.

　림비가 거짓 빈칸에 현혹되지 않도록 달력에 다른 사람과의 미
팅뿐 아니라 그날 마감되는 프로젝트, 처리해야 할 업무까지 모두
빠짐없이 기록해보라. 매일 반복되는 업무에 소요되는 시간도 현
실적으로 산출해보자. 이메일 확인 및 회신, 컴퓨터 관리, 서류 정
리, 비용 처리 업무에 평균적으로 시간을 얼마나 쓰는가? 이 모든
것을 당신의 일정표에 꼼꼼히 기록하라. "일정이 이리 꽉 차 있다
니, 참으로 안타까운 일이야." 림비는 실망하겠지만 그렇게 함으
로써 낙관적이기만 한 림비의 색안경을 벗기고 현실을 직시하게
만들 수 있다.

뇌의 공회전,
신경 끄기의 기술

"시간이 좀 더 있으면 좋겠어!" 끊임없이 무언가를 수행하는 바쁜 일상에 치인 많은 사람이 이렇게 탄식한다. 그렇지만 시간이 실제로 더 있다면 무엇을 할까? 시간이 정말 많다면 시간을 초월한 현자처럼 인생의 여유를 즐길 것 같지만, 실제로 시간 여유가 생긴 여러 사람을 유심히 관찰한 결과, 사람들은 대체로 새로 생긴 시간에 또 다른 일을 벌인다는 사실을 알게 되었다.

주어진 시간을 모두 경험으로 가득 채우려는 이런 행동주의는 어디서 비롯된 걸까? 그러면서도 어떤 부산함도 없는 고요함을 동경하는 이유는 무엇일까? 시간 체계의 변화를 연구한 독일의 사회학자 하르트무트 로사Hartmut Rosa는 우리가 모든 것이 가속화되는 사회에 살고 있다고 말했다. 소통 방식이나 업무 체계, 타인과의 관계 등 우리를 둘러싼 모든 것이 지속적으로 변하고 있으며 그 속도는 점점 빨라지고 있다. 그럼에도 우리는 여전히 시간을 주체적으로 사용할 수 있다고 믿는다. 로사는 이 생각이 근본적인 오류라고 주장했다. 우리는 계속해서 빨라지는 사회의 발전을 거스를 수 없다. 이런 환경에서 우리가 할 수 있는 건 쉬지 않고 돌진하는 대신 잠시라도 여유를 즐기는 법, 하루 정도는 비워두는 법, 아무것도 하지 않기로 의도적으로 결심하는 법을 배우는 것이다.

우리가 아무것도 하지 않는 동안 뇌가 무엇을 하는지 알면 휴식이 정말 중요하다는 것을 깨닫게 된다. 우리가 휴식을 취할 때도 뇌는 게으름을 피우며 축 늘어져 있지 않는다. 신체의 기능을 관리하는 일을 멈추지 않기 때문이다. 이것만으로도 대단한 작업이지만, 우리가 쉬는 동안 뇌가 하는 일의 전부는 아니다. 당신이 무언가를 특별히 생각하지 않아도, 머릿속에서는 학자들이 '디폴트 모드 네트워크Default Mode Network'라 부르는 뇌의 공회전이 실행된다.

뇌의 공회전

신경과학자들은 영상 장치를 이용해 어떤 과제에 집중할 때의 뇌 움직임을 관찰한다. 이렇게 하면 특정 과제를 관장하는 뇌의 부위를 확인할 수 있다. 학자들은 반대로 휴식을 취하면 활성화되었던 부위의 활동이 감소하는지 확인해보고자 했다.

- 연구진은 특정 과제를 완료하면 뇌 전체의 활동성이 감소할 것이라고 예측했다. 그러나 서로 독립적으로 시행된 여러 실험의 결과는 다음과 같았다. 실험 참가자들에게 휴식하라고 요구하자 뇌의 다른 부위에서 신경회로 활동이 증가했다. 참가자들이 무언가에 집중하면 그곳의 활동성은 감소했다. 다시 말해, 우리가 아무런 생각도 하지 않을 때만 활성화되는 뇌의 부위가 존재한다는 뜻이다.

- 이런 디폴트 모드 네트워크는 뇌에 매우 중요한 의미가 있으며, 이는 수면 중인 사람이나 혼수상태에 빠진 환자에게서도 나타난다. 수면, 혼수상태 또는 백일몽에 빠지면 외부의 자극과 단절되기 때문에 일부 학자는 이를 뇌의 오프라인 상태라 말하기도 한다. 이때 뇌는 스스로에게 몰입해 외부에서 유입되는 신호를 처리하지 않는다.

- 디폴트 모드 네트워크의 존재는 널리 인정받고 있다. 그렇지만 그 기능에 관해서는 학계의 의견이 하나로 좁혀지지 않고 있다. 어쩌면 이 상태에 빠진 뇌는 일종의 자아 성찰을 시행하고 있을지도 모른다. 즉 습득한 것을 새롭게 재구성하고 정리하는 것이다.

• 뇌의 공회전이 매우 중요하다는 데는 이견이 없다. 아무것도 하지 않을 때 활성화되는 부위에는 피가 매우 잘 공급되어 큰 활동량에도 불구하고 뇌졸중의 영향을 거의 받지 않는다. 이 부위가 제 기능을 제대로 수행하기를 온몸이 바라는 것이다. 인간의 뇌는 매일, 매초 유입되는 수많은 정보에 거의 익사할 지경이다. 따라서 신호의 홍수 속에서 살아남도록 휴식 시간을 이용해 재충전을 하는 것일 수도 있다.

어느 한 과제를 능수능란하게 완수하려는 당신의 의도와는 달리 자꾸만 멍해진다면, 외부에서 들어오는 자극, 즉 뇌에 입력되는 정보가 너무 약하기 때문이다. 뇌는 그 일보다 차라리 내면의 활동이 훨씬 매력적이라고 느껴서 디폴트 모드 네트워크에 돌입하고, 그 순간 외부 일을 맡고 있는 부위에 공급되는 에너지가 적어진다.

림비와 신피질을 한번씩 놓아줘라. 두 기관이 모든 것을 재정비할 수 있도록 차분한 휴식을 즐기게 해주자. 의식적으로 생각의 스위치를 끄고, 편안하고 고요한 장소로 가서 방해가 될 만한 자극의 근원을 최소화하라. 뇌는 그런 당신의 배려를 매우 반길 것이다.

뇌가 자동으로 생각 모드로 전환하는 것을 예방하는 뛰어난 훈련이 있으니, 바로 명상이다. 명상은 한곳에 온 정신을 집중해 모든 생각이 그곳으로 향하게 하는 것이다. 나는 아침마다 약 10분씩 바닥에 앉아 머릿속을 비우는 명상을 한다. 또는 벽에 걸린 작은 십자가에 온 정신을 집중하기도 한다. 굉장히 비생산적인 행동처럼 보일 수도 있겠지만, 이는 사고의 근육을 단련하는 일종의 운동이다. 놀라울 정도로 간단하지만, 한번 해보면 푹 빠지게 된다.

그렇지만 우리에게는 이런 정적인 활동과 행동주의 두 가지가 모두 필요하다. 대뇌피질이 쉴 틈 없이 다음 행동을 계획하는 동안 림비는 그저 누워서 다리를 꼬고 게으름만 피우고 있다고 단정지어 말할 수 없다. 때로는 림비 역시 행동으로 옮기려고 하고, 대뇌피질도 쉬고 싶을 때가 있다. 이 둘은 각자의 짝이다. 행동주의와 휴식이 모두 있어야 비로소 삶이 완성된다.

★ 림비가 전하는 핵심 포인트 ★

- 해야 하는 일에 재미 요소를 더하면 림비는 시간 가는 줄 모르고 집중한다.
- 각각의 림비에게 맞는 하루 사이클이 있다. 이를 파악하고 활용하라.
- 방해가 될 만한 외부 요소를 제거하고 신체언어를 활용하면 림비의 놀라운 싱글 태스킹이 시작된다.
- 처음과 끝이 분명하면 림비의 의욕을 지필 수 있다. 50분의 마법을 기억하라.
- 림비가 시작도 전에 두려움을 느낀다면, 성공적인 결말을 미리 상상하게 하자.
- 림비의 부족한 시간개념을 보완하기 위해 프로젝트의 구체적인 단계를 계획하고 필요 시간을 기록하자.
- 때로는 멍하니 머리를 비우고 쉬는 것이 오히려 더 큰 도약에 이르는 방법이다.

림비 모드

신은 모든 것이
동시에 일어나지 않게
시간을 창조하셨다.

피토 백작
Graf Fito

자유시간이라 불리는 시간을
아무렇게나 허비하지 말고
그를 통해 우리 자신을 시간으로부터
자유롭게 해야 한다.

장 게브서
Jean Gebser

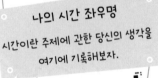

나의 시간 좌우명

시간이란 주제에 관한 당신의 생각을
여기에 기록해보자.

나는 절대 시계를 차지 않는다.
시계란 모든 사람을
경주마처럼 달리게 만드는
채찍이나 다름없다.

프랑수와 미테랑
Francois Mitterrand

시간에 관한 찜비의 마법 쪽지

복사하고, 오려내고, 걸어놓고, 전파하면 시간을 새롭게 체험할 수 있다!

누군가는 시간이 흐르기를 기다리고,
누군가는 직접 시간을
움켜잡고 행동한다.

단테 알리기에리
Dante Alighieri

지나간 것에는 감사를,
앞으로 다가올 것에는 긍정을.

다그 함마르셸드
Dag Hammarskjold

최고의 시간은

지금 지금 지금
지금 지금
지금 지금
지금 지금
지금 지금 지금

여기 뭔가
감춰져 있어요!

2장

림비와
공간

매일 림비를 즐겁게 해주는 아주 간단한 방법이 하나 있다. 바로 림비가 좋아할 만한 공간을 만드는 것이다! 필요한 물건을 바로 찾을 수 있는 작업 공간, 보기만 해도 림비가 흐뭇해하는 것들이 적절한 곳에 잘 정돈되어 있는 방은 림비가 쾌활한 기분으로 해야 할 일을 하게 만든다. 다만, 이런 공간을 만드는 데 필요한 정리정돈을 하기 위해서는 림비에게 약간의 감정적 자극을 주고, 대뇌피질의 도움을 받아야 한다.

행복하고 싶다면
책상 위부터 정리하라

2001년 출간된 내 책,《단순하게 살아라》는 과분하게 많은 사랑을 받았다. 그 책의 내용 중에서 특히 많은 독자가 좋아하고 바로 삶에 적용했던 부분은 '물건 정리'였다. 사실 난 뭔가를 버리고, 방을 깨끗하게 치우는 간단한 일이 그렇게나 큰 반향을 일으킬 거라고는 전혀 예상하지 못했다. 그 후로 나는 종종 스스로 되묻곤 했다. 선반을 빼곡히 채운 장식품이나, 서랍 안에 가득한 양말을 정리하면 왜 기분이 좋을까? 깨끗하게 정돈되어 있는 책상에 앉으면 상쾌한 기분이 드는 이유는 뭘까? 여태껏 나는 그 이유가 권력과 관련이 있다고 생각했다. 이 모든 잡동사니에 통치권을 행사한다는 꽤나 통쾌한 감정 말이다.

지금은 청소가 왜 좋은지 그 이유를 제대로 알고 있다. 청소는 림비를 행복하게 한다! 좀 더 정확히 말하자면 올바른 방식으로 제대로 정돈할 때 림비는 즐거워한다. 단순한 정리정돈만으로 대뇌피질과 림비 사이에 꼬인 실타래가 풀리고, 매혹적인 상호작용이 일어날 수 있다.

사람들이 명료하게 체계가 잡힌 직장이나 매우 잘 정리된 서랍을 선호하는 데는 여러 이성적인 이유가 있다. 우선 필요한 물건을 바로 찾을 수 있고, 누가 불시에 방문해도 좋은 인상을 줄 수 있으며, 제대로 질서가 잡힌 책상에서는 체계적으로 일할 수 있다. 또한 한 번 깨끗하게 청소해놓으면 그 상태를 유지하기도 쉽고, 궁극적으로 훨씬 건강해진다. 그 밖에도 소유한 물건을 제대로 파악할 수 있어서 비효율적인 구매가 줄어든다는 이점이 있고, 더 이상 내게 불필요한 것들을 손쉽게 발견해서 되팔거나 누군가에게 선물할 수 있다. 또 납부 시기를 놓치거나 다른 의무 사항을 제대로 지키지 않아 경제적 손실을 보는 것도 피할 수 있다.

위 리스트는 정리를 해야 하는 이성적인 이유의 극히 일부분에 불과하다. 이런 실속 있는 이유가 넘치는데도 당신의 림비는 여전히 정리에 흥미가 없는가? 실제로 많은 사람이 림비의 무관심으로 인해 "여기를 한번 정리하긴 해야 하는데"라는 말을 입버릇처럼 달고 살면서도 막상 실천하지는 못한다. 그러나 이 책에서 반복적으로 말하는 바를 당신도 알 것이다. 림비를 설득해서 림비가 기꺼이 당신의 의지에 동참하게 해야 한다! 그러려면 분명한 작전 지시가 있어야 한다. 다시 말해, 감정이 생겨야 한다는 뜻이다.

트리플 코드

미국의 심리분석가 윌마 부치_{Wilma Bucci}는 의사소통 코드를 세 가지로 분류했다.

- 코드1은 가장 잘 알려진 도구, 언어다. 언어는 문자와도 긴밀하게 엮여 있다. 당신이 내가 조합한 문자를 지금 이렇게 읽고 있듯이, 우리는 언어를 통해 서로 소통한다. 언어란 지난 몇천 년 동안 발전해온 굉장한 발명으로, 사람은 이것을 습득하기 위해 생애 첫 10년을 과감히 투자한다. 소리 내어 표현하는 언어로 일상에서 타인과 소통하고, 나아가 스스로 동기를 부여할 때도 가끔은 말로 표현하는 언어를 사용한다. "생각 좀 해봐"라고 혼잣말하면 쓸 만한 생각이 떠오르는 것처럼 말이다.

- 의사소통에 사용되는 또 다른 중요한 방편은 지각과 신체적 감각이다. 당신은 편안함이나 불편함, 간지러움을 느낀 적이 있을 것이다. 또 몸이 천근만근으로 느껴질 만큼 피로하거나 감동으로 벅차오르는 기분을 느껴본 적도, 안에서 뭔가 타오르거나 싸늘하게 식는 느낌을 받은 적도 있을 것이다. 이렇게 몸으로 느끼는 기분을 말로 표현할 수는 있지만, 말로 이런 기분을 일으킬 수는 없다.

간단한 예로, '고통'이라는 단어를 읽으면서 고통을 느끼려고 시도해보라. 아마 잘 안 될 것이다. 반면에 학교의 커다란 녹색 칠판을 떠올리고 당신의 손을 갈퀴처럼 만들어 손톱으로 칠판을 긁을 때

나는 그 소름 끼치는 소리를 연상하라 한다면, 곧바로 몸서리치는 사람들이 있을 것이다. 마찬가지로 지인이 새로 산 엄청 크고 날카로운 일식 칼로 양파를 썰다가 손이 미끄러져 검지 끝을 베었다는 얘기를 들으면 우리는 고통에 공감하거나, 최소한 심기가 불편해지고는 한다.

왜 이런 현상이 일어나는 걸까? 단어를 읽거나 듣는 동안 당신의 상상력이 발동해 구체적인 장면이 떠오르는데, 이 장면이 당신에게 특정 기분을 유발한다. 장면의 세상, 이것이 바로 코드2인데 코드1, 언어와 코드3, 감정 사이에서 아주 중요한 매개체 역할을 한다.

쉽게 말해서 어떤 상황을 언어로 묘사하면, 장면이 떠오른다.

- 그리고 장면이 떠오르면 감정이 일어난다. 그제야 림비는 뭔가를 시작할 수 있다. 빈틈없는 논리, 정확한 숫자, 탄탄한 근거 같은 것으로는 림비를 설득하기 어렵다.

그러나 아무렇게나 말해도 다 장면이 연상되는 것은 아니다. 말할 때 상대의 머릿속에서 이 말이 어떻게 해독되고 장면이 어떻게 그려질지 생각해보라. 이는 순식간에 진행되지만 분명 약간의 시간은 필요하다. 앞의 사례를 다시 주목해보라. '학교 칠판' 또는 '칼'이란 단어만으로도 의미는 전달되었겠지만, 의도적으로 '커다란 녹색 칠판' 또는 '새로 산 엄청 크고 날카로운 일식 칼'로 표현했다. 이런 구체적인 묘사는 머릿속의 장면이 더욱 빠르고 선명하게 떠오르게 한다.

청소에 당신의 림비가 곧바로 열광하는 것은 정말 예외적인 경우다. 대부분의 경우, 림비의 감정을 자극하는 장면이 필요하다. 가장 쉬운 방법은 우선 청소할 장소로 직접 가는 것이다. 잡동사니가 잔뜩 늘어져 있는 책상 또는 대충 쑤셔 넣은 옷으로 꽉 찬 옷장을 눈으로 똑똑히 보라. 온갖 물건들이 난잡하게 굴러다니는 다용도실에 들어가거나 오랫동안 외면했던 붙박이장을 열어보자. 그리고 그것이 당신이 꿈꾸는 이상적인 상태로 탈바꿈한 모습을 머릿속에 그려보라.

아름다운 물건들이 가지런히 정리되어 있는 눈부시게 깔끔한 책상이 당신 앞에 놓여 있다. 완벽하게 다려진 세탁물이 정확히 분류되어 제자리에 들어가 있고, 셔츠와 재킷도 멋진 옷걸이에 걸려 있다. 또 그 누구의 잔소리나 조언 없이도 손쉽게 필요한 물건을 찾을 수 있는 다용도실, 모든 물건이 한눈에 보이도록 종류별로, 색깔별로 정리된 장이 보인다. 이렇듯 약간만 연습하면 림비의 마음을 동하게 하는 세부 사항을 찾을 수 있다.

그러니 상상력을 아끼지 말고 마음껏 발휘하라! 적당히 치운 책상을 바라는 데서 그치지 말고, 정말 세련되게 정리된 사무공간을 떠올려보라. 지나가던 동료가 쓱 한번 보고 박수를 치며 인정할 정도로 멋진 공간 말이다. 문을 열면 고급스러운 조명이 켜지는 특급호텔의 옷장처럼 매력이 넘치는 옷장, 사랑에 빠질 만한 펜트리, '올해의 주방' 대회에서 수상할 만한 그런 주방을 상상해보자.

어떤 이는 이 일이 아주 쉽다고 느끼지만, 어떤 이는 매우 어려워한다. 그렇지만 어렵더라도 내면의 장면을 구체적으로 그려내는 건 충분히 가치 있는 일이다. 당신의 림비가 인정할 만한 이상적인 장면이 완성되지 않는다면 시작해봤자 아무런 의미가 없다. 먼지가 풀풀 날리는 엉망진창의 서재 또는 발 디딜 틈도 없는 침실을 봐도 새롭고 이상적인 꿈의 공간이 떠오르지 않는다면 그냥 그대로 내버려두는 편이 낫다. 차라리 다른 일에 열중하면서 언젠가는 강렬하게 원하는 모습이 떠오를 거라고 믿어라.

그래도 안 된다면 구체적인 시각적 예시를 찾아보라. 다시 곰 곰이 생각해보자. 당신의 림비가 다른 사람이 정리해놓은 공간을 보고 깊은 인상을 받았던 게 언제인가? 어디에서 림비가 "와 진짜 이런 데서 살고 싶다"라고 생각했는가? 인터넷에서 고급스러운 사무실, 꿈의 주방 또는 멋진 옷장 사진을 검색해보는 것도 좋은 방법이다.

잡지에서 발견한 어느 자산가나 유명인이 환상적으로 꾸며 놓은 집 사진이 마음에 든다면 그 사진을 오려내라. 그리고 그것을 사무실 장 안쪽이나 책상 위 보드에 붙여놓아라. 이는 예술가들과 디자이너들이 '무드보드mood board'라 부르는 것인데, 그들에겐 일의 일환이자 자신과 다른 사람에게 좋은 기운mood을 불러일으키는 방법이다.

단, 이 모든 작업이 제 기능을 제대로 발휘하려면 내면에서 들리는 온갖 부정적인 소리를 과감히 무시할 수 있어야 한다. 앞 단락을 읽을 때 어쩌면 당신의 마음속에 이미 그런 생각이 들었을지도 모른다. 머릿속 전문가들이 이렇게 외치고 있을 것이다. "그런 멋진 집을 네가 어떻게 만들어!", "정신 차려, 저건 대표이사의 책상이야. 네 책상은 비교도 안 되게 작잖아!", "안에서 걸어 다닐 수 있을 정도로 큰 패션디자이너의 옷장을 지붕 달린 옷걸이에 불과한 네 옷장과 견준다는 게 말이 되니!" 그렇지만 당신에게 필요한 건 유명 디자이너가 마호가니 원목으로 작품처럼 만든 5미터 넓이의 책상이 아니라 그것을 바라볼 때와 유사한 감정을 림비가 느끼는 것이다.

앞서 언급했듯이 림비의 감정은 부정적인 쪽으로 더 발달되어 있다. 아마도 당신의 림비는 환상적이고 아름다운 사례를 보면 우선 질투부터 할 것이다. 아니면 다른 사람들이 낡은 잡동사니를 과감히 없애버리는 동안 그러지 못하는 자신을 비관하며 우울해할 수도 있다.

림비를 다룰 때의 핵심이 여기 있다. 림비에게 얼마 없는 좋은 감정을 정확히 조준하면서 부정적인 감정은 곡예하듯이 피해야 한다. 그러려면 대뇌피질의 도움이 있어야만 한다. 합리적인 대화와 훌륭한 논리로 림비를 설득하라는 뜻이 아니다. 수많은 신경과학계 실험들이 증명했듯이 그 방법은 림비에게 효과가 없다. 림비를 이해시키기보다는 림비가 혹할 만한 장면을 보여줘야 한다. 속임수에 불과하다고 여길 수도 있지만, 그러면 어떤가? 중요한 건이 방법이 효과가 있다는 것이다!

이제 소개할 2단계 청소 전략은 림비 친화적이다. 나는 오랫동안 청소의 황금 원칙을 단순화하고 또 단순화해서 2단계로 압축했다. 이 2단계 전략은 책상 서랍장부터 부엌 장, 서재 나아가 사무실 전체를 단장하는 데까지 광범위하게 적용된다.

1단계. 서랍 한 칸부터 시작하라

청소, 정리 또는 금연이나 다이어트 같은 결심에서 가장 자주 문제가 되는 것은 자만이다. 처음부터 아주 본격적으로 달려들어야 한다고 생각하고 조금만 실수해도 포기해버리기 일쑤다. 이번 장의 조언에 자극받아 오늘 밤 내 방을 완전히 탈바꿈하기로 다짐했다고 가정해보자. 착수 후 한두 시간만 지나도 방 정리가 생각보다 큰 과제임을 깨닫게 된다. 이렇게 한 번 의기소침해지는 경험을 하고 나면 그 후로 몇 년 동안은 시도조차 하지 않게 된다.

그러니 좀 더 현명하게 '일상에서 자주 쓰는 곳'부터 차근차근 접근해보자. 책상 서랍의 제일 윗 칸, 가장 자주 입는 옷이 늘어져 있는 선반 하나부터 시작하는 것이다. 그곳을 말끔히 정리한 후 좀 더 용기를 내서 더 큰 걸 치워보자. 책상을 정리하고 싶다면 우선 책상 위부터 치워라. 책상 아래, 옆 또는 책상 뒤는 그 후에 해도 늦지 않다.

왜 그래야 할까? 림비는 즉시 드러나는 성과가 필요하기 때문이다. 그러니 대형 프로젝트를 여러 작은 단계로 나누고, 하나를 완주할 때마다 휴식 시간을 가져라. 시작하기 전에 어디까지 하고 스스로를 칭찬할지 정해놓아라. "이 서랍 칸을 말끔히 정리하고 나면 축배를 들어야지!" 하는 식이다. 너무 당연한 얘기 같은가? 하지만 안타깝게도 그러지 못하는 사람들이 훨씬 많다. 대다수가 정해놓은 단계를 끝낼 때마다 큰 소리로 이렇게 말한다. "이제 겨우 한 부분이 끝났어. 아직 할 일이 태산이야. 만족하려면 아직 멀었다고." 이런 식으로는 오히려 힘이 빠질 뿐이다. 한 과정을 끝냈다면 기뻐하라. 림비는 강하지만 매우 섬세하다. 작은 성취라고 값지게 생각하지 않는다면 림비는 분명 분노할 것이다.

2단계. 완전히 다 비워버려라

좋다, 이제 당신은 일을 단계별로 나눠서 실천이 가능한 목표를 세웠다. 그렇다면 다음 단계는 선별한 부분을 아예 비워버리는 것이다. 정말 말 그대로 철저하게 다 치워서 텅 빈 상태를 만들어라. 최고의 비법은 확 쏟아 내거나 뒤엎어버리는 것이다. 예컨대 서랍을 정리한다면, 나사를 풀고 레일에서 빼낸 뒤 거꾸로 뒤집어 모든 것이 밖으로 떨어질 때까지 탈탈 털어라.

책상이라면 우선 그 위에 있는 모든 물건을 내려놓자. 쌓여 있는 종이 뭉치부터 시작해 모니터, 키보드, 커피잔, 아이들의 사진 액자, 판촉물, 전화기 등 책상 위에 있는 것을 모조리 치우자. 아마 온전히 비워진 책상을 처음 보는 사람도 많을 것이다. 그렇게 깨끗하게 비운 서랍 안이나 옷장 안에 공간이 얼마나 많은지 새삼 깨닫게 될 것이다. 바로 이때가 림비에게는 마법 같은 순간이다.

종이, 잡지, 부록들을 흡사 알프스 산맥처럼 높게 쌓아놓고 자부심과 즐거움을 느끼는 예술적이고 무질서한 사람조차 말끔히 치워진 빈 책상 위를 보면 내면에 변화를 느낀다. 그들은 눈앞에 강렬하게 펼쳐진 새로운 기회에 열광한다. 새 작품을 부르는 순백의 캔버스처럼 깨끗하게 비워진 책상은 독창적인 아이디어를 불러일으킨다.

신세계처럼 새로 발견한 그 공간의 표면은 매우 지저분할 가능성이 크다. 그래서 자연스럽게 걸레와 가구 광택제를 가져와 윤이 날 때까지 청소를 하게 된다. 옷장에 밝은 서랍용 종이를 깔아 새 옷장처럼 보이게 만드는 것도 좋다.

당신의 림비가 아무것도 없는 책상, 깨끗이 비운 서랍 또는 텅 빈 장을 보며 새로 찾은 자유에 어린아이처럼 기뻐하는 모습을 상상해보라.

'음, 그렇구나' 하며 넘어가지 말고, 반드시 당신이 직접 실천해보길 권한다. 깔끔히 치워진 장, 향긋한 바닥, 깨끗한 식기들은 림비가 좋아하는 것으로, 대뇌변연계에게 주는 최초의 보상이 된다. 그 결과, 헤르만 헤세Hermann Hesse가 그의 시 〈단계〉에서 쓴 유명한 구절 "모든 시작에는 마법이 깃들어 있다"처럼 긍정적인 감정이 샘솟는다.

그 감정은 정신적 추진력이 되어, 산더미 같은 잡동사니들을 과감히 치우게 해준다. 그 공간을 채우고 있던 모든 것을 냉철한 시각으로 재평가해보자. 이 아름다운 공간을 차지해도 될 만큼 예쁘고 값진 옷인가? 서랍을 열었을 때 가장 먼저 보여야 하는 물건은 무엇이지? 이 장 안에 한 자리를 차지할 만큼 쓸모 있는 것은 무엇인가?

이렇게 하다 보면 자연스럽게 정리정돈의 다음 차원으로 넘어가게 된다. 이 많은 물건 중에서 무엇을 버리고 무엇을 가지고 있어야 할까? 이 어려운 결정에도 림비가 도움을 줄 것이다.

매일
10분의 기적

내가 전 세계에서 가장 좋아하는 작가는 미국의 마사 벡Martha Beck이다. 마사는 전 세계적으로 사랑받는 스타 칼럼니스트이자 베스트셀러 작가다. 나는 마사를 개인적으로 만난 적이 있었는데, 그때 그녀는 자신이 직접 고안한 '한 발짝씩 전진하기 전략'을 알려줬다.

일찍 결혼해서 아이를 키우면서 대학에서 중국사 조교 일을 하던 마사는 어렵기로 소문난 박사학위를 따기로 결심하고 이를 위해 매우 까다로운 교수의 수업을 신청했다. 처음에 그녀는 다른 일을 모두 끝마치고 아기가 잘 때 매일 4시간씩 공부하면 되리라 생각했다. 그렇지만 실상은 그리 녹록지 않았고 4시간은 지나친 욕심이었음을 인정할 수밖에 없었다. 그래서 그녀는 어쩔 수 없다고 생각하며 매일 2시간씩 훨씬 혹독하게 공부하겠다고 다짐했다. 하지만 이 역시 불가능했다. 마사는 자신의 림비와 거래를 반복하다가 종국에는 매일 10분까지 목표를 줄였다.

우스울 정도로 적은 시간이었지만, 마사는 하루도 빠짐없이 철저하게 그 시간을 지켰다. 단 10분으로 박사학위를 따기가 가능할까? 일반적인 림비라면 아마 포기했을 것이다. 그렇지만 마사는 대뇌피질과 림비의 비상한 협력체제에 대해 잘 알고 있었다. 거북이도 포기하지 않고 한 걸음씩 계속 나아감으로써 그 짧은 다리에도 불구하고 무거운 등껍질을 이고 먼 구간을 이동한다.

이렇듯 '프로젝트를 잘게 쪼개라'는 원칙은 어디에나 적용할 수 있다. 책상 위를 치우는 게 어려우면, 그 위에 있는 필통이라도 정리해보자. 서랍에 당장 손을 댈 수 없다면 그 안에서 클립, 핀, 지우개, 껌 등을 닥치는 대로 집어넣은 작은 통이라도 꺼내서 분류해보자. 옷장을 모두 정리하려던 계획을 그 안에 굴러다니는 짝이 없거나 구멍 난 양말을 찾아내는 것으로 축소해보라. 작은 일은 언제든 가능하다!

림비와 함께
정리의 달인이 되는 법

우리는 정리를 할 때 물건 하나하나마다 명석한 뇌의 소유자답게 질문하곤 한다. 이걸 마지막으로 사용한 게 언제인가? 이 물건을 다시 쓸 만한 일이 있는가? 내가 지금 이걸 버리고 훗날 갑자기 필요해서 재구매해야 한다면 그때 돈이 얼마나 드는가? 어느 날 갑자기 값어치가 오를 가능성이 있는가? 내게 필요 없는 것 같은 이 물건을 계속 쌓아두는 데 소요되는 경제적, 정신적 비용은 얼마인가?

이렇게 하다 보면 이런 고민을 하는 과정이 꽤나 힘들며, 생각할 시간과 뇌의 공력이 상당히 필요하다는 사실을 알게 될 것이다. 이보다 훨씬 영리한 방법은 그 물건을 당신의 림비에게 보여주고 간단하게 묻는 것이다. "이 물건 때문에 내가 행복한가?"

그런 다음, 답에 대한 논리적 이유를 열거하는 임무는 대뇌피질에게 맡기자. 아마 당신도 이미 알고 있을 것이다. 림비가 좋아하지 않는다면 제아무리 타당하고 이성적인 근거가 뒷받침한다 해도 설득력이 떨어지기 마련이다.

잡동사니를 치울 때 마음을 림비 모드로 전환하면 골치 아팠던 결정의 순간들이 즐거운 놀이로 탈바꿈한다. 그 결과를 떠올려보라. 당신을 행복하게 만드는 물건들만 가득 찬 방! 바라만 봐도 입가에 미소가 떠오르는 물건들이 한눈에 보이는 서랍! 좋은 기분을 망쳐버리는 것은 눈 씻고도 찾아볼 수 없는 다용도실! 이는 분명 실현이 가능한 일이며, 이런 방식의 공간 정리는 당신의 일상에 혁명을 일으킬 수 있다.

그렇게 못할 것 같다는 생각이 드는가? 그렇다면 혹독한 방법으로 림비를 납득시켜야 한다. 림비가 혐오하는 물건들이 가득 쌓여 있는 상자나 찬장, 사무실을 연상해보라. 문을 열 때마다 불쾌한 감정의 에너지가 쏟아진다!

그렇게 했는데도 여전히 림비가 잡동사니 청소에 비협조적이라면 그건 아마도 림비를 방해하는 여러 장애 요소들 때문일 것이다. 대개 림비가 스스로 만들어낸 장애물이겠지만 일부는 대뇌피질 한 구석에서 나온 이상하고 비틀린 생각이다. 그런 장애물의 흔한 유형들을 알아보고 그에 대한 적절한 대처법을 살펴보자.

변명 1. "애쓸 필요가 없어! 얼마 지나지 않아 또 어지러워질 텐데!"
대청소를 이미 여러 번 해봤던 사람들의 전형적인 주장이다.

해결책: 매우 쾌적한 상태로 청소해놓아도 금방 엉망진창이 된다면 그건 아직도 찬장, 서랍, 보관함 등이 꽉 차서 넘친다는 징표다. 청소할 때마다 각 용기를 완전히 비워야 하고 정리한 후에는 파일, 서랍 칸 또는 상자 안에 20~50퍼센트의 여유 공간이 있어야 한다. 그래야만 림비가 물건을 곧바로 제자리에 놓는 즐거움을 느낄 수 있다. 갖다 놓아야 할 그 자리에 공간이 없다는 사실을 인식하는 순간, 기꺼이 치우려던 마음이 사라진다.

20% 여유 공간

변명 2. "청소할 시간이 어디 있어! 난 더 중요한 할일이 있다니까!"

안타깝게도 스스로를 엘리트라고 생각하거나 계급이 높다고 생각하는 사람 중 많은 이가 이런 식으로 변명한다. 자신이 정리나 청소 따위를 하기에는 너무 바쁘다는 것이 그들의 주장이다.

해결책: 당신의 림비가 너무 근시안적으로 생각하고 있다는 것을 인지하라. 물건을 마구 쑤셔 넣은 서랍이나 상자, 넘치는 서류함, 이런 것들이 얼마나 많은 시간을 잡아먹는가! 프라운호퍼 생산기술 및 자동화 연구소의 연구에 따르면 사람들은 평균적으로 업무 시간의 32퍼센트를 물건을 찾는 데 소모한다. 그리고 그중 3분의 1은 업무에 필요한 서류를 찾아 헤매는 데 쓴다. 이런 불필요한 소모 시간에 림비는 얼마나 짜증이 나겠는가?

변명 3. "언젠가는 필요할 수도 있잖아! 집에 이런 물건 하나쯤은 있어야 하지 않을까?"

오랫동안 전혀 쓰지 않던 물건을 어느날 갑자기 유용하게 사용했던 경험이 모두 한 번쯤 있을 것이다. 또는 이미 버렸는데 그 물건이 필요해져서 매우 아쉬워했던 적이 있을 수도 있다. 림비는 그런 상황을 실수로 인지하기 때문에, 다시는 그런 실수를 범하지 않으려 애를 쓴다.

해결책: 우선 림비의 생각이 옳다는 것을 인정해주자. 그리고 큰 목소리로 물건의 가능한 사용처를 말해보라. "그래, 어쩌면 한 2년 안에 내가 10킬로그램을 감량하고, 이런 통 넓고 커다란 체크무늬 바지가 다시 유행할지도 모르지", "이 바비인형 성이 엄청 낡긴 했지만, 버리지 않고 보관해두면 나중에 우리 아이들 중 하나가 좋아할지도 몰라", "언젠가 이 파스타 기계로 직접 면을 뽑을 마음이 생길 수도 있잖아." 이렇게 그 물건의 사용처를 구체적으로 말하다 보면 그 낡은 물건을 다시 사용할 기회가 얼마나 적은지 깨닫게 될 것이다.

변명 4. "이건 그 무엇으로도 대체할 수 없는 추억의 물건이야! 마르타 이모가 제2차 세계대전 중에서도 지켜낸 식기라고!"

해결책: 추억이 깃든 기념품을 모조리 없애는 건 너무 잔인할

것이다. 그렇지만 그 물건에 애정을 느끼는 것이 림비인지, 대뇌피질인지 분명히 구분해야 한다. 감정을 기준으로 가치가 결정되는 물건은 획기적으로 부피를 줄일 수 있는 경우가 많다. 예를 들어 그리운 이모의 옛 모습을 떠올리는 데는 단 한 번도 사용하지 않은 128개의 풀세트 식기보다는 이모가 항상 사용하던 작은 머그컵 하나가 훨씬 효과적일 것이다. 이제는 읽기 힘들 정도로 낡은 공책이 가득한 할아버지의 유품 상자에서는 아이들에게 줄 공책 한 권씩만 골라보라.

변명 5. "이거 진짜 비싼 건데! 그냥 버리기엔 너무 아까워! 제대로 써본 적도 없는데!"

경제적인 것과 관련된 질문을 하면, 림비와 대뇌피질의 의견이 다를 때가 많다. 무언가를 사놓고 별로 사용하지 않으면, 림비는 일종의 죄책감을 느낀다. 그래서 그 물건을 잘 보관하다 보면 어느 날 값어치를 하리라는 생각으로 이를 상쇄하려 한다. 가령 파격적인 색상의 핸드백을 보며 "이 가방에 어울리는 재킷을 꼭 살 거야!"라고 생각하는 식이다.

해결책: 투자를 고려하는 기업가처럼 생각하라. 해당 물건에 큰돈을 지불했기에 오히려 더욱, 쓸모없이 보관하기보다는 그 물건이 잘 사용될 수 있는 곳에 보내야 한다. 예컨대, 패션컬렉션 같은 곳 말이다.

그리고 잘못된 충동구매로 얻은 깨달음을 소리 내어 말해보자.
"앞으로는 어울리는 재킷이나 코트가 있을 때만 새로운 가방
을 살 거야."

**변명 6. "물건을 버리는 건 환경에 좋지 않아! 버리기엔 물건 상
태도 아직 쓸 만한데!"**

림비의 주장이 친환경적일 수는 있지만, 그 말이 꼭 논리적인
건 아니다. 림비는 가전제품이나 책, 옷이 제대로 재활용될지에
대해 의심이 생기면 자기 방에 계속 보관하려는 습성이 있다. 그
결과, 버릴 물건들이 쓰레기 하치장의 산처럼 쌓이게 된다.

해결책: 그 물건들이 유용하게 재활용될 수 있는 곳이 있는지
인터넷으로 검색하거나 지인에게 물어보라. 아파트 재활용 분
리수거 더미에 던져버리는 것 말고도 여러 대안이 있다. 예를

들어 자선 목적으로 여는 책 벼룩시장에 당신의 헌 책을 내면, 필요한 손에 전달되어 유용하게 읽힐 수 있다. 헌옷수거함으로 이득 보는 사람들이 의심스럽다면 안 입는 옷은 교회, 자선단체, 노동자 복지 조합, 적십자사의 물품 수거함에 넣자.

변명 7. "당신 제정신이야? 내가 그 물건을 얼마나 좋아하는데 그걸 버린다고?"

부부가 함께 집을 치우면 종종 난처한 상황에 처한다. 남편의 림비와 아내의 림비가 서로 상반된 취향과 정서를 보일 때가 있기 때문이다. 한쪽은 최소한의 물건만 가지고 있는 미니멀리스트인 반면 다른 한쪽은 모든 걸 간직하고 싶어 할 수 있다.

해결책: 자세히 들여다보면 표면적으로 보이는 것처럼 버리는 사람과 보관하는 사람이 뚜렷히 나뉘지 않는다는 사실을 알 수 있다. 아무리 수집광이라도 어떤 물건은 가벼운 마음으로 이별을 고할 수 있다.

가장 좋은 방법은 고대 로마로부터 내려오는 원칙, '나누어서 지배하라'를 따르는 것이다. 당신과 배우자의 주도권이 미치는 범위를 각각 명확히 규정해보라. 예전에 어느 한 부부의 집을 방문한 적이 있었는데 이 부부는 오랫동안 전쟁과 토론을 벌이다가 끝내 각방을 씀으로써 평온을 찾았다.

변명 8. "우리 부모님이라면 절대로 버리지 않아! 그런 걸 모아 수집품을 만들 수도 있잖아!"

나이가 지긋하신 어르신들은 "우리 아버지는 모든 잼병을 깨끗이 씻어서 모으셨지. 종이 상자도 그랬고, 망가진 전자기기도 다 모았어"라고 말할지도 모른다.

해결책: 해당 수집품이 진정으로 림비의 마음을 흡족하게 하는지 따져보라. 그것으로 인해 유쾌하고 따뜻한 행복감이 피어오르는가?

사람들은 조상의 물건이라면 쓸모가 없어도 신화 속 난쟁이 니벨룽겐 족의 보물처럼 여기는 경향이 있다. 그러나 21세기 현대사회에서는 빈 잼병이나 종이 상자가 부족한 경우는 극히 드물다. 나중에 뚜껑이 있는 유리병이나 소포를 보내는 데 쓸 상자가 필요해질 경우를 대비해서 크기별로 병 세 개, 상자 세 개씩 남겨두는 것만으로 충분하다. 이를 대비하기 위해 수백 개를 보관할 필요는 정말 없다!

과장법으로 림비의 두려움을 자극해서 쓸데없는 염려를 물리치는 것도 한 방법이다. 제3차 세계대전을 목전에 두고 있다고 상상해보자. 꾸역꾸역 모아둔 포장재나 기계 부속품이 생존에 도움이 될까? 집에 화재가 나거나 운석이 떨어졌을 때 당신이 진심으로 필요로 할 물건들은 뭐가 있을까? 과연 지금 쟁여두고 있는 물건들이 떠오르기나 할까?

이러한 관점으로 즉시 정리를 시작해서 그동안 쌓아두기만 한 가치 없는 물건들을 집에서 없애버려야 한다. 분명히 해방감이 들 것이다. 림비가 대는 많은 핑계는 대개 근거가 없고 비이성적이다. 여타 포유류의 작은 뇌와 달리 우리 인간의 뇌에는 영민하고 합리적인 신피질이 있어서 얼마나 다행인가? 림비와 신피질과 함께하면 당신은 훨씬 가벼운 짐을 지고 더 단순하고 행복한 인생길을 걸을 수 있다. 왜냐하면 림비가 한 번이라도 제대로 된 청소를 경험하고 나면 앞으로 청소할 때마다 적극적으로 협조할 것이기 때문이다.

도파민이 좋아하는
공간 만들기

쓸모없는 물건을 모두 버리고 난 직후가 청결한 공간의 체계를 세울 수 있는 최적의 시기다. 체계를 잘 정립해놓아야만 그 상태를 계속 유지할 수 있다. 이때 림비와 대뇌피질, 즉 마음과 이성을 동등하게 자극해야 최고의 효과를 볼 수 있다. 이제 정돈된 상태를 유지하는 팁을 함께 살펴보자.

Tip 예쁜 용기 구입하기

지금까지 서랍 안의 속옷을 골판지 상자에 넣어 대충 보관했다면, 그 상자를 치워버리고 소품샵이나 가구시장에서 산뜻한 상자를 구해오자. 구매 시 여러 요소를 까다롭게 살펴보라! 용기는 실용적이면서도 림비의 마음에 쏙 들어야 한다.

'원형 금색 박스' 또는 '표범무늬 상자'처럼 그 모습을 명확히 지칭할 수 있는 용기가 가장 좋다. 그러면 보관 장소를 보다 확실히 기억하게 되고, 물건의 위치를 묻는 전화를 받아도 쉽게 대답할 수 있다. "USB 케이블이 어디 있냐고요? 농부가 그려진 장 안을 보면 개구리 그림이 있는 상자가 있는데, 그 안에 있어요."

Tip 정리함 속 내용물을 모두 명시하라

모처럼 치워도 금세 어질러진 상태로 회귀하는 핵심 이유 중 하나는 다른 이에게 그 정보가 제대로 전달되지 않았기 때문이다. 치운 사람이야 정말 끝내주는 시스템을 구축했으니 모든 물건의 위치를 제대로 파악하고 있다. 그렇지만 당신의 직장동료, 가족, 고객, 손님 등 다른 사람들은 그 정리 체계를 전혀 알지 못한다.

그러니 보관 용기마다 최대한 분명하고 뚜렷하게 내용물을 표시하라. 좀 유치해 보인다는 생각이 드는가? 그렇다면 전문 레이블업체에 맡긴 것처럼 깔끔하게 출력이 가능한 멋진 레이블 인쇄기를 구비하라. 또는 표지를 예술적으로 만들어도 좋다. 디자인 가구에 레이블을 붙이는 게 망설여진다면, 뒤죽박죽 어질러진 모습이 더 이상하다는 사실을 꼭 상기하자.

당신의 공간에 처음 들어온 타인도 곧바로 그 내용물을 파악할 수 있도록 표시하라. 이때 적합한 단어를 찾는 일은 대뇌피질에게 맡겨진 도전이 된다. 핵심만 전달된다면 당신의 림비를 위해 창의적인 표현을 써도 좋다. '요거트용 견과류', '맵찔이 금지 음식',

'요상한 컴퓨터 케이블'처럼 말이다. 이때 '기타 등등' 또는 '잡동사니'처럼 무의미한 표기는 아무 쓸모가 없다.

서랍 안을 칸막이로 세분화하기

서랍은 아주 멋진 발명품이다. 위에서 내려다볼 때 모든 것이 한눈에 쉽게 보인다는 지극히 림비 지향적인 장점이 있지 않은가. 그렇지만 매번 서랍을 열 때마다 강도 5 이상의 지진이 일어난 것처럼 서랍 안 내용물이 죄다 흔들린다는 치명적인 약점이 있다.

서랍을 열 때마다 모든 것이 흐트러지지 않도록 서랍 안을 격벽이나 위가 뚫린 상자로 나눠놓아라. 당신이 가장 자주 사용하는 서랍 안에 이런 칸막이를 만들어보라. 칸별로 물건들을 정리하면서 림비가 느끼는 기쁨을 만끽하라. 집게, 단추, 볼펜심, 바늘, 페이퍼클립 등 물건 하나하나마다 그것만의 공간이 생긴다.

새로운 물건에게 적절한 공간 배정하기

자꾸 공간이 어질러지는 근본적인 원인은 뭘까? 여러 원인이 있겠지만, 특히 새로 장만한 물건 탓인 경우가 많다. 태블릿 PC 상자에 들어 있는 기묘한 모양의 어댑터, 화장품 가게에서 사용 가능한 전 품목 10퍼센트 할인 쿠폰 등, 생활하면서 이런 물건이 갑자기 생겼을 때 마땅히 둘 곳이 없어 막막한 경우가 빈번하다.

새로 생긴 물건이 혼돈을 초래하는지 아닌지는 짧은 찰나에 결정된다. 그 물건을 손에 든 채 어디에 둬야 할지 3초 이상 고민해야 한다면 '혼돈 대 정돈'의 영원한 게임에서 당신은 패배한 것이다. 그 물건은 제자리를 찾지 못하고 아무렇게나 놓여 있다가 곧 기억 속에서 사라질 가능성이 높다.

새 물건에게 알맞은 장소를 발견하거나 새로운 자리를 창출하는 것은 일종의 지능 테스트다. 이는 대뇌피질이 해결해야 하는 숙제로, 림비는 그 묘안에 환호를 보낼 뿐이다.

정리의 걸림돌을 제거하는 날을 지정하라

파일철의 고리가 약간 비뚤어졌거나 매번 삐걱거리는 소리를 낸다고 해보자. 당신의 대뇌피질은 그 사실을 특별히 의식하지 않지만, 림비는 예민하게 감지한다. 그러면 손에 든 거래명세서를 곧바로 그 삐걱거리는 파일철에 집어넣는 데에 아주 조그만 저항

감이 생긴다. 결국 그 중요한 서류는 '나중에 정리하면 돼!'라는 아주 위험한 더미 위에 올라가게 된다. 이런 미세한 교란 사격은 하루에 수백 번도 더 일어난다.

이 사격을 무력화하기 위해 오늘을 '특별히 예민한 날'로 선포하라. 그리고 마치 비밀요원처럼 여기저기에 숨어 기분을 망치거나 행동을 방해하는 요소들을 찾아내라. 부엌에서 덜그럭거리는 손잡이(드라이버로 고정하면 되지만 드라이버가 어디 있더라?), 거실 조명에서 나가버린 두 번째 전구(여분의 전구가 집에 없고, 사다리를 가져오기 귀찮네)처럼 말이다.

이런 미묘한 걸림돌을 감지하면 아무리 사소하고 번거롭더라도 바로 그 자리에서 고쳐야 한다. 전부는 아니더라도 일부라도 고쳐놓으면 분명 림비에게 새로운 의욕이 생길 것이다.

 Tip   눈에 선명하게 보이는 갈고리를 활용하기

림비는 환상적인 공간기억력을 지녔다. 다람쥐의 림비는 도토리를 어디다 묻었는지 잊어버리는 것으로 유명하지만, 사실 잊어버린 도토리의 양보다 찾아낸 양이 훨씬 많다. 림비는 어느 벽에 무슨 물건이 걸려 있는지 꽤나 잘 상기한다. 벽에 달린 갈고리에 최대한 많은 물건을 걸어놓아서 림비의 기억력을 활용하라. 가방은 옷장 한쪽 면 가방걸이에, 장신구는 장신구걸이에 걸어둬라.

그런데 주의할 점이 있다. 정리 전문가인 민디 클라크Mindy Clark

는 이런 정리용 고리를 좋아하는 이들과 싫어하는 이들, 두 부류로 사람이 나뉜다고 말했다. 물건을 적절한 고리에 걸어놨는데도 림비가 만족감을 느끼지 못한다면 예쁜 바구니, 연필꽂이, 접시 등 다른 대안을 찾아봐야 한다.

 ## 자주 쓰는 물건만 닿기 쉬운 곳에 둬라

림비는 편리한 상태를 선호한다. 뭔가를 사용하려 할 때마다 그걸 찾아 헤매고 싶어 하지 않는다. 그래서 직장은 물론 집의 서재나 부엌에서도 팔만 뻗으면 필요한 모든 것이 손에 닿도록 정리하는 것이 좋다. 이때 딜레마가 생긴다. 두세 달에 한 번 필요한 물건조차 바로 잡을 수 있는 공간에 두게 된다는 것이다. 그렇게 하다 보면 실제로 필요한 물건이 들어갈 자리가 없어진다.

책상, 작업대, 부엌 싱크대, 침실 등 당신이 활동하는 모든 공간을 매의 눈으로 검사해보라. 당신이 정말 매일 사용하는 물건만 손에 바로 잡히는 공간에 두어야 한다. 다른 모든 것들은 조금 더 멀리 떨어진 곳에 정리해도 된다.

또한 모든 작업 공간마다 최소 손수건 크기의 공간이 비워져 있도록 주의하라. 그곳이 바로 림비의 열정을 유발하는 장소다. 그 공간이 비워져 있으면 어느날 즉흥적으로 작업을 시작할 마음이 생긴다. 그 공간마저 가득 차 있다면 림비는 차라리 다른 걸 하려 하거나 아니면 아예 아무것도 하지 않을지도 모른다.

이제 모든 것이 완벽하게 제자리에 정돈되었다. 물건이 모두 적절한 위치에 놓였고, 일할 준비를 마친 작업 공간이 당신의 신호만을 기다리고 있다. 그런데도 여전히 당신의 림비가 흥이 나지 않는가? "너무 깨끗하지 않나", "좀 삭막하다" 이런 소리가 귓가에 들린다면 어떻게 해야 할까.

모든 것이 질서정연하고 말끔한 사막에서 림비에게 필요한 건 기분 전환을 위한 오아시스, 즐거움을 주는 기쁨의 섬이다. 그럴 땐 그 공간에 작게나마 파격적인 요소를 더해보라. 좋아하는 꽃은 절대로 실패하지 않는 아이템이다. 오래된 분재식물이 림비의 마음에 들지 않는다면 과감히 치워버리고 그 자리에 생기 있고 새로

운 무언가를 들여놓아라.

추억이 서린 물건들을 정리하면서 분명 인테리어에 포인트가 될 만한 적당한 물건들을 찾았을 것이다. 방문객에게 좋은 추억을 들려줄 수 있는 장식품을 골라 배치해보자.

 정돈이 좀 흐트러져도 여유를 가져라

예쁜 용기, 이상적인 레이블, 똑똑하게 구역을 나눈 서랍, 완벽한 분류, 작은 걸림돌 제거까지 모든 걸 다 마쳤는데도 물건이 아무 데나 놓여 있거나 잘못된 위치에 들어가 있는 경우가 있을 것이다. 그렇더라도 그렇게 만든 사람에게 너무 화내지 마라. 청소하고 정리하는 목적은 오로지 본인과 럼비를 위해서여야 한다. 즉, 당신의 기분이 항상 제1 순위여야 한다는 뜻이다. 그러니 약간의 불상사가 있다 해도 기분을 망칠 필요가 없다.

다른 사람들의 럼비가 정리 규칙을 제대로 익힐 때까지 인내심을 갖고 기다리자. 당신의 아이들 또는 배우자가 바닥이나 거실 테이블에 자신의 물건을 아무렇게나 던져놓는다면 그 물건들을 '쓰레기' 바구니에 모두 모아 눈에 띄지 않는 공간, 예컨대 잘 쓰지 않는 방구석이나 다용도실 장 안에 둬라. 태블릿 PC나 수학 공책처럼 생활하는 데 꼭 필요한 물건들이 그 안에 담기는 순간, 가족들은 당신의 뜻을 이해할 것이다.

★ 림비가 전하는 핵심 포인트 ★

- 이상적인 공간의 모습을 떠올리는 건 청소의 좋은 자극제가 된다.

- 작은 데부터 착수하되, 그곳만큼은 싹 비워버리고 정리를 시작하라.

- 버릴 물건과 간직할 물건을 판가름할 때는 이 질문이 핵심이다.

  "내 림비가 이 물건으로 인해 행복한가?"

- 물건의 용도를 냉정하게 말로 표현해보면 생각보다 버릴 물건이 많다.

- 어느 정도 여유 공간을 남겨두어야 정돈된 상태를 지속하기 쉽다.

- 예쁜 용기와 칸막이, 레이블을 활용해 한번 구축한 정리 체계를 유지하라.

- 자주 쓰는 물건만 손 닿는 거리에 두어라.

복권에 당첨된다면, 무엇보다 우선
이것을 살 거야.

뜻밖의 돈이 생긴다면, 이런 멋진 선물을 이 사람에게 주고 싶어.

우리 집에서 내가 가장 좋아하는 물건은 이거야.

큄비가 아끼는 특별한 물건

당신의 림비에게 특별한 의미가 있는 물건들이 있다. 이 물건들을 바라보면 림비는 곧바로 반응하고, 당신도 그 변화를 뚜렷하게 느낄 수 있다. 이 과정을 통해 림비가 관심을 보이는 대상을 쉽게 감지할 수 있다. 림비가 좋아하는 것을 모두 쓰고, 붙이고, 그려라. 그리고 그 종이를 반복해서 당신의 림비에게 보여주면 내면에서 긍정적인 에너지가 발동할 것이다!

내가 가장 좋아하는 장소는 바로 여기야.

음, 맞아, 사실 그건 버려야 했어.

 사진을 인쇄해 붙이거나 직접 그리고 써보자.

나를 기쁘게 하는 물건들 :

3장

림비와 돈

림비의 즉각적이고 자동반사적인 반응은 우리의 목숨을 맹수로부터 지켜
준다. 그렇지만 현대인의 삶에서는 림비의 성급한 반응이 현명한 판단을
저해하는 영역도 있다. 예컨대, 돈 문제가 그렇다. 림비가 물건을 사는 기
준이나 가격표에 붙은 숫자를 인지하는 방법은 대뇌피질의 것과는 아주
다르다. 지혜로운 경제생활을 위해 림비와 돈 사이의 관계를 파헤쳐보자.

돈 문제에 관해선
림비를 믿지 마라!

모든 문제에 신속하게 대응하는 림비는 돈이 관련된 문제에서도 성급하게 반응해서 잘못된 결론을 내리기 십상이다. 이는 2002년 심리학자로서 최초로 노벨 경제학상을 받은 대니얼 카너먼이 발견한 통찰이다. 당신이 림비라는 자동화 무기와 신피질이라는 조준경 사이의 속도 차이를 간단하게 체험할 수 있도록 카너먼의 수수께끼를 살짝 변형해보겠다.

"생크림을 올린 아이스크림 컵의 가격은 5500원인데, 아이스크림 가격이 생크림보다 5000원 비싸다고 한다. 그렇다면 생크림의 가격은 얼마인가?"

아마 대부분 즉시 답이 500원이라고 생각할 것이다. 림비가 재빠르게 반응한 것이다. 림비의 반응은 아무리 즉각적이어도 대개는 정확하다. 그렇지만 이 경우에는 림비가 속아넘어간 것이다.

시간을 들여 대뇌피질의 도움을 받아 천천히 다시 계산해보라.

대뇌피질은 림비의 답을 다시 한번 곱씹어볼 것이다. 생크림이 500원이고, 아이스크림이 생크림보다 5000원 비싸다고 가정하면 아이스크림 가격만 벌써 5500원이다. 따라서 아이스크림과 생크림을 더하면 6000원이 된다. 뭔가 이상하지 않은가? 대뇌피질이 다시 차분히 계산해보면 아이스크림에 생크림을 얹는 값은 250원에 불과하다는 것을 알 수 있다.

이 문제는 무해한 수수께끼일 뿐이다. 그러나 누군가 이런 림비의 약점을 꿰뚫어 보고 당신을 속일 수 있다는 것을 깨닫게 하기에는 충분하다. 그렇기에 이 장의 내용을 익히면 당신은 확실히 이 책값 이상의 돈을 아낄 수 있을 것이다.

신경과학자 안토니오 다마지오는 인간이 이성만으로는 그 어떤 결정도 내리지 못한다는 사실을 발견했다. 다마지오는 전두엽에 손상을 입고 감정을 느끼지 못하는 사람들을 연구했다. 그들은 일상에서 흔히 있는 단순한 결정의 순간(갈색 구두? 아니면 검정 구두?)에 선택지의 장단점을 열거할 수는 있었지만 어느 한쪽으로 기울지는 못했다. 특정 정보를 평가하려면 감정이 필요하다. 다시 말해, 당신이 원하는 걸 제대로 알려면 림비가 꼭 필요하다. 그렇지만 아이스크림 컵 수수께끼에서 봤듯이, 림비가 항상 옳은 것은 아니다. 지식으로 가득한 대뇌피질과 함께 협력할 때 비로소 림비는 진정으로 똑똑해진다.

림비는 물건이 아니라 감정을 산다

경제적 의사결정은 모두 중요하다. 이러한 의사결정에서 림비가 실수하면 당신은 줄어드는 통장 잔고를 보며 그 사실을 뼈아프게 실감하게 된다. 림비는 물건을 구매하는 것이 아니라 감정이나 기분을 산다. 림비는 항상 당신의 행복과 기쁨을 위해서라고 주장하지만 그것이 진정 당신을 위한 선택인지 대뇌피질과 서로 견해차를 좁히지 못할 때가 있다.

그런 경우에 해법을 찾으려면 대뇌피질이 제어하는 당신의 의식이 림비와 접촉하도록 해야 한다. 내면의 이미지를 사용하면 효과를 극대화할 수 있다.

Tip 쇼핑할 때는 림비의 상상력을 자극하라

어떤 재킷을 살지 도저히 결정할 수 없을 때, 예약할 여행지를 정하지 못할 때, 이럴 땐 머릿속 뇌 상영관을 가동시키자.

행사나 데이트에서 그 재킷을 입은 내 모습, 파리의 거리를 활보하는 내 모습을 떠올려보라. 생각만 해도 기분이 좋은가? 아니면 다소 거부감이 드는가? 당신의 감정에 귀를 기울이자. 당신에게 의사를 전달하려는 림비의 체성 표지에 주목하자.

그래도 여전히 결정하지 못하겠다면 동전을 던져라. 동전 앞면이 나오면 파란 재킷을, 뒷면이 나오면 녹색 재킷을 선택하는 거다. 동전을 던져 결과가 정해졌다. 자, 이제 기분이 어떤가? 때로 정말 솔직한 마음은 결정이 나고 난 다음에야 깨닫게 된다. 림비가 결과에 행복해한다면 당신은 이 결정에 앞으로도 쭉 만족할 것이다. 반대로 림비가 실망한다 해도 문제 될 건 없다. 그럴 땐 과감히 다른 걸 선택하면 된다. 그냥 단순한 동전 던지기였을 뿐 당신이 실제로 그것을 따를 이유는 없기 때문이다.

Tip 가능한 한 자주 현금을 세어보라

카너먼은 의사결정 과정에 대한 발견으로 노벨 경제학상을 수상했는데, 그는 여러 실험을 통해 사람은 이익으로 인한 즐거움보다 손실에 대한 상실감이 더 크다는 사실을 증명했다. 그러므로 경제적 위험을 감수하려면 그로 인한 잠재적 이득이 매우 커야 한다. 최소한 잠재적 손실보다는 반드시 커야 한다. 돈을 지불하거나 잃어버리는 순간, 육체적 고통을 느낄 때와 동일한 뇌 부위가 활성화된다.

　은행에 예금되어 있는 돈보다 현금일 때 그 고통이 더 뚜렷해진다. 림비는 현재보다 훨씬 단순한 세상에 그 기원이 있기 때문에 최신 문명에 제대로 적응하지 못한 면이 있다. 림비는 손에 쥐고 있는 현금을 계좌에 찍힌 숫자보다 더 잘 감지한다. 따라서 림비는 10만 원을 전자 송금할 때보다 가게 계산대에서 6만 원을 지폐로 직접 세서 낼 때 더 움츠러들 것이다. 레바논 출신의 미국 수학자이자 작가인 나심 니콜라스 탈렙Nassim Nicholas Taleb은 "은행 계좌에 있는 돈은 매우 중요하지만, 피부에 와 닿지 않는다"라고 설명했다.

　림비의 궁극적인 목표는 당신을 보호하는 것이다. 과거에는 검치호랑이로부터였다면, 현재는 여기저기 숨어서 호시탐탐 기회를 엿보고 있는 여러 복합적인 위험으로부터 당신을 지키려 애쓴다. 림비의 이런 본성을 경제적 문제에서도 활용해야 한다. 현금을 셀 때 림비가 쭈뼛대며 망설이는 걸 느낀다면 그건 그 지출이 과도하거나 불필요하다는 지표일 수 있다.

　은행 계좌에 찍힌 숫자는 림비에게 그다지 의미가 없을 수 있지만, 돈의 출처에는 림비가 큰 의미를 부여한다. 결국 한 계좌에 모두 넣는다고 하더라도, 림비는 돈의 출처에 따라서 그 용도를 정하고 싶어 한다. 그리고 당신의 모든 구매 결정은 결국 림비에게 달려 있기에 림비가 느끼는 돈의 가치를 알아둘 필요가 있다.

• **쉽게 얻은 돈**: 크게 힘들이지 않고 생긴 돈은 힘들게 일해서 번 돈보다 림비에게 가치가 없다. 따라서 복권 당첨금은 눈 깜박할 사이에 탕진해버리고는 한다. 주식으로 번 평균 이상의 시세차익도 마찬가지다. 증권거래나 기업 매각으로 어마어마한 금액을 번 기업인들의 대다수가 그 돈을 리스크가 매우 높은 사업에 재투자한다. 그리고 펑! 그렇게 돈은 순식간에 날아간다. 쉽게 번 돈은 그만큼 쉽게 사라진다. 그것이 림비의 좌우명이다.

따라서 만약 당신이 갑자기 돈벼락을 맞는다면(매우 즐거운 상황임은 분명하지만) 대뇌피질 모드로 전환하고 림비의 흥분이나 감정을 최대한 억제하라. 당신에게 필요한 건 냉철하게 생각하는 컨설턴트다. 오랫동안 알고 지낸, 신뢰할 수 있는 전문가에게 뜻밖에 생긴 재산을 어떻게 쓸지 결정권을 맡기자. 갑자기 많은 돈이 생긴 사람 주변에는 사기꾼, 악당들이 대거 몰려든다. 그런 사람들 대부분이 전혀 악당처럼 보이지 않기 때문에 매우 주의해야 한다.

• **선물받은 돈**: 이런 돈은 타인의 림비가 느끼는 감정까지 얽혀 있기 때문에 가치가 아주 무겁다. 할머니가 손자에게 용돈을 주실 때는 그 돈에 사랑이라는 감정이 담겨 있고, 할머니는 그에 대한 보답으로 손자의 애정을 받기를 바란다. 림비는 내적 갈등을 느낄 수 있다. 이 돈을 어떻게 써야 정당한 가치대

로 소비하는 걸까?

그럴 땐 이런 방법을 추천한다. 돈을 선물로 준 상대에게 그 돈을 어디에 쓰기를 원하는지 물어보고 그대로 하는 것이다. 그러면 당신의 림비가 스트레스 받을 일이 없다. 만약 상대가 "네가 좋은 대로 써!"처럼 불분명하게 말한다면, 그냥 그 말을 따르면 된다. 림비가 선물로 받은 돈을 부담스럽게 느낀다면 그런 선물은 애초에 사양하는 것이 낫다. 상대방에게 자칫 무례하게 비춰질 수 있어 그럴 수 없는 상황이라면 전액 또는 일부를 사회에 환원하라. 그러면 당신의 림비가 자유로워질 수 있다.

• **상속받은 돈**: 선물받은 돈과 비슷하지만, 상황은 더 복잡하다. 누군가 당신보다 더 많은 유산을 상속받았다면 아마 당신의 림비는 불가항력적으로 그 이유가 궁금해질 것이다. 나에 대한 애정이 그 사람보다 덜했던 걸까? 반대로 당신이 다른 사람보다 많은 액수를 상속받았다면 그 사람의 림비가 당신을 시샘할 것이다. 상속이란 경제적 측면에서는 좋은 선물일지 몰라도 인간관계를 끔찍할 정도로 악화시키기도 한다.

상속받은 재산은 마땅히 받을 권리가 있는 당신의 소유가 아닌, 예상치 못한 선물로 간주하는 것이 림비에게 가장 건강하다. 당신의 아버지, 고모 또는 다른 누군가가 도박을 하거나 다른 실수를 해서 모두 날려버릴 수도 있었다. 상속받은 유산을 고인을 기억하는 상징으로 여기며 그분에게 그저 감사하는 마음만 가져라. 감사는 대뇌피질에서 해낸 훌륭한 성취로, 림비의 질투, 분노, 슬픈 감정 등을 잠재운다.

- **직접 번 돈**: 림비는 스스로 만든 돈을 가장 좋아한다. 직접 일해서 번 돈에 가장 큰 가치를 부여하는 것이다. 그러니 당신의 임금이 타인에게 가치를 제공하고 얻은 정당한 보상이라는 사실을 스스로 주지시켜라.

이것이 너무도 당연한 사실이라서 우리는 종종 이를 간과한다. 달마다 자동으로 받는 돈이라고 여기기도 한다. 월급을 위해 당신이 일을 한다는 사실을 항상 상기하라. 림비는 그런 노고를 치하하고 당신이 번 돈을 소중히 여기며, 월급을 현명하게 관리하도록 당신을 도울 것이다.

매번 사놓고 후회하는
충동구매를 막는 법

 림비가 지출하는 방식을 이해했다면 이제 일상의 소비생활에 적용하는 연습을 본격적으로 해보자. 대형 백화점이나 마트는 그런 훈련을 하기에 최적의 장소다. 대형 가전 시장을 방문할 때 텔레비전이 어떻게 진열되어 있는지 유심히 살펴보라. 제일 잘 보이는 자리에는 항상 값비싼 최고급 대형 텔레비전이 진열되어 있다. 실제로 최근 가전 매장에 갔다가 거의 1000만 원에 달하는 괴물 같은 스펙의 텔레비전을 입구에서 마주친 적이 있다.

 당신의 침착한 대뇌피질은 어깨를 으쓱하면서 괜찮은 중고차 한 대 값인 가전을 도대체 누가 사겠냐며 코웃음을 칠 것이다. 그렇지만 당신의 림비는 그 가격을 보고 충격에 빠진다! 바로 여기에 꼼수가 숨어 있다. 충격적인 가격을 인식하게 된 것만으로도 이미 작전은 어느 정도 성공한 셈이다.

 이성적인 신피질 덕분에 당신은 그 상품을 유유히 지나칠 수

있겠지만, 림비는 놀라운 가격이 목에 걸린 듯 연신 괴로워할 것이다. 그 가격은 앞으로 보게 될 모든 상품의 값과 비교하는 기준, 즉 림비가 내린 닻이 된다. 그 제품보다 값싼 텔레비전들이 전시되어 있는 상품 진열대에 도착하면 림비는 그제야 안도의 숨을 내쉴 것이다. 좀 전에 봤던 괴물에 비하면 500만 원은 선물이나 다름없지 않은가! 처음에 각인된 가격 때문에 림비는 이 가격도 굉장히 비싸다는 것을 감지하지 못한다. 그런데 불행하게도 우리가 물건을 구매할 때 칼자루를 쥐고 있는 건 바로 림비다. 림비는 이 정도면 아주 합리적인 소비라고 생각하며 물건을 구매할 것이다.

이런 '닻 전략'은 효과가 꽤나 좋기 때문에 영리한 판매자들이 즐겨 사용하는 전략이다. 이런 메커니즘을 파악하고 나서도, 우리는 일상에서 때때로 이 술책에 넘어가고는 한다. 충동적인 림비가 이성적인 대뇌피질보다 더 빠르기 때문이다.

가게에 가기 전에 평균 가격을 체크하라

특정 상품을 구매하려면 우선 가격 정보부터 조사하라. 인터넷으로 검색하거나 지인들에게 물어보는 것이다. 쓰려는 용도에 적합한 텔레비전 가격이 약 100만 원이라는 정보를 확인하고 나면 그보다 고급 사양인 500만 원짜리 모델을 보며 머리 아파할 이유가 없다.

가격 조사를 할 때 넘쳐나는 정보의 홍수에서 갈피를 잃지 않으려면, 처음부터 검색 시간을 정해놓아야 한다. "적당한 텔레비전을 찾아보는 데 20분을 쓰겠어"라고 자신에게 말하라. 가장 최근에 시행된 상품 테스트나 최신 리뷰 서너 개에 집중하라.

림비의 닻 전략은 당신도 활용할 수 있다

닻 전략에 대한 지식을 바탕으로 일상을 의미 있게 변화시키는 또 다른 방법이 있다. 당신이 타던 차를 중고로 판매하려 하고, 판매가를 1100~1200만 원으로 예상하고 있다고 가정해보자. 이때 구매 의사가 있는 사람과 협상하기에 앞서 높은 금액을 언급해보라. 주의할 점은 차와 전혀 관련이 없는 이야기여야 한다는 것이다. 무작위로 떠오르는 아무 고액이면 충분하다. 이런 대화는 매우 신기하게도 림비를 자극하고, 비이성적으로 반응하게 만든다.

내가 자주 드는 예로 어느 칼럼에 나온 에피소드가 있다. 잠재적 구매자를 만나면 "림부르크의 주교를 아시나요?"라고 얘기를 꺼내라(내가 이 예를 특히 좋아하는 이유는 림부르크와 림비가 발음이 비슷하기 때문이다). "그분은 욕조를 2300만 원에 설치하셨대요." 이 금액이 상대방의 림비에게 스며들도록 하라. 그리고 약간의 대화를 더 이어간 후 당신이 중고차에 책정한 가격을 말하라. 잠재적 구매자의 림비는 당신이 언급한 가격이 유명한 주교의 욕실 설치 비용보다 훨씬 저렴하다는 사실에 한결 마음을 놓을 것이다.

림부르크 주교 대신 3000만 원에 달하는 장모님이나 시어머니의 치과 치료 비용에 대해서 얘기하거나 당신의 주치의가 소유한 3만 마력의 모터보트를 언급할 수도 있다. 핵심은 실제적인 구매 상담에서 당신이 제시할 금액보다 훨씬 높은 액수여야 한다는 것이다. 150만 원짜리 전자동자전거 이야기를 하다가 당신의 중고차 가격을 말한다면 얼마나 상황이 어색해질지 상상이 가는가? 당신의 매물과 비슷하지만 850만 원에 팔린 중고차를 언급한다면 더 최악일 것이다.

만약 당신이 프리랜서라면 보수를 협상할 때 과장을 하지 않는 선에서 유사한 방법을 시도해볼 수 있다. 예를 들어 파리의 페스티벌에서 연주비로 1000만 원을 받은 적이 있다고 대답하는 식이다. 물론 그것이 생애 다시 없을 특별한 경우였다 하더라도 이는 잠시 자신만 아는 비밀로 놔두자. 주최자가 그 금액을 듣고 900만 원 선에서 제시한다면 당신은 매우 만족스러운 결과를 얻게 된다. 주최자 역시 값비싼 스타를 훨씬 낮은 비용으로 고용했다는 사실에 기뻐할 것이다.

닻 전략은 구매자 입장일 때도 적용 가능하다. 벼룩시장에서 발견한 아름다운 놋쇠램프를 저렴한 가격으로 흥정하고 싶다면 우선 판매자에게 값싼 물건에 대한 얘기를 꺼내자. 그 대화 이후 판매자의 림비는 높은 금액을 부르기 주저할 것이다.

그러니까 서점 앞에 5000원짜리 책들로 채운 상자를 놓고 고객을 유인하는 상술은 그다지 좋은 발상이 아니다. 설령 그 유인책을 보고 손님이 서점 안으로 들어왔다고 해도, 입구에서 5000원이라는 가격이 머릿속에 박힌 그의 림비에게 그보다 훨씬 비싼 2만 원을 지출하게 하려면 엄청난 설득과 회유가 필요하다.

무엇인가를 사고팔 때 중요한 것은 숫자만이 아니다. 그 뒤에 오는 단위에도 주의를 기울여야 한다. 게다가 림비는 그 부분은 간과하는 경향이 있다.

식료품 업계에서는 이 점을 적극적으로 활용한다. 아스파라거스나 체리와 같은 고급 신선 농산물을 파는 상인들은 소비자들의 체감 물가가 높아질 때 가격표에 1킬로그램당 가격을 적지 않고 100그램당 금액을 적어놓는 식의 전략을 사용하고는 한다. '체리 100그램에 2500원'이라는 가격표는 '1킬로그램당 2만 5000원'이라는 가격표보다 고통을 느끼는 뇌 부위를 적게 자극한다. 림비

체리
300원
(한 개)

는 주로 도량 단위를 무시하기 때문에 후자보다 전자의 경우 훨씬 가벼운 마음으로 물건을 집을 것이다.

이런 단위의 효과를 역으로도 활용해보자. 작업 비용을 책정할 때 전체 비용을 말하는 대신 단위별 금액을 사용하라. '마루를 완성하는 데 총 1600만 원' 대신에 '제곱미터당 8만 원' 또는 '보고서 열개를 잡는 데 1쪽당 6만 원' 등으로 제안하는 것이다.

누군가 당신에게 먼저 가격을 제안했을 때도 정확한 단위를 되물어보는 것을 주저하지 마라. '타이어 교체 1만 원'이라면 한 바퀴당인가 아니면 차의 네 바퀴 모두를 말하는가? 사무집기전문점의 특가에서 부가가치세는 별도인가 아니면 포함인가?

메뉴판도 림비의 작동 방식에 따라 제작되고는 한다. 가장 값비싼 메뉴를 제일 위에 배치하는 것이다. 8만 원짜리 샤토브리앙은 손님에게 자신이 상류층이 주로 찾는 고급 음식점에 있다는 사실을 다시금 각인시켜준다. 식당에게 많은 이윤을 남겨주는 메뉴도 그와 가까운 곳에서 배치하는데, 이때 미끼로 제시한 비싼 메뉴보다는 살짝 저렴해야 한다. 레스토랑에 큰 이득이 되지 않는 메뉴는 잘 보이지 않는 곳에 숨기듯 배치한다.

메뉴판에 화폐 단위를 표시하지 않으면 림비는 높은 가격대의 음식이라도 좀 더 대담하게 선택한다. 화폐 단위를 보는 것만으로도 고통을 느끼는 중추가 경직되기 때문에 이것만 없애도 림비의 마음이 한결 가벼워진다.

경제학 강의에서는 가격이 공급과 수요에 따라 결정된다고 하지만 현실은 다르다. 대부분의 경우, 실제 가격은 림비의 기대치에 따라 산정된다.

사실 가격은 생산량이나 심지어는 제품의 품질과도 별다른 연관성이 없는 경우가 허다하다. 이런 요소는 우리가 그 물건에 매기는 가치에 영향을 미칠 뿐이다. 노벨 경제학상 수상자 대니얼 카너먼은 이를 증명하기 위해 실험을 진행했다.

그에 따르면 와인 애호가에게 비싸 보이는 병에 담긴 와인을 잔에 따라주면서 그 와인의 가격이 15만 원이라고 말하면, 똑같은 와인을 평범한 병이나 팩에서 따라줄 때보다 더 맛있다고 느낀다. 림비에게 이런 현상은 거짓이 아니라 현실이다. 비싸다고 들은 와인을 마실 때 실제로 측좌핵, 즉 보상과 동기를 담당하는 중추가 더 강력하게 활성화되는 것을 fMRI로 확인할 수 있었다.

소비자들의 뇌에게 이런 부수적인 요소들이 제품 자체만큼이나 중요한 경우가 많다. 외식업계에서는 이런 점을 적극 활용할 수 있다. 예를 들어, 고급스러운 분위기에서는 더 큰 돈을 지출할 의사가 생기기 때문에 인테리어는 분명 투자할 만한 가치가 있는 것이다.

합리적인 가격에 대한 기준이 없다면 림비는 이리저리 떠다니기 마련이다. 그렇기 때문에 닻 전략이 효과적인 것이다. 임의적이긴 해도 기준점을 제시하기 때문이다. 강연자의 보수, 디자이너의 급여, 고급 물건 및 예술품의 가격 등 놀라울 정도로 많은 영역에서 가격이 완전히 자유롭게, 창의적으로 책정된다. 이때 힘을 발휘하는 것이 바로 숫자의 마법이다.

림비를 현혹하는
숫자의 비밀

　예술품의 가격은 본질적으로 사람의 추측에 의한 것일 수밖에 없다. 그래서 예술품 시장은 가격 형성의 감정적인 부분을 제대로 보여주는 좋은 학습 사례가 된다. 예술품의 가격에서 제조비 또는 원료비가 차지하는 비율은 매우 작다. 예술품은 실용성이 아닌 사람들이 그것을 갖기 위해 지불할 마음이 생기는지 여부에 따라 가치가 결정된다. 예술품시장의 세계에는 그들만의 은밀한 규칙들이 존재한다. 중요 규칙 중 하나는 다음과 같다. 예술가는 자신의 생애 동안 갈수록 작품의 가격을 올려야 한다. 한 조각가의 작품이 첫 전시회에서 710만 원이었다가 두 번째 전시회에서 530만 원이 된다면 그는 명성을 잃어가는 퇴물로 전락한다. 그렇게 한 번 떨어진 명성은 다시 회복하기 매우 힘들다.

　두 번째 법칙은 '주디'라는 별명으로 불리는 베를린의 유명한 큐레이터 게르트 하리 립케Gerd Harry Lybke가 다음과 같이 표현했다.

"가격은 심사숙고한 뒤 신중하게 매긴 것처럼 보여야 한다." 998만 원처럼 조각난 듯한 금액은 슈퍼마켓을 연상시키기 때문에 예술품시장에는 적절하지 못하다. 반대로 지나치게 딱 떨어지는 금액도 좋지 않다. 1200만 원이 1000만 원보다 훨씬 더 '심사숙고'해서 의도적으로 매긴 금액으로 보이는 것이다.

고가의 예술품보다는 좀 더 일상적으로 볼 수 있는 890만 원짜리 명품 팔찌에도 이와 같은 가격 책정의 비밀이 적용되어 있다. 1000만 원까지의 금액은 그보다 높은 가격대보다는 우리가 자주 접하는 금액이다. 890만 원은 1000만 원이란 경계보다 조금 낮은 금액대로 우리의 마음을 어느 정도 편안하게 해주는 동시에 충분히 고가의 물건이라는 존재감을 뽐낸다.

일상에서 당신의 림비가 1000만 원 이상의 액수를 접하는 경우는 드물기 때문에 그 이상의 가격대에서는 천 단위 이후에 나오는 숫자가 가이드 역할을 한다. 여러 실험을 통해 다음과 같은 비논리적인 사실이 입증되었다. 림비는 1900만 원보다 2200만 원을 더 낮은 금액으로 체감한다는 것이다.

반면 2100만 원은 끝자리의 작은 '100' 때문에 결정을 주저하게 만든다. '물건의 가치가 그 정도는 아닌가?'라는 생각을 심어주기 때문이다. 립케의 경험에 따르면 예술품 시장에서 3100만 원은 절대 통하지 않는 숫자로, 가격을 볼품없게 만든다고 한다.

갤러리에서 임의적으로 매기는 가격은 주로 1200만 원 또는 2400만 원이다. 왜 그럴까? 여기에는 고대로부터 전해내려온 12진

법의 마법이 숨겨져 있다. 이스라엘의 12부족, 12선지자, 황도 12
궁처럼 림비는 대뇌피질과는 달리 딱 떨어지는 10진법보다 12진
법의 수에 호감을 느낀다. 특히 1000만 원 이상의 액수에 이런 공
식이 더 분명하게 적용된다. 보수와 급여의 세상에서는 1000단
위로 딱 떨어지는 액수가 뭔가 찜찜하다. 연봉이 3600만 원이나
4800만 원이면 회계팀의 림비는 훨씬 편안함을 느낀다. 같은 이
치로 승승장구하고 싶은 스타라면 1200만 원 또는 2400만 원을
요구할 것이다. 6000만 원은 너무 뭉뚱그린 숫자 같은데 7200만
원은 어떨까?

그보다 높은 금액대에서는 1억 2000만, 1억 8000만 또는 3억
6000만 원이 애용된다. 큐레이터 립케에 따르면 그 이후로는 가
격대에 틈이 벌어져 있다. 6억 원에 이르러서야 다시 매력적인 가

격이 형성되고, 그리고는 아주 드물게 12억 원에 근접하여 또 다른 심리적 자석이 있다.

어쨌든 우리의 림비는 고대부터 내려온 12진수를 현대의 10진수 체계보다 신뢰하는 것으로 보인다. 온 천지만물과 조화를 이루는 것처럼 보이기 때문일 수도 있고, 우리가 쓰는 달력 때문일지도 모른다.

림비가 감정적으로 닿을 수 있는 범위를 넘어선 숫자와 액수에서는 또 다른 문제가 발생한다. 어쩌면 대규모 경제위기가 발생하는 근본적인 원인도 이 때문일 수도 있다. 1억과 1조의 차이는 엄청나다. 그런데도 림비는 독일 IT 기업 지멘스의 주가가 약 7조 원만큼 폭락했다는 뉴스와 뒤셀도르프의 개인사업자들이 도난으로 연간 평균 440억 원 상당의 피해를 보고 있다는 뉴스에 동일한 충격을 받는다.

그러니 당신이 구체적인 장면으로 림비의 이해를 도와야 한다. 1억 원은 5만 원권 2000장으로, 쌓으면 높이가 약 26센티미터이며 평범한 가방 하나면 모두 담긴다. 반면 1조 원은 5만 원 지폐를 2600미터 높이로 쌓아야 하고 승용차 한 대에 전부 실을 수도 없다!

꼭 돈 문제가 아니더라도 림비는 숫자에 감정적으로 반응한다. 많은 사람이 13이라는 숫자가 불행을 몰고 온다는 미신을 믿어서인지 비행기에서 12열 뒷줄을 바로 14열로 세는 경우가 허다하다. 그리고 13층이 없는 호텔도 흔하다. 동양에서는 4가 죽음을 상징하는 불길한 숫자라고 본다. 반대로 숫자 7은 많은 문화에서

행운의 숫자로 여겨진다. 또 홀수는 짝수보다 더 활발하고 역동적인 이미지가 있다. 사람들은 열 가지가 넘는 항목은 듣기만 해도 피곤해하지만, 55나 777과 같은 숫자들을 유쾌하게 여긴다.

이 모든 건 합리성이나 이성적 태도와는 거리가 멀지만 숫자에 관한 림비의 감정을 이해하면 자신을 위해 활용해볼 수 있다. '더 밝은 미래를 위한 7가지 행동 지침'이란 주제의 강연은 6, 8 또는 13가지 지침보다 훨씬 많은 청중의 호감을 산다. 자신이 원하는 휴대전화 번호 또는 자동차 번호판을 얻으려고 망설임 없이 추가 비용을 지불하는 고객들도 많다. 어쩌면 당신의 제품이나 서비스에도 이런 점을 적용할 수 있을지 모른다.

난해한 숫자 데이터(234.5평방미터)는 그만큼 정확도를 보장한다. 이런 숫자는 매우 정직하게 보인다. 림비는 딱 떨어지는 숫자보다 복잡한 숫자를 더 신뢰하며, 숫자가 복잡할수록 의문을 제기할 확률이 낮아진다. 따라서 강연, 토의, 컨설팅, 미팅을 할 때 가능하면 정확한 수치를 기억해두었다가 언급하라. '3375명의 환자를 대상으로 한 연구'는 단순히 '연구'라는 표현보다 믿음직스럽다. "2004년부터 우리는 이 방식을 시행하고 있습니다"라는 발표는 "몇 년 전부터"라고 두루뭉술하게 말하는 것보다 훨씬 더 전문적으로 들린다.

회의를 10시가 아닌 9시 55분에 시작하면 자주 지각하는 사람들이 제시간에 올 확률이 극적으로 상승한다. 부하 직원에게 "9월 초까지는 끝내야 해!"라고 애매하게 말하지 말고 "9월 9일 오전 9시 9분에 최종 프레젠테이션을 합시다!"라고 확실히 통보하라.

부자들의 뇌는
무엇이 다를까

어렸을 때 꿈꾸던 미래가 어떤 모습이었는지 기억하는가? 이제 대뇌피질이 더 이상 그런 생각을 하지 않더라도 림비는 그 꿈을 아직 기억한다. 어쩌면 롤스로이스를 타고 전 세계의 도시를 누비거나 스타가 되어 무대에 서는 모습을 그렸을지도 모른다. 또는 획기적인 발명품으로 이 세상에 혁명을 일으켜 부자뿐 아니라 명예로운 유명 인사가 되는 꿈을 꾸지는 않았는가?

나이가 들수록 신피질은 그런 림비의 환상을 지워버리고, 우리는 '이성적인' 어른으로 성장해 주어진 현 재정 상태에 적응한다. 수입이 갑자기 큰 폭으로 뛰어오르는 상황은 상상조차 잘 하지 않는다. 안타깝게도 내면에서 꿈틀대던 에너지와 활력도 꿈과 함께 사라진다. 검소하고 현실적이라는 말은 일종의 봉쇄로 작용하기도 한다. 수입을 두 배, 세 배로 늘리려는 야망이 없는 사람은 그 방향으로 노력도 하지 않기 때문이다.

그뿐만이 아니다. 잠재적 실패와 좌절이 두려워 꿈에 소극적으로 접근하면, 더 행복해질 수가 없다. 미국 시애틀대학교에서 발표한 연구 자료에 따르면 큰 꿈을 가진 사람은 설령 그 꿈을 이루지 못하더라도 낮은 기대치에 안주하는 사람보다 삶에 대한 만족감이 크다고 한다.

꿈이 클수록 성공의 가능성도 커진다

크고, 눈에 띄고, 다채롭고, 역동적인 꿈을 꾸자. 예전처럼 터무니없는 꿈을 꾸며 가능성을 한번 믿어보라. 백만장자, 노벨 의학상이 불가능해 보일지라도 그로써 당신의 생활이 훨씬 활기차게 변할 수 있다! 대뇌피질을 며칠간 휴가 보내고 림비가 상상력을 펼치게 하라. 림비는 곧 열정적으로 새로운 꿈에 빠져들 것이다. 그 결과가 어떻게 될지 누가 알겠는가?

뇌과학이 알려주는
성공의 새로운 정의

림비가 마음껏 꿈꾸게 하는 것은 행복을 부르지만, 그 꿈이 끝없이 경제적 부요에만 집착한다면 조정이 필요하다. 2005년 엠니트 연구소에서 1000명의 독일 국민을 대상으로 시행한 조사에 따르면 현 수입에 크게 불만이 없다고 답변한 응답자는 단 20퍼센트에 불과했다. 그런데 그들이 정말 만족하기 위해서 바라는 연봉 인상의 폭은 크지 않았다. 월 평균 75~150만 원만 올라도 충분하다고 답변한 것이다. 또 조사 대상자의 절반은 매월 298~437만 원의 급여로, 심지어 20퍼센트는 150~224만 원의 월급만으로도 만족한다고 답변했다. 매월 세후 750만 원 이상은 받아야 행복할 것이라고 답한 사람은 전체의 약 10퍼센트뿐이었다.

지금은 절대적인 액수는 올랐을 수 있지만, 본질적으로 이 조사는 림비가 소박하다는 사실을 상기한다. 일반적으로 인간을 제외한 모든 포유류는 배가 부르면 더 이상 먹이를 먹지 않는다. 우리 내면에 살고 있는 고대 포유류라 할 수 있는 림비도 마찬가지다. 끝없이 더 많은 걸 얻고자 하는 욕망에서 나오는 스트레스는 사실 림비와는 상관이 없다.

티베트에는 "자신이 충분히 소유했다는 것을 깨달을 때 비로소 그 사람은 부유해진다"라는 속담이 있다.

현재 당신이 불행하다고 느끼면서 더 많은 돈을 벌면 행복해질 것이라고 기대하는 것은 더 불행해지는 최고의 방법이다. 비록 좀 부족해 보일지라도 지금 가진 것을 제대로 즐기고 누리는 것이 행복의 열쇠다. 행복과 부의 순서를 바꿔보라. "부자가 되면 행복해지겠지"라고 생각하지 말고 "내가 행복해야 부자가 될 기회도 생기지"라고 생각하자.

행복이 수입에 달렸다는 생각은 말끔히 지워버려라. 그런 사슬로부터 림비를 자유롭게 놓아주자. 스스로 부요하다고 생각하는 사람은 경제적 문제에 대해 훨씬 여유롭고, 따라서 항상 돈이 충분하다.

경제적 행복의 경계

스위스의 경제학자 마티아스 빈스방거Mathias Binswanger는 수년 동안 주관적인 행복과 경제적 조건 사이의 연관성을 연구했다. 그의 연구에서 다음과 같은 결론이 도출되었다.

"일정 수치까지 개개인이 느끼는 행복은 경제적 수입과 비례한다. 그러나 일정 선을 넘으면 더 많은 돈은 스트레스를 유발하고, 행복감은 정체된다."

대니얼 카너먼과 미국 경제학자 앵거스 디튼Angus Deateon이 2010년에 발표한 연구에서도 이와 유사한 결론이 나왔다. 미국인의 주관적인 만족도는 연간 수입이 세전 7만 5000달러(한화 약 1억 550만 원)로 올라갈 때까지 함께 상승한다. 그러나 이 수치를 넘는 순간 만족도는 오히려 떨어지기 시작한다. 아마도 수입이 높아지는 만큼 업무 강도도 상승해 가족과 직장 사이에 균형을 잡기 힘들어지기 때문일 것이다. 이 결과는 유럽에도 동일하게 적용된다.

★ 림비가 전하는 핵심 포인트 ★

- 림비의 즉각적이고 감정적인 반응은 돈 문제에 취약하다.
- 림비의 상상력을 자극하면 구매 품목을 결정하는 데 도움이 된다.
- 지출을 줄이고 싶다면 카드보다는 현금을 써라.
- 림비는 쉽게 얻은 돈보다 직접 번 돈을 더 소중하게 생각하고 조심스럽게 쓴다.
- 처음 본 가격이 기준점이 되는 '닻 전략'을 주의하고 사전에 평균가를 체크하라.
- 내 제품과 서비스에도 닻 전략을 적극 활용하면 만족스러운 거래를 할 수 있다.
- 림비가 호감을 느끼는 숫자를 활용하면 상품의 값어치를 올릴 수 있다. 12진법
  을 기억하라.
- 큰 꿈을 포기하지 마라. 그러나 돈이 많을수록 행복할 거라는 착각은 금물이다!

큄비가 알려주는 숫자의 마법

숫자 0은 둥근 원형 모양의 완전한 수이면서 동시에 공허하고 무의미한 숫자다. 0만으로는 아무것도 이뤄지지 않는다.

숫자 1은 흔히 최고를 뜻한다. 우승자, 업계 리더 또는 베스트셀러를 표현할 때 NO.1이라 한다. 림비는 1을 어딘가 외로운 숫자로 인식하기도 한다. 1은 싱글이고, 단순하고 간결한 것을 상징하기도 한다.

2는 더 포근한 숫자로, 관계 또는 사랑을 상징한다. 둘로 나뉜 것은 선과 악, 흑과 백처럼 서로 상극이기도 하지만 음과 양, 하늘과 땅, 시작과 끝처럼 함께 어우러지기도 한다. 그러나 2는 거의 움직이지 않으며, 2차원적이다. 림비에게는 1보다 분명 나은 숫자지만 2만으로는 충분하지 않다.

숫자 3은 성삼위일체나 정正-반反-합合의 법칙 같은 예에서 알 수 있듯이 신적이며, 완전하고, 조화롭다. 기하학의 많은 이론은 삼각형에 근원을 두고 있고, 아리스토텔레스는 사람이 세 가지 요소를 특히 잘 기억한다는 것을 일찍이 깨달았다. 따라서 3이란 숫자는 프레젠테이션에서 일종의 황금 숫자로 간주된다. 2는 뭔가 부족하고 4는 너무 과하다. 림비는 숫자 3에서 편안함을 느낀다.

숫자 4는 정방향을 나타내며, 객관적이고 정적이다. 한편 동양에서는 이 숫자가 죽음을 의미한다고 생각해 불길하게 여긴다. 서양에서도 네 개의 끝이 있는 십자가는 죽음을 상징한다. 그러나 아우디 로고의 원 개수처럼 4를 이용한 상징물은 우월함과 차분함을 나타내기도 한다. 어쨌든 림비는 숫자 4를 편안하게 느끼지 못한다.

숫자 5는 림비에게 친숙한 숫자다.
다섯 손가락으로 숫자를 세기 시작하는 인간에게 5는
가장 원초적이며 완전한 단위다. 림비는 숫자 5와 사이가 매우 좋다.

숫자 6은 영국이나 독일에서 도발적인 뉘앙스를 풍긴다.
복근 식스팩도 그렇고 주사위의 여섯 면도 그렇다. 물론 6과 12가 부리는
심리적 마법이 있지만, 숫자가 6일 때 림비는 조금 조심스러워진다.

숫자 7은 순수한 마법의 숫자다. 영광스러운 숫자 7은 7일로 이뤄진 한 주, 내가 아끼는 일곱 가지
물건 등 늘 긍정적인 것을 상징한다. 숫자 7은 항상 광채를 뿜어내고, 림비는 그 빛에 취한다!

책값 세일
7.80 유로

숫자 8도 매우 위대한 형태로, 무한을 향해
뻗어나가는 것을 상징한다. 예전 마케팅에서는
숫자 8을 마법의 영업 숫자로 여겨 가격표에 애용했다.
그래서 .99로 끝나며 성질나게 만드는
대단한 1센트 할인법이 등장하기 전까지 수십 년 동안
책값은 7.8유로 또는 19.8유로였다.

숫자 9는 10 직전의 숫자이지만 온전하지 못하다.
림비는 이 숫자를 회피하는데, 수학 퍼즐의 일종인 스도쿠의
숫자 9처럼 지적인 것과 연관되어 있다고 느끼기 때문일 수도 있다.

림비 모드

내 위시리스트

1

압박 줄이기

"품절 임박!"
"할인은 오늘뿐!"
이런 말들은 림비를 불안하게 만든다.
이럴 때는 대뇌피질의
단호함이 필요하다.
숨을 크게 들이마시고, 침착하라.

좋아, 이제 마음이 차분해졌어.

아직도 압박이 느껴지는데!

새로 시작

여전히 매력적인가?

밖으로 나가 탁 트인
하늘을 바라보라.
그리고 잠시
생각할 시간을 가져라.
다른 사람들과도
의논해보자.

큄비의 쇼핑 3단계

이 의사결정 단계를 따르면 후회를 줄이고
현명한 소비를 할 수 있다.

2 상상해보기

새로 구입한 물건에 대해서
미래에 어떻게 느낄지 떠올려보자.
하루 뒤에는 어떤가?
한 달 뒤에는?
일 년 뒤에는?

> 편안하고 기분이 좋아.

> 글쎄, 그냥 그렇네.

> 그만두기

3 싼값의 함정에서 나오기

가격만 비교하지 말고
단점이 될 수 있는
다른 요소들도 확인하라.
품질에는 이상이 없는가?
오래 쓸 수 있는 물건인가?

> 다 따져봐도 값도 합리적이고
> 품질도 좋은 물건이야.

> 어떻게 해야 할지
> 도저히 모르겠어.

> 싸기 때문에 구매하는 것 같아.

> 그만두기

동전을 던지면
대부분 명확해진다.

축하합니다!

이제 당신은 현명한 소비자가 되었습니다!

여기 뭔가
감춰져 있어요!

4장

림비와 몸

림비의 가장 큰 목표는 당신을 오래도록 생존하게 만드는 것이기 때문에, 몸의 균형과 건강에 대해서는 림비의 신호에 특히 주의를 기울여야 한다. 현대 문명에 길들여진 림비는 때로 너무 단 식단을 요구하기도 하고, 게으르게 퍼지기도 하며, 술과 담배를 습관적으로 찾기도 한다. 그러나 림비가 진정으로 원하는 것을 들어주며 대뇌피질과 함께 적당한 규율을 만들면 그간 스스로를 괴롭혀왔던 "내 뱃살 너무 싫어", "아, 정말 운동해야 하는데", "맨날 피곤하네", "온몸이 쑤셔", "올해는 정말 금연해야지!" 같은 말에서 해방될 수 있다.

건강한 뇌가
건강한 몸을 만든다

"해야 하는데……"로 끝나는 말을 우리는 자주 한다. 이 전언은 대뇌피질이 당신에게 하는 충고로, 명백한 사실을 주로 다룬다. 따라서 처음에는 다소 거슬렸을지 몰라도 분명 얼마 지나지 않아 고개를 끄덕이며 납득했을 것이다. 그리고 이런 전언은 건강과 관련된 경우가 굉장히 많다. 운동 부족은 신체를 노화시키고 병을 일으킬 수 있으며 당뇨병이나 요통 그리고 신경 손상으로 이어질 수 있다. 흡연은 폐와 심장 그리고 다른 여러 기관을 망가트린다. 맛있는 지방, 달콤한 간식류, 와인, 맥주, 독주 등 몸에 해로운 음식을 지속적으로 섭취하면 장애를 유발하고 관절부터 시작해서…… 다 열거할 수도 없는 끔찍한 질병에 걸릴 수 있다.

우리 모두 이성적으로 알고 이해하고 있는 사실이다. 그러나 동시에 그 '해야 하는데'를 전혀 지키지 않았던 경험도 틀림없이 있을 것이다. 여전히 게으른 모습으로 늘어져 있고, 건강에 좋지

않은 음식을 섭취하고, 아무런 생각 없이 술잔을 비우거나 담배에
또 불을 붙이고 있지 않은가?

　이때 당신의 대뇌피질은 이 모든 행동의 주범이 바로 림비라고
칼같이 예리하고 단호하게 결론을 내린다. 림비가 구제불능으로
즐거움만 쫓고, 마구잡이로 중독에 빠지고, 분별력 없이 자기 자
신을 망친다는 것이다. 간단히 말해, 림비를 제압해서 길들이고,
재갈을 물리고, 교육시켜야 하는 존재로 본다. 그러나 이런 대뇌
피질의 생각은 옳지 않다. 모든 책임을 림비에게 떠넘기면 안 된
다. 오히려 림비는 당신의 생명을 지켜주는 은인이다!
　림비는 자신의 몸 상태를 잘 파악하고, 매우 똑똑하고 건강한
방식으로 생활한다. 이 감수성이 풍부하고 똑똑한 작은 포유류의
뇌는 당신에게 질병이나 고통이 없는, 편안하고 즐거운 인생을 선
사하고 싶어 한다. 야생에는 활동량이 적고, 과식하며, 건강에 해

로운 물질을 섭취하는 동물이 없다. 그런데도 림비가 이런 행동을 야기했다고 생각하는 건, 림비에게 잘못을 뒤집어씌우는 교육을 의식하지도 못한 채로 받아왔기 때문이다. 이런 교육은 대다수가 아주 오래전부터 시행된 것이라 그 책임 소재를 밝히는 것은 무의미하다. 정말 중요한 과제는 이제 이런 인식을 바로잡는 것이다. 이는 분명 쉽지 않은 일이지만 충분히 가능하다. 당신에게는 이 작업을 도와줄 유능한 조력자가 있기 때문이다. 바로 림비다!

우선 중요한 전제를 명확히 밝힐 필요가 있다. 림비는 사람마다 다르다. 끊임없이 움직이느라 가만히 앉아 있을 시간이 거의 없는 림비가 있는 반면, 어떤 림비는 소파나 침대에 누워 꾸벅꾸벅 조는 것을 최고로 즐긴다. 항상 적절한 시기에 적당한 양의 음

식을 섭취하고, 제과점의 예술 작품 같은 디저트나 패스트푸드의 유혹에 굴하지 않는 림비도 있다. 어떤 림비들은 술을 전혀 좋아하지 않으며, 담배 한 모금을 시도해보려는 생각조차 하지 않는 림비도 있다.

만약 당신의 림비가 군말 없이 대뇌피질이 원하는 바를 순순히 따른다면, 행복한 마음으로 그 점을 칭찬해주고 감사해야 한다. 그런 경우라면 순수한 호기심 충족이라는 관점으로 편안하게 다음 내용을 읽으면 된다. 아무것도 바꿀 필요가 없을 테니 말이다.

그렇지만 만약 당신의 림비가 지금까지 대뇌피질의 의견과 상반된 행동을 보였다면, 당신과 림비 모두 지금부터 바짝 긴장해야 할 것이다.

당신이 매번 다이어트에
실패하는 이유

우리 몸에 건강한 음식을 찾아내는 것은 림비의 가장 중요한 과제 중 하나다. 그러나 지난 수천 년간 대뇌피질을 가진 사람들은 림비의 감별 능력을 교묘하게 조작해왔다. 달콤한 음식, 기름에 튀긴 음식, 알코올 등에 림비는 "우와 맛있다, 최고인데"라는 신호를 보낸다. 사실 장기적으로 보면 해당 식품들은 우리 몸에 전혀 이롭지 않은데 말이다.

림비의 음식 선별 능력이 왜곡된 것에 대한 결과로 다양한 통증들이 '문명병'이라는 이름 아래 발생한다. 그중에서도 특히 크게 고통받는 장기가 바로 장이다. 소화기관에는 상상할 수 없는 수의 박테리아와 기타 미생물이 작용하고 있는데, 여기에서 여러 질병이 시작된다. 덧붙이자면, 이런 균과 미생물의 수는 몸 전체의 세포 수보다 무려 열 배나 많다! 이들은 섭취한 음식을 생활에 필요한 에너지와 영양분으로 분해하는 일을 맡고 있다. 그래서 몸

속에서 매우 섬세하고 복잡한 생태계를 구축하고 있는데, 자연에서 생성되지 않은 부적절한 물질이 들어올 경우, 그 흐름을 방해할 수 있다.

많은 연구 결과가 이런 흐름을 방해하는 대표적인 물질로 인공 감미료와 설탕을 지목했다. 그러니 럼비에게 '덜 단' 입맛을 요구하라. 실제로 각종 시리얼과 식료품의 포장에 덜 달다는 표시가 늘어나고 있다.

장 속 세균 왕국에서 이름을 날리고 있는 또 다른 불한당은 바로 항생제다. 이는 본디 전염병을 물리칠 목적으로 고안된 약제다. 하지만 유감스럽게도 이 항생제는 동물을 사육할 때도 다량 투여되며, 우리는 그렇게 항생제가 함유된 음식을 섭취한다. 항생제가 투여된 고기를 피하는 기본 규칙은 아주 간단하다. 고깃값이 쌀수록 공장식 농장에서 약물을 섭취하며 자란 동물일 가능성이 크다. 평원에서 동물을 사육하면 항생제 같은 건 필요 없지만, 전자와 비교할 수 없을 정도로 더 많은 인력과 비용이 든다.

잘못된 식사 습관으로 발생되는 가장 대표적인 문제는 과체중이다. 과체중을 판단하는 데 사용되는 지표는 신체질량지수(BMI)인데, 이는 몸무게를 키의 제곱으로 나누어(kg/m^2) 나온 수치다. 이 BMI 지수가 25 이상일 때 공식적으로 과체중으로 분류한다. 독일 헬스 업데이트German Health Update, GEDA에 따르면 2020년 독일 남성의 60.5퍼센트와 여성의 46.6퍼센트가 이 경계선을 넘었다. 신체질량지수가 30을 넘어서는 독일인은 19퍼센트인데, 그들은 아무래도 피하고 싶은 말인, 비만 상태다.

BMI 기준에 대한 논란은 다소 있지만 어쨌든 과체중이 미관상 보기 좋지 않다는 점만은 분명하다. 또 신체의 적도를 둘러싼 둥근 굴곡은 심장의 혈액순환에도 무리를 주고 앞으로 나온 뱃살은 척추에 불필요한 하중을 가한다.

과체중의 근본적인 원인은 명확하고 단순하다. 충분한 야채와 과일을 섭취하지 않고, 지방과 당분을 과도하게 섭취한 것이다. 왜 그럴까? 몸에 해로운 음식이 건강한 음식보다 훨씬 더 맛이 좋기 때문이다. 이 점을 해결하면 몸무게에 관한 여러 문제는 자연스레 사라질 것이다. 그러므로 맛이라는 것을 제대로 이해하는 것이 매우 중요하다.

맛에 관한 모든 연구에서 명백하게 내린 결론이 하나 있다. 바로 림비가 당신의 입맛을 결정한다는 것이다. 림비는 언제나처럼, 지난 수천 년간 축적되어 자동화된 알고리즘에 따라 맛있는지 아닌지를 판단한다.

모든 생명체는 충분한 영양분을 섭취해야 한다. 그렇기 때문에 먹는 것은 림비의 중심부에 위치한 측좌핵, 즉 동기와 보상 체계를 담당하는 부위와 아주 긴밀하게 연결되어 있다. 식사 후 림비는 보상 중추에서 생성되는 행복의 마약, 즉 세로토닌, 도파민, 오피오이드를 분비한다. 그래서 식사가 끝날 무렵에 당신은 포만감을 느낄 뿐 아니라 행복해긴다. 림비는 이런 호르몬을 통해 대뇌피질에게 신호를 보낸다. "아주 잘했어! 사냥, 열매 따기, 쇼핑, 요리 그리고 마지막으로 먹기까지 모두 유익했어. 계속 그렇게 하라고!"

고칼로리 음식을 즐기는 입맛은 아주 긴 역사를 지녔다. 그 예로 달콤한 것을 살펴보자. 림비는 달달한 맛을 좋아하는데, 이는 단맛이 소화 가능한 탄수화물이 보내는 전형적인 신호이기 때문이다. 빵, 국수, 감자 또는 쌀을 먹을 때 입속에서 소화의 첫 단계가 시작된다. 탄수화물의 성분을 위와 장에서 제대로 소화하도록 침에 들어 있는 효소가 탄수화물을 조각조각 분해하는 것이다. 이때 단맛이 나는 다양한 당분이 생성된다. 빵이나 파스타를 아주 오랫동안 천천히 씹으면 태곳적부터 즐겨 찾던 그 맛을 느낄 수 있다.

똑똑한 대뇌피질을 가진 우리 인류는 오랜 기간 음식 문명을 발달시키며 이런 달콤한 맛을 느낄 수 있는 더 빠른 방법을 개발했다. 꿀, 과일, 사탕수수, 순무에서 추출한 설탕 결정, 끝없는 변종으로 등장하는 달달한 디저트류 등이 그 결과물이다. 이런 맛있는 것들은 탄수화물뿐 아니라 아미노산 트립토판을 림비에게 제공하는데, 이 성분은 행복한 감정을 유발하는 전달물질, 세로토닌을 생성한다.

따라서 림비는 단 한 가지 명제를 가르치는 훈련을 평생 받게되었다. "맛있고 달콤한 것이 곧 행복이다!"

그러나 신체 외부에서 미리 소화가 진행된 당분에는 여러 부작용이 있다. 우선 맛있기 때문에 몸에서 필요한 양보다 더 많이 섭취하게 되고, 초과량은 우리가 그렇게 싫어하는 비축 덩어리가 된다. 게다가 기존에 원활히 이뤄지던 혈당조절은, 저칼로리 자연식품 대신 들이닥친 강력한 탄수화물로 엉망이 된다.

많은 다이어트가 이 원리를 이용한다. 잘 알려진 방법 중 하나는 독일의 의사 데트레프 파프Detlef Pape가 고안한 '잠자면서 살 빼기'다. 기본 규칙은 다음과 같다. 각 식사 시간 사이에 5시간의 공복기를 가지고, 아침에는 탄수화물, 점심에는 여러 가지 성분을 골고루, 저녁에는 거의 단백질만 섭취하는 것이다. 그렇게 하면 취침 전에 인슐린이 거의 분비되지 않고, 잠자는 동안 축적된 지방을 분해해 에너지원으로 쓴다는 논리다.

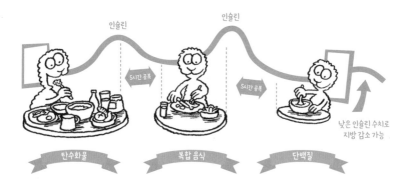

걱정하지 마라. 여기서 새로운 림비-다이어트법을 제안해 당신에게 부담을 지우지는 않겠다. 단지 시중의 모든 다이어트 베스트셀러에서 가장 효과적인 방법을 열 가지 원칙으로 압축해 소개하고, 그것이 림비에게 어떻게 그리고 왜 영향을 주는지 그 비밀

을 보여주려고 한다.

1. 림비의 입맛을 덜 달게 길들여라

건강에 해로운 당을 향한 갈망을 조절하는 가장 효과적인 방법은 림비가 가장 좋아하는 인지 방법인 '맛'을 사용하는 것이다. 달지 않은 음료와 음식에 림비를 적응시키면 자연스럽게 단 음식을 덜 섭취할 것이다. 우선 테스트 기간으로 일주일 동안 단맛이 나는 모든 음식을 금하라. 콜라 같은 탄산음료 대신 물을 마시고, 과일 요거트 대신 플레인 요거트를, 콘플레이크나 건과일이 든 귀리 대신에 심심한 맛의 오트밀을, 단 커피 대신 무설탕 블랙커피를, 케이크 대신에 과일이나 치즈를 선택해보라. 처음에는 림비가 "우엑, 너무 맛없어!"하며 불평할 게 뻔하다. 그렇지만 결국에는 익숙해질 것이고, 자발적으로 그런 식단을 이어갈 가능성이 높다.

단, 당분 섭취를 줄이겠다고 인공 감미료로 대체하면 오히려 역효과가 일어날 수 있다. 달달한 음식이 들어오면 소화 체계는 근무 대기 체제로 전환한다. "곧 일거리가 당도하겠군. 모두 준비 태세!" 그러나 인공 감미료의 경우 예상보다 칼로리가 부족하다. 그 결과 림비의 생화학 반응은 즉시 이렇게 외치게 된다. "부족해, 배고파!" 그로 인해 림비의 야식 본능이 눈을 뜨면 이를 제지하는 데 대뇌피질의 엄청난 의지력이 필요하다.

가장 효과적인 방법은 콜라, 레모네이드, 주스, 탄산음료와 같은 달콤한 음료를 아예 마시지 않는 것이다. 존스홉킨스블룸버그 공중보건대학교의 연구진은 액체의 열량이 고형 식품에서 나온 열량보다 몸무게에 더 큰 영향을 미친다고 발표했다. 실제로 성인 810명을 대상으로 한 연구에서 설탕이 함유된 음료를 평소보다 하루에 딱 한 병씩만 적게 먹어도 6개월 이내에 체중이 500그램 감소한 것으로 드러났다.

2. 간식의 메뉴를 바꿔보자

건강 관련 서적, 다이어트 지침서, 영양 섭취 권장 매뉴얼에서 끝없이 반복하는 조언은 다음과 같다. '단 음식을 섭취하지 마라! 주전부리도 하지 마라! 식사 사이에 칼로리 섭취를 금하라!' 그러나 당신이 잘 알고 있듯이 림비에게 금지령이란 달콤한 유혹이나 다름없다. 그런 방법으로는 효과가 없다. 간식을 금하면 림비는 몰래 먹는 법을 익힐 것이다. 실제로 포테이토칩이나 초코빵 등을 자기 자신으로부터 숨기는 사람들이 있다. 그러고는 숨긴 곳을 지나칠 때마다 자기 몸이 단 것을 인식하지 못할 만큼 빨리 해치우면 괜찮지 않을까 생각하며 허겁지겁 간식을 먹는다.

이럴 때 림비를 달래는 영리한 해결책은 초콜릿 한 조각, 젤리 몇 개를 음미하도록 허락해, 간식에 대한 강렬한 욕구를 잠재우는 것이다. 특히 식사 직후에는 단것을 먹고자 하는 욕구가 상승하기 때문에 총열량을 너무 높이지 않는 범위 내에서 단것을 섭취하는 것이 좋다.

당신을 살찌게 하는 진짜 주범은 아무런 생각 없이 집어먹는 간식이다. 이동하는 자동차 안에서 또는 텔레비전을 보면서 습관적으로 먹는 간식 말이다. 사실 봉지로 손을 뻗어 간식을 입으로 가져가 질겅질겅 씹거나 바삭하게 깨 먹는 재미는 아주 옛날부터 내려오던 즐거움이라 끊기가 쉽지 않다. 이를 잡는 원숭이의 손과 주전부리를 집는 인간 손의 움직임이 유사하다는 연구 결과가 있을 정도다.

그러므로 고대 동물 같은 림비와 원만하게 이 문제를 해결하는 방법은 바로 '없애기' 대신 '새로 채우기'다! 주전부리를 먹는 습관을 없애려 하지 말고 새로운 간식거리를 공급하라! 지금까지 즐겨 먹었던 포테이토칩이나 초코빵 대신에 당근이나 사과를 집어라. 림비가 처음에는 그다지 동하지 않겠지만 다른 대안이 없다는 사실을 인지하면 받아들이고 협조할 것이다. 그러면 텔레비전을 시청하면서 섭취한 1000칼로리의 간식 때문에 마음 한구석을 짓누르던 양심의 가책이 사라져, 모두 행복해진다.

3. 한밤중에는 부족하게!

야식은 소화기관에 부담이 될뿐더러 체중 증가에 크게 공헌한다. 따라서 늦은 시간에 음식을 꼭 섭취하고 싶다면 저열량 식품을 선택하라. 식당에서 고기나 생선을 먹는 경우라면 탄수화물을 곁들이지 말고 샐러드 같은 야채와 함께 섭취하라. 밤에 출출해서 야식이 생각난다면 요거트나 저지방 치즈 또는 저지방 단백질 식품을 택하는 것이 현명하다.

4. 장볼 때 쇼핑 목록은 필수다

다이어트에 관해 확실히 입증된 영리한 충고가 하나 있다. "절대 배고픈 상태로 장보러 가지 마라!" 림비식으로 바꿔 말하자면, 마트에 갈 때는 림비를 떼어놓고 가는 것이 좋다. 하지만 안타깝게도 실제로는 불가능한 일이며, 설사 가능하다 해도 림비에게 너무 가혹한 처사가 될 것이다.

따라서 장보러 갈 때는, 아예 떼어놓지는 못하더라도 림비가 전권을 휘두르지 못하도록 미리 대뇌피질과 함께 필요한 목록을 정리해둬야 한다. 이때 목록은 가급적 건강한 식품으로 채우는 것이 좋다.

슈퍼마켓에는 포테이토칩, 동그랗고 네모난 다양한 초콜릿들,

냉동 피자, 생크림 요거트, 아이스크림 등 집에 비축해봤자 전혀 득이 되지 않는 칼로리 폭탄, 소금 덩어리, 지방 덩어리들이 가득하다. 유혹의 손길을 뻗는 간식, 가공식품 코너에 눈길도 주지 말고 지나치자.

그 밖의 고열량 주범으로는, 외관상 전혀 해로워 보이지 않지만 내용물의 약 50퍼센트가 지방으로 채워진 소시지를 꼽을 수 있다. 일반적인 치즈도 비슷하다. 따라서 이런 식품을 구입할 때는 지방함량을 유심히 살펴라. 근소한 차이라도 그 결과는 엄청나다. 항상 잊지 않도록 쇼핑 목록을 작성할 때 '저지방!'을 강조하라.

5. 뷔페와 코스 메뉴에서 살아남기

사실 림비는 신체에 필요한 음식량을 제대로 알고 있고, 식욕을 조절하는 법도 안다. 그렇지만 문명 발달과 함께 등장한 여러 코스 메뉴와 화려한 뷔페 앞에서는 눈길 한 번만으로도 KO패 당해버린다. 이런 곳에서는 림비가 섭취한 음식의 전체 양을 한눈에 파악할 수 없으므로 적정량보다 더 많은 음식을 섭취하게 된다.

이런 상황에서는 또다시 대뇌피질의 도움이 필요하다. 코스 요리가 진행되는 동안 앞서 섭취한 음식량을 식탁 위에 그려보라. 그러면 메인 메뉴 그릇을 싹 비워서는 안 되며 그 후에 만두, 국수 또는 닭다리를 더 먹는 것도 자제해야 된다는 깨달음을 얻을 것이다.

림비의 양 조절 시스템이 완전히 압도당하곤 하는 뷔페에서는 새로운 관점을 도입해보라. 림비에게 이렇게 말하자. "이건 게

임이야. 우리의 탐욕이 시험대에 오른 거야. 가득 채운 접시가 제일 많은 사람이 꼴등이 되는 거지. 별 세 개짜리 레스토랑의 최고급 요리가 담긴 접시처럼 우아하게 소량만 담아오면 우리가 승리하는 거야." 만약 함께 온 일행과 맞춰 식사하고 싶다면 여러 차례 가져오되 항상 작은 접시에 담아오자.

6. 감칠맛으로 맛있고 건강한 식단 만들기

맛이란 감각은 혀를 통해 뇌에 전달된다. 돌기 모양으로 혀에 수천 개나 분포되어 있는 미뢰가 단맛, 짠맛, 신맛, 쓴맛을 식별하고 입속 점막 등이 매운맛을 감지한다. 그런데 상대적으로 최근에 맛이 하나 더 추가되었다. 1909년 일본 학자 이케다 기쿠나에 池田菊苗가 발견한, '우마미'라고 불리는 감칠맛이다. 일부 학자들은 여전히 그 외에 다른 맛을 느끼는 미뢰가 존재할 거라고 추측하고 있으며, 특히 기름기와 금속성을 느끼는 수용기를 찾고 있다.

감칠맛은 아미노산계열 글루탐산염에 의해 생기는데, 이는 행복을 생성하는 림비 연구실에서 매우 중요한 신경전달물질이다. 글루탐산염은 자연식품인 버섯, 토마토, 고기, 파마산치즈에 함유되어 있으며 그 밖에 발사믹 식초, 누룩, 간장에도 들어 있다. 실력 있는 요리사라면 음식에 풍부한 맛을 낼 때 이런 식재료를 즐겨 이용할 것이다. 특히 말린 토마토, 토마토소스, 고기 육수 또는 버섯 가루가 내는 감칠맛은 탁월하다.

이 방법을 잘 눈여겨봤다가 요리할 때 풍미를 더하는 비법으로 활용해보자. 미국의 일간지 《뉴트리션앤드헬스Nutrition and Health》에 따르면, 이렇게 요리하면 같은 맛을 내면서도 지방은 30퍼센트, 염분은 40퍼센트까지 줄일 수 있다.

7. 모든 감각으로 식사하라

음식을 먹을 때는 입안의 수많은 센서뿐 아니라 눈, 귀, 턱 등 다양한 기관에서 각종 정보들이 입력된다. 이 기관들은 밖에서 물질이 들어오는 즉시 '딱딱하다', '질기다', '덜 익었다', '끈적하다' 또는 '괜찮다'는 메시지를 보낸다. 과자는 얼마나 바삭한가? 음료수는 얼마나 짜릿한가? 뜨겁나, 차다, 날카롭다 등 감각에 관한 모든 정보가 종합되어 먹는 경험이 만들어진다.

다양한 감각기관에서 생성되는 정보의 총체를 영리하게 이용하면 낮은 열량으로도 포만감을 느낄 수 있다. 옥스퍼드대학교에서 심리학을 가르치는 찰스 스펜스_{Chales Spence} 교수는 과체중 환자에게 '다양한 감각의 자극'을 활용하는 방법으로 큰 성공을 거뒀다. 그는 자신이 담당한 피보호자에게 시각적으로 예쁘고 다채롭게 장식한 음식을 제공했다. 실험에 참가한 환자는 일회용 플라스틱 용기에 담긴 요거트를 먹을 때보다 커다랗고 두꺼운 사기그릇에 담긴 요거트를 먹을 때 훨씬 천천히 음미했고, 빠르게 포만감을 느꼈다.

미국의 브리검영대학교의 마케팅 교수 제프 라슨Jeff Larson과 라이언 엘더Ryan Elder는 실험을 통해 또 다른 묘수를 발견했다. 이들은 실험 참가자에게 달고 짠 음식 사진을 여러 장 보여줬다. 처음에는 식욕이 올라왔지만, 사진을 너무 많이 본 참가자들은 입맛을 잃었고, 이후 제공한 소금 친 땅콩에 전혀 손을 대지 않았다. 시각적인 음미만으로도 림비가 실제 섭취와 동일한 자극을 받아 포만감을 느낀 것이다.

늦은 저녁 갑자기 티라미수 케이크나 초콜릿, 캔디 등을 먹고 싶은 강렬한 충동을 느낀다면 인터넷에 나오는 수많은 음식 사진으로 배를 채워보자! 그러면 음식 광고에서 실제 음식이 나오는 시간이 유독 짧은 이유를 이해하게 될 것이다. 소시지 빵 또는 카망베르 크루아상 사진을 10분간 들여다보면 림비는 보는 것만으로 충분히 배불러진다.

8. 후각을 적극 활용하라

후각 시스템은 림비가 가장 중요하고 차별화된 정보를 습득하는 통로다. 이와 관련해 미국의 생물학자 린다 벅Linda Buck과 리처드 액설Richard Axel은 2004년 노벨 생리의학상을 수상했는데, 그들은 코의 점막에 분포되어 있는 감각세포가 전구 모양의 림비 후뇌에 정보를 전달하는 메커니즘을 밝혀냈다.

림비는 후각 정보를 두 번 검증한다. 커피 향, 과일 향, 따뜻한 음식에서 피어오르는 연기 같은 경우, 숨을 들이마실 때 코 앞쪽

코 앞쪽

비후통로

미뢰

통로로 냄새 분자가 빨려 들어가 직접 후각세포에 전달된다. 또한 이미 입안에 있는 음식물의 정보를 날숨에서 나오는 냄새 분자를 통해 습득하기도 한다. 이 방법으로 파프리카, 카레, 바닐라, 체리 등 수천 가지의 향이 서로 뒤섞여 구체적인 맛을 형성한다.

림비의 후각신경구에는 어린 시절 느낀 감각에 대한 기억이 저장되어 있는 것으로 보인다. 음식에 대한 취향은 그곳에 축적된 경험에서 비롯된다. 할머니의 특제 머스터드소스를 곁들인 달걀 요리, 향긋한 냄새가 나던 크리스마스 케이크 또는 까탈스러웠던 마르타 고모의 끔찍한 콩 요리에 대한 기억이 좋아하는 음식과 편식을 만들어내는 것이다.

이런 림비의 특징도 식사하는 데 영리하게 활용할 수 있다. 네덜란드의 식품영양학자 르네 드 베이크Rene de Wijk는 음식이 후각을 강력하게 자극하면 포만감이 더 빠르게 든다는 사실을 발견했다. 요리할 때 파인애플, 레몬처럼 향미가 풍부한 과일을 사용하고 향신료와 허브를 추가해보자. 신선한 바질 잎, 고수, 카레는 림비가 좋아하는 동기 중추를 일깨운다. 그 결과 냄새가 별로 없는 죽을 먹을 때보다 "아, 행복해, 배부르다!"라는 신호가 빨리 나온다.

9. 요요현상이 꼭 나쁜 것만은 아니다

다이어트를 이야기할 때 빼놓을 수 없는 것이 바로 요요현상이다. 혹독한 다이어트로 살을 빼는 데 성공하더라도 식이요법을 그만두고 정상적인 식사를 시작하면 뱃살이 다시 원래대로 돌아온다. 그래서 요요현상을 피하기 위해선 식습관을 아예 바꿔야 한다고 주장하는 이들도 있다. 그러나 꼭 그래야 할까?

다이어트는 림비에게 성공의 맛을 보여준다. 어쨌거나 당신과 림비는 직접 수치로 확인하지 않았는가. 피부 아래 축적된 흐물흐물한 지방 덩어리는 어쩔 수 없는 자연의 섭리가 아니며, 의지적으로 계획을 세워 실행하면 충분히 제거할 수 있다는 사실을 두 눈으로 똑똑히 목격한 것이다. 다이어트가 끝나고 요요현상이 일어나도 대개 예전 수치만큼은 돌아가지 않으므로 다이어트를 주기적으로 실행하면 몸은 점차 개선된다.

10. 함께 식사하기

혹독한 다이어트를 해봤다면 식사할 때 느끼는 '사회적 압박'
이 뭔지 경험해봤을 것이다. 당신이 저지방 치즈를 숟가락으로 퍼
먹는 동안 함께 식사하는 동료의 접시에 놓인 황금빛 슈니첼과 바
삭바삭한 감자튀김 냄새가 당신의 코끝을 간질인다. 이런 상황은
연대감을 중시하는 림비에게 참으로 잔인한 시련이 아닐 수 없다.

이런 경우 동료들과 똑같은 음식을 먹고, 대신 절식하기로 타
협한다면 림비는 기꺼이 동참할 것이다. 함께 먹으면 더 맛있다고
하지 않던가. 이때 대뇌피질과 규칙을 몇 개 세우면 좋다. 주문한
음식이 나올 때 매너 있게 제일 마지막에 음식을 받고, 나눠 먹는
음식에서는 작은 조각을 선택해라. 그리고 가장 먼저 숟가락을 내
려놓아라. 더 먹으라는 주변의 청을 우아한 미소와 함께 이겨내야
한다. "나 이제 더 이상 먹으면 안 돼!" 같은 거창한 말을 하면 사

람들이 더 적극적으로 당신을 설득하려고 할 것이므로, 되도록 하지 마라.

림비와 뜻을 합해 음식에 관해서는 좀 더 이기적으로 생각하고 자신의 몸만을 고려하자. 남은 음식이 어떻게 될지 아예 생각도 하지 마라. 당신이 커다란 치즈 덩어리에서 얇은 한 조각만 접시에 담을 때 호스트가 어떻게 생각할지도 머릿속에서 지워버리자. 림비는 당신의 든든한 조력자다. 림비는 식탁에서 무조건 당신 편을 들어줄 것이다.

다른 사람과 함께하는 다이어트 프로그램도 도움이 된다. 늘 체중 측정으로 시작하는 모임에서, 지난번보다 몸무게가 줄어든 경험은 림비에게 아주 강력한 자극이 될 것이다.

매일 잠이 부족해서
피곤한 사람들에게

통계 수치로 보면 성인의 약 30퍼센트는 항상 수면 부족 상태라고 한다. 산업화된 국가의 평균 밤중 수면시간은 지난 30년간 무려 한 시간이나 감소했다. 림비와 대뇌피질은 늘상 이 문제로 다툰다. 림비는 조금 더 누워 있고 싶은 반면, 쌓여 있는 문명의 의무는 침대 옆에 놓인 작은 기계가 시끄럽게 울도록 만들고, 건강에 꼭 필요한 림비의 단잠을 깨워버린다.

만성피로에는 여러 가지 증상과 원인이 있다. 이제 다양한 증상과 그 예방법을 찬찬히 살펴보자.

증상 1. 시도 때도 없이 졸음이 쏟아진다

걷다 보면 가만히 서 있고 싶다. 서 있으면 앉고 싶고, 앉으면 눕고 싶다. 온몸에 힘이 없고, 생각도 잘 나지 않고, 머릿속이 그저 뿌옇기만 하다.

가능성 있는 원인: 충분히 잠을 자지 못해 일어난 현상이다. 아마 당신은 밤에 7시간도 숙면하지 못했을 것이다. 나폴레옹이나 알렉산더 폰 훔볼트Alexander von Humbolt가 하루에 4시간도 자지 않았다는 얘기를 들어본 적이 있을 것이다. 그러나 그 사람들은 매우 예외적인 경우다. 대다수는 규칙적으로 최소 7~9시간은 숙면해야 하고, 아마 당신도 여기에 속할 가능성이 높다.

충분히 숙면하지 못하면 당신의 대뇌피질은 저전력 모드가 된다. 복잡한 정보와 문맥을 잘 파악하지 못하고 장문의 글 읽기처럼 다소 피곤한 활동에 거부감을 느낀다. 밤 9시부터 림비는 잠을 유발하는 호르몬인 멜라토닌을 몸 전체에 분비하며 깊은 숙면에 들 준비를 한다. 이때 생기는 자연적인 피로감과 억지로 싸우려 들면 매우 힘들다. 만성두통이 생기고, 눈앞이 침침해지고, 다른 여러 불길한 증상들이 당신을 괴롭힌다. 그러나 이 모든 증상의 해결책은 아주 단순하다.

림비를 위해 당신이 해야 할 일: 잠을 더 자는 것을 넘어서 규칙적인 시간에 취침해야 한다. 한 주 내내 부족했던 잠을 주말에 몰아서 보충하려 해봤자 소용없다. 일주일 동안 비교적 비슷한 시간대에 취침하고 일어나야 림비가 멜라토닌을 몸에서 필요로 하는 만큼 충분히 생산한다. 일정한 시간에 취침하고 기상하는 패턴을 새로 만들면 림비가 이를 받아들이기까지 최소한 3주가 필요하다. 그 단계가 지나면 당신의 대뇌피질과 림비는 하루 종일 상쾌함을 느끼고, 신체도 가뿐해진다.

증상 2. 잠을 아무리 많이 자도 피곤하다

충분한 수면 시간을 확보해도 아침에 피로하고 몸에 힘이 없다.

가능성 있는 원인: 제대로 숙면을 취하지 못한 것이다. 만약 밤새 호흡기관이 막혔다면(무호흡) 깊이 숙면하지 못한다. 적혈구가 부족하면(빈혈) 산소 공급이 원활하지 않아 피로 회복이 어렵다. 비교적 흔한 갑상선기능저하증도 만성피로의 원인이 될 수 있다. 갑성선기능저하증의 증상으로는 탈모도 있는데, 대부분 겨드랑이부터 시작되기 때문에 초기에 발견하지 못한다.

림비를 위해 당신이 해야 할 일 : 병원에 가서 검진을 받자. 특히 피 검사를 꼭 해야 한다. 피로는 다양한 질병에서 나타나는 심각한 증상으로, 적절한 조치가 반드시 필요하다.

증상 3. 아무 의욕이 없고 피곤하기만 하다

예전에 좋아하던 일도 싫고, 그저 아무것도 하고 싶지 않다. 즐거웠던 기억도 이제는 무의미하고 정신적인 피로감에 만사 귀찮기만 하다. 어떤 사람은 이런 상태를 "어디 갇힌 것처럼 답답해" 또는 "힘이 하나도 없어"라고 표현한다.

가능성 있는 원인 : 스트레스 문제다. 직장에서 받는 압박, 지나치게 바쁜 일정, 배우자와의 불화, 경제적 걱정 등의 문제로 림비의 생화학 대사가 뒤죽박죽 엉켜버린 것이다. 그 결과 림비는 스트레스 호르몬인 코르티솔을 생성한다. 본래 코르티솔은 호랑이와 마주쳤을 때 사력을 다해 도망치는 단기간의 상황을 위한 호르몬이다. 그러나 코르티솔이 오랫동안 지속적으로 분비되면 다른 신경전달물질들과 엉키게 되고 문제가 발생한다. 동시에 림비는 당신에게 절실한 휴식을 위한 물질들도 마구 생성한다. 당신의 마음은 이리저리 밀려다니는 느낌이 들고, 막연한 걱정과 무의식적인 불만감에 사로잡힌다.

림비를 위해 당신이 해야 할 일 : 충분히 잠을 자야 하지만, 지나칠 정도로 침대에 칩거하지는 마라. 당신을 힘들게 하는 모든 의무로부터 잠시 해방되자. 재미있고 신나는 일을 하라. 친구와 수다를 떨고, 림비가 신선한 공기를 흠뻑 느끼도록 자전거를 타거나, 산책 또는 다른 여가 활동을 즐기자. 긍정적인 활동에 집중하는 즉시 림비의 스트레스 호르몬, 코르티솔의 수치도 낮아진다. 그렇게 일정 시간이 흐르면 신경전달물질은 다시 균형을 이루고, 당신은 깊은 숙면을 취하고 상쾌한 기분으로 일어날 수 있게 된다.

증상 4. 잠들기가 너무 힘들다

피곤에 지쳐 쓰러지듯 침대에 눕지만 잠은 전혀 오지 않고, 영겁같이 느껴지는 시간 동안 멀뚱멀뚱 누워만 있다. 오랫동안 이런 증상을 겪었다면 잠자리에 드는 시간 자체를 늦추고 있을 것이고, 수면 습관은 완전히 엉망이 되었을 것이다.

가능성 있는 원인: 이 경우는 좀 더 고차원적인 스트레스 때문이다. 당신은 아마 꽤 오랫동안 어떻게 해도 바뀌지 않는 일 또는 사람에 대한 고민을 달고 살았을 것이다. 정신적인 불면증으로 인해 림비는 뇌 전체를 상시 출동 대기 상태로 전환해놓았다. 그 과정에서 생성된 신경전달물질은 신체의 모든 감시체계를 주의 단계로 격상시켰다. 이런 상태는 지금 당신에게 가장 필요한 그것, 숙면도 훼방한다.

림비를 위해 당신이 해야 할 일: 강력한 신경 안정 프로그램을 처방하라. 취침하기 2시간 전부터 텔레비전 시청과 컴퓨터 사용을 자제하자. 빈칸을 채우는 수수께끼를 풀거나 소설을 읽고 아니면 차라리 가벼운 산책을 해보라. 침대에 누워서는 수면을 방해하는 근심 걱정이 떠오르지 않도록, 감정을 전혀 자극하지 않는 일을 하자. 예컨대, 300부터 시작해 3씩 빼는 계산을 해본다든지, 유로의 지폐와 동전 액수를 모두 더해보자. 또는 당신이 지금 달에 있으며 지구 주변을 공전하고 있다고 상상해보라. 그러다 보면 걱정에서 해방된 당신의 대뇌피질이 잠에 빠져들 확률이 높아진다.

마지막으로 림비를 잠들게 하는 최고의 묘책을 공개하려 한다. 웃을 이유가 없어도 많이 웃어라. 우리는 기분이 좋으면 웃는다. 이는 반대로도 적용된다. 아무리 애써 지어낸 웃음이더라도 긍정적인 영향을 미친다는 사실이 과학적으로 입증되었다. 다만 자발적인 웃음에만 국한된다는 전제 조건이 붙는다. 직장상사로부터 강요받은 웃음이나 고객을 사로잡으려는 영업용 미소는 효과가 없다.

밤에 잠자리에 들기 전, 불을 끄고 아무도 보는 사람이 없을 때 실행하는 것이 가장 좋다. 내 말을 믿고 진짜로 한번 시도해보라! 정말 효과가 있다. 처음에는 자기 자신이 정신 나간 사람처럼 느껴질 수 있겠지만 강제로라도 웃기 시작하면 얼마 지나지 않아 실제로 기분이 나아지는 걸 체감할 것이다. 그러고 나면 더 이상 과거의 문제나 내일에 대한 고민 따위를 떠올리지 않을 것이다.

웃음으로 기분이 좋아지는 이유는 림비와 다른 체성 부위 사이의 의사소통 때문이다. 앞에서 언급했듯이 이 소통은 체성 표지를 통해 작동한다. 림비는 기쁘면 특정 얼굴 근육을 수축시키고, 그러면 측두부 센서가 작동되어 대뇌피질에게 신호를 보낸다. "좀 쉬어! 기분 좋잖아! 경보 해제야, 이건 좋은 신호라고!"

꼭 밤까지 기다릴 필요는 없다. 아무도 쳐다보지 않는다면 지금 당장 시도해도 좋다. 물론 처음에는 당신의 이성이 그 광경을 의심스러운 눈초리로 주시할지도 모른다. 그렇지만 굴하지 않고 계속 웃다 보면 제아무리 통제의 아이콘이라 해도 대뇌피질이 결국 림비에게 주도권을 넘겨줄 것이다. 그 순간부터 분위기는 급변한다. 의도적인 웃음을 훈련한 덕분에 이제 당신은 자신의 기분을 글씨체나 테니스 서브처럼 스스로 조율할 수 있다.

뇌가 좋아하는
운동은 따로 있다

"몸을 더 많이 움직이세요!"

막연한 충고지만 모든 의사와 건강 관련 종사자가 늘상 반복하는 가장 기본적인 레퍼토리다. 새해마다 야심 차게 결심하는 '올해의 목표'에도 항상 빠지지 않는 항목이기도 하다. 우리에게 운동이 필요한 건 문명사회에 살고 있는 우리 인간들의 처지가 동물원의 동물들과 비슷하기 때문이다. 안전한 울타리 안에서 세심한 관리를 받으며 살기 때문에 우리는 위험한 야생에 사는 동물보다 기대 수명이 훨씬 길다. 편리한 환경에서 생활하다 보니 목숨을 지킬 걱정 없이 게으름에 빠질 시간도 충분하다. 그렇지만 사실 인간의 몸은 이런 나태한 생존 방식에 적합하지 않다.

"새는 날고, 물고기는 헤엄치고, 사람은 달린다." 체코의 마라톤 선수이자 올림픽 5연패를 달성한 에밀 자토펙Emil Zatopek 은 마라톤 선수가 된 이유를 묻는 질문에 이렇게 답했다. 인간은 움직여야 하는 동물로, 그런 성향은 림비의 행동양식에 깊숙이 각인되어 있다. 사람은 매우 긴 구간을 튼튼한 두 다리로 이동할 수 있으며, 최근 200년을 제외한 수천 년간 그렇게 진화해왔다. 그때까지는 림비에게 딱히 다른 대안이 없었지만 철도와 자동차가 발명되면서 몸을 혹사시키지 않고도 이동할 수 있는 수단이 등장했다. 림비가 이런 교통수단을 택한다고 누가 탓할 수 있겠는가?

아마도 당신은(그러니까 당신의 대뇌피질은) 건강하게 살려고 하는데, 편안함만 추구하는 림비가 말썽을 부린다고 생각할 것이다. 그러나 그 생각은 틀렸다! 사실 림비는 전혀 게으르지 않다. 오히려 림비는 당신에게 무병장수를 보장하는 건강한 운동 프로그램을 처방하고 싶어 한다. 그렇지만 이런 건설적인 림비의 의지는 자동차나 텔레비전 리모컨처럼 편리한 발명품 앞에 금방 꺾이고 만다.

만약 지금까지 모든 걸 림비 탓으로 돌렸다면, 어서 림비에게 사과하라. 그리고 머리와 마음을, 이성과 감정을 총동원해, 많이 움직이는 정상적인 일상을 만들려면 어찌해야 할지 고심해보라. 사실 그리 어렵지 않다.

이제 일상적인 운동을 방해하는 흔한 꾀임들을 살펴보고 이를 림비 그리고 대뇌피질과 함께 이겨내는 유용한 팁을 함께 살펴보자.

변명 1. "나는 운동이랑은 안 맞는 것 같아."

좋은 주장이다. 운동은 건강하려고 하는 것이기 때문에 운동이 건강하지 않다고 느낀다면 계속할 이유가 없다. 그러나 운동이 불편한 원인은 대부분 매우 단순하다. 자신의 허용치를 넘어서 너무 과하게 운동을 했기 때문이다. 많은 사람이 건강한 몸을 만들어보겠다고 굳게 결심하고는 "피하지방을 모조리 태워버리자! 오랫동안 아무 운동도 하지 않았지만 이번만큼은 한번 제대로 해보겠어!"라고 외치며 몸을 지나치게 몰아붙인다. 조깅을 한 후 모든 뼈마디가 쑤시고, 잔근육까지 경련이 일어난다면 전부 과도한 운동 탓이다. 중세시대 의학계의 슈퍼스타 파라셀수스Paracelsus는 "모든 것은 독이다. 사용량의 문제일 뿐이다"라는 명언을 남겼다.

독일의 스포츠학자 도미닉 샴네Dominik Schammne는 취미로 운동하는 사람들의 95퍼센트가 무리하게 운동을 한다고 주장했다. 운동이란 자고로 즐길 수 있어야 한다. 그래야 림비도 열정적으로 동참한다!

해결책: 여태껏 자신에게 맞지 않는 운동을 선택했을지도 모른다. 어떤 림비는 달리기는 싫어하고 자전거 타기는 좋아하지만, 또 다른 림비는 정반대일 수 있다. 만약 당신의 림비가 지금하고 있는 운동을 그다지 반기지 않는다면 종목을 변경해보라. 수영, 헬스클럽, 테니스, 골프, 탁구, 등산 등 새로운 운동을 시도해보자. 중요한 건 당신이 어떻게든 운동을 한다는 사실이다!

변명 2. "날씨가 이렇게 나쁜데 밖에 나가라고? 너무 가혹해!"

"날씨가 궂은 날은 없다. 단지 옷차림새가 적절하지 못할 뿐"이라는 똑똑한 말을 들어본 적이 있는가? 다른 겁쟁이들이 집에 콕 박혀 텔레비전이나 보고 있는 동안 당신만 악천후 속에서도 멋지게 운동하는 모습을 상상하며 림비를 설득해보자.

해결책: 운동이 끝난 후 온몸을 휘감을 개운함을 떠올리며 동기를 부여하라. 운동 이후의 상쾌한 샤워를 연상하면 얼마나 신이 나는가! 그런 상상만으로도 보상과 동기를 담당하는 측좌핵은 행복의 신경물질, 세로토닌과 도파민을 생성한다. 이런 효

과는 아침 일찍 자전거를 타거나 조깅을 할 때 가장 크다. 아침에 운동을 하고 나면 그날 하루 종일 날씨가 좋지 않더라도 당신의 기분을 망치지 못한다. 오히려 찌뿌둥했던 몸이 상쾌해지며 활기찬 하루를 보낼 수 있다.

변명 3. "운동을 너무 자주 빼먹었으니, 이제 소용없을 거야."

말도 안 되는 핑계다! 운동은 어떤 식으로든 항상 득이 된다. 일단 한번 시작하면 림비는 운동을 계속하고 싶어 한다. 스포츠 스타들조차 운동 루틴이 무너질 때가 있지만, 그렇다고 절대 포기해서는 안 된다.

해결책: 운동을 다시 시작할 최고의 적기는 바로 지금이다! 당신이 운동을 멈추게 된 사연이 무엇이든지 간에 운동을 재개하는 건 언제라도 가능하다. 무리하지 않고 가볍게 몸을 움직이면 림비와 대뇌피질에게도 충분히 동기부여가 될 것이다.

변명 4. "운동할 이유가 없어. 1그램도 안 빠지잖아!"

사람들은 종종 운동과 다이어트를 혼동하는 오류를 범한다. 이 두 가지가 꼭 동시에 일어나는 것은 아니다. 때로는 지방을 태우는 데 필요한 근육을 먼저 충분히 만들어야 한다. 때로는 체중 감량에 속도가 붙기 전에 일시적인 정체 현상이 일어나기도 한다. 그러니 중도에 운동을 그만두지 말고 하던 대로 계속하라! 몸에 대해 인내심을 가져라. 당신의 똥배도 하루아침에 생기진 않았지 않은가!

해결책: 그러나 림비에게는 6개월이나 1년 후에 몸무게가 확 줄어들 것이라는 전망이 별로 설득력이 없다. 림비는 대체로 지금 당장 여기서 가시적인 성과를 원하고, 힘들게 운동한 보상을 바로 받고 싶어 한다. "분명 오늘 운동했는데, 체중계에 왜 아무런 변화가 없지? 이렇게 열심히 한다 해도 아무 소용이 없군." 림비는 성급하게 결론을 내릴 것이다.

그렇기에 운동을 포기하지 않고 계속하려면 당신의 대뇌피질이 도와야 한다. 림비에게 체중 감량 외에 생긴 장점을 구체적으로 알려주자. 두 층을 계단으로 올라가도 예전만큼 숨이 차지 않고, 움직임이 훨씬 민첩해졌으며, 특히 신발 끈을 묶을 때그 변화를 체감한다. 기분도 상쾌하고, 어쩌면 벌써 누군가가변화된 당신의 외모에 대해 칭찬했을지도 모른다.

시중에 있는 수많은 피트니스 팔찌와 운동 관련 어플들을 적절히 이용하면 림비의 호기심을 자극하고 운동을 꾸준히 하는 데큰 도움이 된다. 설정한 목표치를 달성하면 팔찌는 밝게 반짝이고, 어플들은 당신의 운동량을 추적해 뱃지 등으로 보상을 주곤한다.

당신이 대형빌딩에서 일한다면, 근무시간 동안에도 사무실 안을 돌아다니면서 생각보다 많은 운동을 할 수 있다. 무료 만보기 어플을 스마트폰에 설치하자. 그것만으로도 매일 만 보를 걷는 데 충분한 동기가 생긴다.

변명 5. "운동할 시간이 없어."

이는 대뇌피질의 참으로 경솔한 발언이 아닐 수 없다. 다시 한 번만 생각해보면 명백히 잘못되었다는 것을 깨달을 것이다. 하루에 단 10분만 걸어도 기분이 훨씬 상쾌해지고, 긴장감과 피로감이 줄어들어 다른 일도 훨씬 의욕적으로 하게 되기 때문에 오히려 시간을 아끼게 된다. 마찬가지로 "업무 때문에 운동할 여유가 영 없어"라는 말도 핑계다. 림비가 운동에 흥미를 느껴서 당신이 좀 더 기분 좋게 일하고, 병가도 거의 내지 않고, 장기적으로 업무에서 더 좋은 성과를 낸다면 당신의 상사와 고객은 무척 좋아할 것이다.

해결책: 잠깐 짬을 내는 가벼운 운동은 언제든 가능하다! 하루에 10분이라도 운동하면 아예 하지 않는 것보다 훨씬 낫다. 지금 당장 책을 덮고 단 10분이라도 밖에 나갔다 오라. 신체를 단련하는 고정된 시간이 있을 필요는 없다. 일상에서 틈날 때마다 운동하면 되고, 그리 많은 시간을 투자하지 않아도 된다.

언제 어디서나 할 수 있는
초간단 운동

독일의 운동선수 출신 헬스트레이너 게르트 폰 쿤하르트Gert von Kunhardt는 누구나 일상에서 쉽게 실천할 수 있는 아주 간단한 운동법을 고안했다.

직장인들은 대부분 앉아서 일한다. 책상 앞, 회의실, 휴게실, 식당, 차 안 또는 지하철 등에서 늘상 앉아 있다. 이렇게 앉아 있는 시간에 '아이소메트릭 운동isometric exercise', 즉 '등척성운동(等尺性運動)'을 해보자. 5~10초간 근육을 수축시켰다 이완시키면 된다. 그러면 다른 사람의 이목을 끌지 않고도 위축된 근육을 풀어줄 수 있다.

예컨대, 회의실에서 팔을 몸에 붙이고 10초간 강하게 힘을 줬다 풀어보자. 바닥에서 발바닥을 약 1센티미터 정도 들었다가 내려놔라. 당신이 앉아 있는 의자를 온 힘을 다해서 바닥으로 밀었다가 힘을 풀어보자. 이와 비슷한 방식으로 당신 앞의 책상도 활용해보자. 림비와 함께 간단한 운동법을 하나하나 발견하다 보면 림비는 다음번 회의에 한결 즐겁게 참석할 수 있을 것이다.

　대기 시간도 이런 식으로 운동하며 즐겁게 보낼 수 있다. 슈퍼마켓이나 마트 계산대에서 줄을 서야 한다면 괄약근을 힘껏 조여보자. 하지 혈관에 좋은 '정맥 펌프 운동'을 할 기회는 사방에 널려 있다. 당신의 발가락을 바닥에서 가능한 한 높게 들어보자. 발가락을 다시 바닥에 내리고 이번에는 발꿈치를 최대한 높이 들어 까치발로 서보라.

우리 몸 안에는
비밀 약국이 있다

누구나 한 번쯤은 돌진하듯 계단을 뛰어오른 뒤 옆구리를 찌르는 고통에 난간을 움켜쥐고 가쁜 숨을 헐떡였던 쓸쓸한 기억이 있을 것이다. 내 몸은 왜 이렇게 상태가 안 좋을까! 허리를 구부릴 때마다 느껴지는 통증, 아침마다 찾아오는 두통, 지하철을 타려고 조금만 빨리 뛰면 생기는 폐의 압박감, 삐걱거리는 관절은 왜 이렇게 당신을 괴롭히는 걸까?

많은 사람이 자신의 몸을 길들여야 하는 반항적인 동물로 여긴다. 이제 당신은 이런 생각이 어디에서 비롯된 건지 알고 있다. 실제로 당신 뇌의 중심부에는 동물적이고 원시적인 힘인 림비가 존재한다. 림비와 신체는 따로 떼어놓을 수 없을 정도로 긴밀하다. 한편 그 자신도 신체의 일부분인 대뇌피질은 그 어떤 생명체도 지니지 못한 특별한 능력이 있다. 마치 제3자처럼 몸 상태를 파악하고 판단을 내릴 수 있는 것이다. 두통으로 괴로워할 때마다 대뇌피질은 치료법을 고심해 다음 날은 그런 고통을 다시 겪지 않도록 예방책을 강구한다. 그러나 대뇌피질의 그 어떤 이성적인 해결책보다도 림비와의 협동이 더 효과적인 치료제일 수 있다.

림비에게 대항하지 말고 함께 협력해야 한다는 생각을 내게 처음 갖게 해준 사람은 독일의 유명한 말 조련사 몬티 로버츠Monty Roberts다. 어린 시절의 로버츠는 체벌과 무력을 사용해 억압적으로 야생마를 길들이던 여느 카우보이들과 똑같았다. 그러다 어느 순간 말들이 섬세한 몸짓으로 서로 의사소통한다는 사실을 알아차렸고, 말의 언어를 습득한다면 동물과 인간이 조화롭게 협력할 수 있으리라고 생각했다. 그렇게 로버츠는 매우 거친 야생마조차 단 30분 안에 온화하게 길들일 수 있는 사람이 되었다.

림비도 마찬가지다. 림비에게 무조건 명령만 내릴 것이 아니라 주의 깊게 그 내면을 들여다보자. 당신이 몸에 지속적으로 던지는 메시지가 무엇인지 한번 점검해보라. "난 왜 이렇게 뚱뚱할까?", "발이 너무 차", "허리가 아파", "눈이 너무 피로해", "진통제가 필요해", "내 코가 너무 싫어" 같은 말이 아닌가?

어느 한 실험에서 참가자들에게 자신의 몸에 대해 떠오르는 생각들을 간략하게 써보라고 했다. 참가자들은 자신이 자기 몸에 대해 부정적인 생각을 얼마나 많이 하는지 깨닫고 깜짝 놀랐다. 몸은 자신에게 너무나 필수적이고, 자기와 가장 밀접한 존재인데 말이다!

신체에 보내는 메시지는 몸이 아플 때 가장 적나라하게 드러나고, 동시에 이때 가장 중요하다. 신체의 일부가 고통을 느끼면 통증 수용기는 림비에게 경고 신호를 보내고, 림비는 그 신호를 신속하게 뇌의 나머지 부위에 전달해 적절한 조치를 취하도록 한다. 예를 들어 뜨거운 냄비에서 서둘러 손을 떼기, 허리의 통증을 완화하기 위해 자세 바꾸기, 지끈거리는 두통을 없애기 위해 일찍 잠들기처럼 말이다.

통증이라는 주제에서 림비와 협력하기란 단순히 일상의 습관을 조금 바꾸는 것과는 차원이 다르다. 삶을 송두리째 재구성하고 완전히 새로운 원칙을 도입하는 것이다.

Tip
아픈 몸에게 격려와 칭찬을 아끼지 마라

림비가 당신의 신체를 대표해 전하고자 하는 말을, 애정을 담아 주의 깊게 들어보자. 그리고 림비와 몸에게 격려와 칭찬을 아끼지 마라. 비록 지금 몸 상태가 보잘것없다고 느껴져도 당신의 신체에게 고마운 점을 말해보라. 팔뚝 살이 처지고 근력도 떨어져 전혀 마음에 들지 않는 팔일지라도, 그 팔로 멋지게 운전을 하지 않는가. 좀 더 높았으면, 좀 더 곧았으면 싶고, 콧물이나 이물질로 항상 가득 차서 당신을 괴롭히는 코지만 그 코 덕분에 음식의 향긋한 냄새를 즐긴다. 수년간 통증이 끊이지 않는 오른쪽 무릎이지만 그간 당신의 몸을 지탱하며 멋진 야외 활동을 가능하게 했고, 지금도 극심한 통증에도 불구하고 꿋꿋이 당신을 떠받치고 있다!

　말을 조련하듯이 당신의 몸을 격려하라. "좋아, 팔아! 잘하고
있어, 내 코야! 아주 훌륭해, 무릎아!" 터무니없다는 생각이 들더
라도 그냥 한번 믿고 해보기를 권한다. 그 효과는 굉장할 것이다.
신체의 한 부위가 유독 아프다면 그 부위를 사랑하는 사람처럼 대
해보라. 물론 처음에는 그렇게 하기가 힘들다. 아파서 데굴데굴
굴러다니고 있는 상황이라면 그 통증의 근원인 허리가 끔찍할 수
밖에 없다. 그러나 통증 세미나에 참가한 환자들은 자신에게 지독
한 고통을 안겨준 신체 부위에게 살면서 처음으로 애정을 느끼는
순간, 감격에 벅차올라 눈물을 흘리곤 한다. 심장마비를 겪었던
환자들은 재활병원에서 손을 가슴 위에 올려놓고 심장박동을 느
끼며 심장이 그들을 위해 쉬지 않고 여전히 뛰고 있음에 감사하는
법을 배우곤 한다. 이런 훈련은 금연이나 절주에도 도움이 된다.

아플 때는 몸이 쌩쌩했던 순간들을 떠올려보라. 미칠 것 같은 요통이 당신을 괴롭힌다면 허리 통증이 없었던 때를 떠올리며 곧 그런 날이 다시 올 거라 생각하자. 물론 실천하기 힘든 지침이라는 것을 안다. 그러나 이런 생각은 림비의 보물 상자를 열고 우리 몸에 잠들어 있는 신비한 힘을 깨울 수 있다. 실제로 뇌졸중 환자 중에 몸에 대한 긍정적인 기억을 떠올려 마비를 극복한 사례가 있다. 통증 그 자체와 통증에 대한 공포는 서로 관련이 깊다. 그렇기 때문에 플라세보 효과placebo effect라는 믿을 수 없을 정도로 놀라운 현상이 효과를 보이는 것이다.

림비와 플라세보 효과

통증의 강도는 림비의 예상치에 따라 달라진다. 치과에 간 경험을 떠올려보라. 치료 의자에 누워 온몸이 뻣뻣해질 정도로 긴장하며 송곳처럼 찌르는 치통이 당신을 휘감기를 기다렸을 것이다. 이런 상황에서는 어떤 일이 벌어질까? 림비는 통증의 역치를 낮추고 예전이라면 느끼지도 못했을 미세한 접촉에도 강렬하게 반응한다.

- 운동선수는 이와 정반대의 효과를 경험한다. 우승이라는 목표에만 온 정신을 집중하면 강렬한 통증도 잠시 잊어버리고 고통을 가뿐히 극복한다. 축구선수가 파울을 당해 바닥에 쓰러져 있다가도 금방 다시 일어나 공을 향해 달려가고 상대편과 몸싸움을 벌이는 것을 종종 봤을 것이다. 그의 림비는 더 원대한 목표에 동조해 그 순간의 통증보다 목표를 우선시한 것이다. 측정을 해보면 이런 식의 생각은 실제로 고통을 완화한다. 고통을 감지하는 신체의 센서는 림비에게 모든 신호를 전달할 뿐이고, 림비가 '미세한 통증'과 '참을 수 없을 정도로 절대적인 통증' 사이에서 그 정도를 결정하기 때문이다.

- 플라세보 효과의 비밀은 그 이름에 숨어 있다. 플라세보는 '마음에 들다'라는 라틴어 동사의 일인칭 미래형이다. 즉, '내 마음에 들 것이다' 또는 '괜찮을 것 같다'라는 뜻을 내포한다. 앞으로 생길 일을 정신적으로 대비하는 미래 지향적인 성향이다. 이런 생각들은 실제로

고통을 줄여주는 효능을 보인다.

• 플라세보 효과는 아무런 성분이 들어 있지 않은 가짜 알약으로도 힘을 발휘하지만, 사람이나 상황으로도 같은 효력을 낼 수 있다. 친절하고 능력도 있는 치과의사가 통증 없이 치료할 거라고 당신이 굳게 믿으면, 림비가 예상하는 통증 수치가 낮아진다. 이 효과는 단순한 상상이 아니다. 뇌를 측정해보면 통증수용체가 보낸 신호에 대한 뇌의 평가가 달라지는 것을 확인할 수 있다.

• 스톡홀름의 카롤린스카 연구소에서 시행한 실험에서 참가자들은 검사 장비 안에 들어가 섭씨 48도의 뜨거운 금속판을 만졌다. 연구진은 그 순간 그들의 정맥에 진통제를 놓을 거라 설명했다. 그러나 한 무리의 사람들에게는 진짜 진통제를 썼고, 다른 사람들에게는 말

로만 진통제를 줬다. 뇌에는 진통제 투입을 알리는 특정 부위가 있는데, 놀랍게도 두 실험군 모두 해당 뇌 부위가 활성화되었다. 그러니까 진통제를 기대했지만 실제로 얻지 못한 뇌는 스스로 치료제를 생성한 것이다!

- 다른 실험에서 입증한 놀라운 이론이 또 하나 있다. 고통 중에 있는 사람이 타인의 애정 어린 격려와 포옹을 받으면 그의 림비가 오피오이드를 생성한다. 즉 림비는 자신만의 약국을 갖고 있는 셈이다!

- 하버드대학교의 심리학자 엘렌 랭어Ellen Langer는 어느 한 호텔에서 일하는 청소부들을 연구했다. 그녀는 조사 대상 중 한 집단에게 그들이 하는 일이 등 근육 건강에 도움이 된다고 말해줬다. 한 달 후, 해당 정보를 듣지 못한 다른 동료들에 비해 이 집단은 등에 통증을 호소하는 경우가 현저히 낮았다.

- 당신이 느끼는 통증의 정도는 림비의 기대치에 달려 있다. 림비는 신체의 고통을 완화할 수도, 반대로 증폭할 수도 있다. 자신의 집에 낯선 장비를 설치한 사람들에게 몸에 이상은 없는지 물어보면 아마 대다수가 설비를 설치한 뒤로 만성두통, 메스꺼움, 우울증 증세가 생겼다고 답할 것이다. 게다가 그 장비가 아직 널리 상용화되지 않은 상품이라면 그런 반응은 훨씬 심해진다! 플라세보 효과의 이런 부정적인 경우를 전문용어로 노세보nocebo(라틴어로 '다치게 될 것이다'란 뜻이다)라고 한다.

후각 훈련으로 얻게 되는
의외의 유익

　림비가 움직이는 모습을 이 책에 그대로 담아내지 못하는 것이 참으로 아쉽다. 그럴 수 있었다면 림비가 항상 킁킁 냄새를 맡고 다닌다는 것을 당신이 단번에 알아챘을 텐데 말이다. 쥐나 토끼, 햄스터처럼, 림비의 코는 최대한 많은 공기 입자를 후각기관으로 받아들이려고 끊임없이 움직인다.

　장미 한 다발, 넘쳐흐른 우유, 그릴 위에서 지글대는 스테이크, 깨끗하게 세탁된 이불, 제대로 씻지 않아 냄새를 풍기는 지하철 안 옆자리 사람, 냄새는 어디에나 있다. 어떤 향은 음미할 수 있지만, 또 다른 향은 메스꺼움에 코를 움켜쥐게 된다.

　냄새를 맡을 때 당신의 감정에 주의를 기울여보라. 감성적으로 '중성'인 냄새는 거의 없다. 편안하거나 불편한, 쾌적하거나 고약한, 매혹적이거나 끔찍한 냄새만이 존재한다. 물론 전부 림비 때문이다. 코에서 림비까지 닿는 신경의 길이는 그 어떤 감각기관의

208

통로보다도 짧기에 림비는 냄새에 특히 예민하게 반응한다.

당신의 비점막에는 약 500만 개의 후각세포가 분포하고 있다. 이 센서들은 자물쇠와 열쇠처럼 작동해, 각 센서는 특정 분자에만 반응한다. 낙산, 사향, 바닐라 등 다양한 향기에 각각 다른 수용기들이 특화되어 있는 것이다. 뇌는 이런 다양한 냄새 신호를 혼합해 복합적인 냄새의 기억을 완성시킨다.

개는 약 2억 개 이상의 후각세포를 지녔고 인간의 후각보다 무려 백만 배나 섬세한 판별이 가능하다. 그렇지만 부러워할 필요는 없다. 인간의 후각도 당신이 필요한 만큼은 제 역할을 완벽하게 다하기 때문이다.

 Tip 내 이미지를 결정하는 향기의 중요성

후각은 짝을 찾을 때도 매우 결정적인 역할을 한다. 남성은 대체로 아름다운 외모와 편안한 냄새를 지닌 여성들과 맺어지려 노력한다. 향에 관한 한 실험은 흥미로운 현상을 입증했다. 핑크자몽과 꽃 계열의 향을 젊고 날씬한 여성에게서 처음 맡은 남성은

그보다 나이가 많고, 살집이 있는 여성이 동일한 향수를 뿌렸을 때 실제보다 약 6킬로그램 이상 날씬하고, 6년 이상 젊게 봤다. 반대로 여성이 무겁고 강한 향수를 뿌리자 실제 나이보다 훨씬 더 높은 연령대로 인식했다.

여성의 경우 림비의 후각은 짝을 고를 때 KO패를 가르는 결정적인 기준이 된다. 체취가 고약한 남성은 아무리 다른 조건들이 매력적이어도 소용이 없다.

배우자나 오랜 친구 등, 솔직하고 가감 없이 당신의 체취에 대해 직언할 수 있는 사람에게 조언을 구하라. 반대로 당신 주변의 누군가에게서 불쾌한 냄새가 난다면, 조심스레 말을 건네보자. 때로는 과도하게 뿌린 향수가 지독하게 느껴질 수도 있다. 그러나 정작 그 사람은 전혀 눈치도 채지 못한 채 왜 다른 사람들이 자기를 피하는지 궁금해했을지도 모른다.

후각은 가장 강력한 기억 촉매제다

기억을 담당하는 해마에게 향기 분자는 매우 중요한 역할을 한다. 기억은 좋거나 나쁜 냄새가 동반될 때 뇌의 저장소에 가장 확실하게 닻을 내린다. 이런 현상을 '프루스트 효과proust effect'라고 부른다. 프랑스의 시인이자 소설가인 마르셀 프루스트Marcel Proust는 자신의 유명한 저서(그러나 읽기에는 다소 어려운)《잃어버린 시간을 찾아서》에서 카스텔라 케이크나 보리수 꽃차의 향을 맡으면 자신의 어린 시절이 떠오른다고 묘사했다.

후뇌가 지닌 엄청난 기억력을 체험해보라. 화장품 가게에서 베이비파우더, 베이비로션 등 어린 시절 주로 맡았던 향기를 다시 한번 맡아보라. 어떤 사람들은 자녀가 어렸을 때를 떠올리고, 어떤 사람들은 자기 자신의 어린 시절을 상기하기도 한다.

향기와 관련된 자신만의 연대기를 써보자. 자신이 기억하는 향기에 관한 경험을 한 문장 한 문장 적어보라. 처음에는 한참을 고민해야 할지도 모른다. 그러나 장담하건대, 조금만 시간이 흐르면 기억이 용솟음칠 것이다. 후각에 관한 림비의 기억력은 굉장하다!

후각의 즐거움을 적극적으로 누려라

마트에 들어서자마자 보이는 곳에 갓 구운 빵이 가득한 가게가 있는 이유를 알고 있는가? 사탕 가게가 사람들이 걸어 다니는 통로에 달달한 아니스 향을 풍기는 이유는? 식초처럼 강렬한 냄새를 맡고 난 뒤 당신의 코는 냄새를 제대로 인식하는가?

전문가들은 독일인의 3~5퍼센트가 후각 기능을 완전히 상실한, 후각소실anosmia 상태라고 봤다. 약 20퍼센트는 일종의 후각 장애를 겪고 있으며, 특히 고령층에서 두드러졌다. 또한 감기나 알레르기로 인해 후각을 일시적으로 잃었다가, 병이 낫고 나서도 후각은 돌아오지 않는 경우도 종종 있다.

HNO쾰른대학병원의 미하엘 담Michael Damm 교수는 수년간의 연구를 통해서 훈련으로 후각을 회복할 수 있다는 사실을 발견했다. 심각한 후각 장애를 앓았던 환자의 약 3분의 1이 몇 개월간의 후각 훈련을 받은 후 정상적인 후각을 되찾았는데, 훈련 중의 자극

이 새로운 후각세포의 성장을 촉진했으리라 추측된다. 그러나 2년 이상 후각에 문제가 있었다면 훈련으로도 개선하기 어렵다. 50대 이상의 남성은 후각 능력이 여성보다 더 많이 소실되므로 남성의 림비라면 더 적극적으로 후각을 단련해야 한다.

Tip 후각을 단련하는 단순하고 확실한 방법

각각 다른 향유를 최소 네 가지 이상 준비하라. 정향, 레몬, 계피, 라벤더, 유칼립투스, 장미 등의 향을 마련하는 것이다. 매일 아침저녁으로 각 병에서 나는 냄새를 몇 분간 깊이 들이마셔라. 이때 향기는 림비의 기억에 강렬하게 각인될 정도로 뚜렷하고 풍부해야 한다.

이 훈련에 더해, 향기를 '공부'하면 더욱 좋다. 아침마다 향수, 세제 또는 그와 유사한 것들의 냄새를 맡고 그날 온종일 그 냄새를 기억하려고 노력해보라. 그렇게 연습하다 보면 훨씬 더 다양한 향기를 구분하고, 그 내용물을 분석하고 표현할 수 있게 된다. 이런 훈련으로 대뇌피질과 림비 사이의 연결이 개선된다.

기억은
향기를 남긴다

난 내가 특별히 후각이 발달했다고 생각하지 않는다. 그렇지만 이 책을 집필하는 동안 향기와 얽힌 기억이 얼마나 많이 떠오르는지, 정말 놀라웠다.

아버지는 내가 일곱 살 때 돌아가셨다. 아버지를 떠올릴 때 연상되는 기억 중 하나는 아버지가 면도 후에 바르시던 로션의 향이었다. 십 대가 되어 드디어 솜털 같은 수염이 나자 나는 곧바로 그 로션을 구매했지만, 깊이 실망하고 말았다. 그 사이 생산자가 향기를 '업그레이드'하면서 내가 기억하던 것과는 미묘하게 다른 향이 되어버렸기 때문이다. 그렇게 그 안에 깃든 마법은 안타깝게도 사라져버렸다.

향으로 인한 실망은 그 이후로도 종종 겪었다. 내가 어릴 적 쓰던 사인펜은 강렬하고 독특한 냄새가 났다. 그러나 그 톡 쏘는 냄새가 유해하다고 밝혀지면서 판매가 금지되었다. 나는 그 해로운 사인펜의 냄새가 그리워질 것 같아 판매가 중단되기 직전 몇 자루를 사서 보관했던 기억이 있다.

어렸을 때 난 차에 타는 걸 유난히 싫어했는데, 차 내부에서 풍기는 플라스틱 냄새에 속이 울렁거렸기 때문이다. 그래서 처음으로 고급 승용차를 탔을 때 그 안의 쾌적한 냄새에 깜짝 놀랐던 기억이 선명히 남아 있다. 오늘날 남자들은 대부분 코끝에 맴도는 '신차'의 향기를 최고로 친다. 자동차 산업이 이 부문에서 매우 크게 발전한 것이다.

당신이 술을 마시는가
술이 당신을 마시는가

내 아들은 미국 오클라호마에서 대학을 다녔는데, 학우들이 총기 소지에 대해 매우 열린 시각을 가진 것을 보고 경악을 금치 못했다. 반면 미국 학생들은 내 아들에게 옥토버페스트에 대해 듣고 몹시 놀라워했다. 중독성이 있는 마약이나 다름없는 술을 그토록 긍정적으로 대한다는 사실에 그들은 큰 문화적 충격을 받았다. 이처럼 사람은 각자 생각이 다르다. 누군가는 총기를 소지하는 걸 당연한 권리로 생각하는 반면, 다른 누군가는 공공장소에서 언제라도 다량의 알코올을 섭취할 자유가 당연하다고 생각한다.

정신 나간 소리처럼 들리겠지만, 통계적으로만 본다면 총기 소지에 관한 유럽인의 염려보다는 술에 관한 미국인의 우려가 훨씬 정당하다. 전쟁을 제외하면 전 세계에서 연간 약 20만 명의 사람들이 총기 사건으로 목숨을 잃는 반면, 알코올 섭취로 인한 사망은 동일한 기간 내에 무려 250만 명에 이르기 때문이다. 이 무시무시한 통계에 논리적인 결함이 있다고 생각할 수도 있다. 그러나 미국에서도 당연히 알코올 소비가 이뤄지고, 동일한 결과가 일어난다. 게다가 음주와 총기 사고 수치는 서로 연관되어 있다. 대다수의 강력 범죄가 만취 상태에서 일어나기 때문이다.

　알코올은 독이다. 어렸을 때 술을 마시면 기침하며 뱉어버릴 것이다. 그러나 나이가 들면서 림비는 문화적 훈련을 받아서 술이 맛있다고 느끼게 된다. 게다가 이 독의 기분 좋은 부작용을 즐기기까지 한다. 알코올은 신체를 억제하는 신경전달물질의 효능을 증진한다. 따라서 생각과 신체 움직임이 차분해지고 느려진다. 처음에는 '점점 취하는' 그 기분이 너무나 황홀하게 느껴진다. 그러나 알코올은 림비가 고심해서 구축해놓은 신경전달물질 체계를 뒤죽박죽으로 만든다. 따라서 술을 마신 다음 날에는 숙취, 피로감, 갈증 등 알코올로 인한 부작용이 생긴다. 그 후로 몸을 잘 관리하고 돌보면 림비의 전달물질은 곧 균형을 잡는다.

그러나 주기적으로 만취 상태까지 술을 마시거나 또는 술을 마신 다음 날에도 또 음주를 감행한다면 림비는 몸을 달래는 전달물질의 분비를 억제해버리고, 체내 시스템은 균형이 무너지고 만다. 이는 끔찍한 신체적, 정신적 몰락을 초래하는데, 최대한 빨리 그만둬야 하는 악습관이다.

알코올 섭취는 다른 기타 습관처럼 작동한다. 림비에 한번 습관으로 입력되고 나면 이를 끊어버리기가 아주 어렵다. 따라서 술을 즐기는 일은 조심해야 한다. 이는 모두가 이론적으로는 아는 사실이다. 그러나 당신도 미처 의식하지 못한 채 과도한 알코올 섭취와 중독 상태에 빠질 수 있다. 언제든 그럴 수 있는 환경에서 살고 있기 때문이다. 그렇기 때문에 자신의 음주 습관을 정기적으로 점검할 필요가 있다.

Tip 일정한 금주 기간을 정해서 지켜봐라

약 4주간 금주하는 기간을 스스로 설정해보자. 금지는 림비에게 투우에서 흔드는 붉은 천이나 다름없기 때문에 금지령이 내려지는 순간부디 림비는 청개구리처럼 어떻게 해서든지 금지된 것을 하려고 온갖 요령을 부린다. 그러니 금주 기간 동안 술을 맛보는 날을 두 번만 허락하자. 생일파티나 고급 와인이 마련되어 있는 저녁 식사처럼 특별한 날 이 찬스를 사용하면 된다. 그렇지만 이때 림비에게 딱 한 잔만을 허용하라. 만약 4주 동안 두 번이 부족하다 느끼거나 금주 기간을 지키기가 너무 어렵다면 이는 문제가 있다는 경고음과 같다.

림비는 습관이 앞으로도 지속되는 것을 매우 선호한다. 그게 아무리 어리석은 습관이더라도 말이다. 창의적이고 날카로운 정신으로 무장한 당신의 대뇌피질로 그런 림비를 이겨내라. 당장 오늘부터 텔레비전을 시청할 때 맥주 대신 탄산수를 대령하라!

 ### 한 달 동안 자신의 음주 습관을 진지하게 점검하라

스트레스를 받을 때마다, 용기가 필요하거나 무언가를 잊고 싶을 때마다 반복적으로 술을 마시는가? 술이 당신의 분노와 좌절을 모두 씻어버리기를 바란 적이 있는가? 첫 잔을 마시면 잔에서 손을 놓기가 어려운가? 술을 따르는 첫 순간부터 술이 비어버리면 어떡하나 걱정하는가?

그렇다면 당신의 음주 습관을 면밀히 검사해봐야 할 때가 온 것이다. 당신을 괴롭게 하는 걱정과 근심을 해결하는 데 술은 전혀 도움이 되지 못한다. 개인적인 문제든 직장 문제든, 당신이 술병을 잡게 하는 근본적인 원인을 똑바로 직시하고 올바른 해결책을 강구하라. 만약 술 자체가 문제라면 전문 기관의 도움을 받아야 한다.

당신은 하루에 술을 얼마나 마시고 있는가? 하이델베르크대학교의 간장병 학자 헬무트 자이츠Helmut Seitz 교수는 간질환을 일으킬 수 있는 하루 알코올 양의 의학적 경계가 여성의 경우 20그램, 남성의 경우 40그램이라고 밝혔다. 일반적으로 500밀리미터 맥주 한 컵에는 약 19그램, 250밀리미터 와인 한 잔에는 약 22그램의 알코올이 함유되어 있다. 이 경계에 얼마나 자주, 얼마나 가까이 근접하고 있는가? 술을 마시지 않는 날이 일주일에 이틀 이상인가?

퇴근 후 잠들기 전 위스키 한 잔, 텔레비전 시청 시 맥주 한 잔처럼 자연스럽게 술을 찾게 되는 습관을 점검해보는 것도 매우 중요하다. 대형 주류 기업이 당신이 자주 시청하는 축구 경기 중계방송을 후원한다고 해서 꼭 그 맥주를 마셔야 하는 건 아니다! 술문제에 관해서는 대뇌피질이 조절하지 않으면 림비가 종종 이성을 잃어버린다.

대체 음료를 마셔라

당신의 림비가 술을 별로 좋아하지 않는다면 참 다행이다! 앞으로도 그렇게 술을 멀리하라. 당신의 몸은 알코올 없이도 최상의 컨디션을 유지할 수 있다. 뜻깊은 날이나 행사에서 당신에게 권해지는 샴페인 한 잔을 매너 있게 거절하고 그 옆에 놓인 주스나 탄산음료를 집는 걸 부끄러워하지 마라. 무료 주류가 제공되는 행사에 초대받았을 때도 과감히 물이나 사과주스를 마시자. 다른 사람들의 채근에 당신의 신념을 포기하는 불상사는 없어야 한다. 무엇을 얼마나 마실지에 대한 결정권은 오로지 당신에게 있다!

거나하게 취한 사람들로부터 계속 야유를 받는 게 싫다면 무알콜 맥주를 선택하라. 술자리에서 겪는 사회적 압박은 흡연에 비하면 손쉽게 피할 수 있다. 바텐더에게 독한 칵테일과 향과 색이 비슷하면서도 맛있는 무알콜 칵테일을 만들어달라고 주문하라.

지금 당장 니코틴의 족쇄에서
탈출하는 법

정지!

잠시 독서를 멈추고
검사 좀 하겠습니다!

만일 당신이 비흡연자라면 이 파트는 읽지 않고 뒷장으로 바로 넘어가도 좋다(흡연자에 비해 당신의 삶이 얼마나 윤택한지 실감하고 싶다면 읽어보라). 또한 흡연자라 해도 단 한 번도 금연을 생각한 적이 없고 앞으로도 그럴 계획조차 없다면, 역시 이 파트를 과감히 넘겨도 좋다. 그러나 금연에 성공해서 비흡연자 대열에 합류하려는 의사가 조금이라도 있다면(설문조사에 따르면 전체 흡연자의 90퍼센트가 금연을 희망한다고 대답했다) 이 글은 당신과 당신의 림비에게 좋은 기회가 될 것이다.

흡연자의 예상 수명은 비흡연자에 비해 약 3~8년 짧다. 폐암의 90퍼센트, 관상동맥으로 인한 심장질환의 33퍼센트는 흡연에서 비롯된다. 그뿐 아니라 흡연은 모든 다른 질병의 가능성을 높이고 고통의 강도도 증폭시킨다. 평생 담배를 피운 흡연자의 절반은 흡연으로 인해 사망한다. 96세까지 줄담배를 피우던 전 독일 총리 헬무트 슈미트Helmut Schmidt 또는 담배를 피운 지 단 1년 만에 폐암에 걸려 사망한 어느 한 십 대처럼 극단적인 예외도 있지만, 확률적으로 비흡연이 당신의 건강에 더 도움이 될 것은 확실하다.

언제든 금연은 현명한 선택이다. 이미 장기간 흡연을 했다 하더라도 말이다. 환경오염, 전자파, 교통사고, 운동 부족, 지방 과다 복용도 흡연에 비하면 사망 원인 순위의 하위권에 속한다. 유럽 전역에 흡연에서 비롯된 질병으로 사망하는 인구는 연간 50만 명에 달한다.

그러나 이런 정보와 지식은 사실 금연에 별다른 도움이 안 된다. 가장 큰 문제는 바로 림비의 애정으로 굳어버린 습관, 그 자체다. 당신이 림비를 설득해서 림비가 흡연의 달콤한 순간을 영원히 포기하기로 다짐해야만 금연에 성공할 수 있다.

담배에 들어 있는 니코틴은 아주 위험한 신경독소다. 그런 담배에 몸이 적응하는 것은 꽤나 힘든 일이었을 것이다. 기억을 더듬어보라. 처음에 담배를 피웠을 때 림비는 연기와 미세먼지가 뒤섞인 씁쓸한 맛을 들이키며 터져 나오는 강한 기침에 몹시 괴로워했을 것이다. 그 거부반응을 극복하고 가까스로 폐까지 들이마시는 데 성공하면 폐포에 도달한 니코틴의 독성이 구토, 두통, 어지러움을 유발했을 것이다. 흡연을 막 시작한 초보자는 이 불쾌한 부작용을 덮기 위해 음주 등 다른 활동으로 신경을 돌린다. 어떤 식이든, 림비가 니코틴에 익숙해지려면 몇 주가 걸린다.

니코틴은 흡입 후 약 16초 안에 뇌에 당도하는데, 이는 그 어떤 알약, 주입보다 흡수율이 빠른 것이다. 니코틴은 뇌에서 니코틴을 받아들이는 아세티콜린수용체Acetycholine receptor에 정착하는데, 이 수용체는 림비 안에서 보상과 동기를 맡고 있는 측좌핵에도 있다. 그곳에 다다른 니코틴은 행복한 감정을 일으키는 도파민 분비를 활성화하고, 코카인, 암페타민 등의 마약류와 유사한 효과를 일으킨다. 붕 뜨는 듯한 강렬한 기분과 함께 림비는 흡연의 부작용에 대한 생각은 저 멀리 던져버린다.

이로써 끊임없이 반복되는 니코틴의 악순환이 시작된다. 담배는 손가락을 망치로 내려치면서 그 직전에 진통제를 주는 기계와 같다. 이 기계의 상단에는 붉은 버튼이 있다. 진통제의 효력이 서서히 사라지고 손가락의 통증이 느껴지면 버튼을 누르고 싶어진다. 진통제가 들어오니 좀 살 만하다고 느끼는 찰나에 탕! 망치가 내려친다. 그래도 진통제 덕분에 그리 아프지 않다고 생각하

며 통각이 회복될 때 또 버튼으로 손을 뻗는 악순환이 끝없이 반복된다.

인위적인 쾌락에 중독된 림비가 스스로를 제어하는 건 굉장히 어렵다. 아무리 고통스러워도 림비는 쾌락의 자극을 또 다시 찾는다. 희소식은 우리 인간에게 이성적이고 강력한 대뇌피질이 있다는 것이다. 그렇지만 앞서 살펴봤듯이 어떤 방식이든 림비를 몰아붙이고 억압하는 건 별로 도움이 안 된다. 대뇌피질만으로는 니코틴 섭취를 바라는 림비의 격렬한 요구를 이겨내기 힘들다. 이 책의 근본적인 철칙을 떠올려보라. 림비에게 대항하려 하지 말고 림비와 함께 협력하라. 그러면 금연도 가능하다.

우선 흡연을 배울 때 얼마나 고통스러웠는지를 떠올리며 림비를 당신의 편으로 만들어라. "림비야, 그때 니코틴으로부터 나를 지키려고 얼마나 노력했는지, 니코틴을 받아들이기까지 얼마나 오랫동안 괴로웠는지 기억나니? 이제 다 끝이야. 예전의 모습으로 돌아와도 돼. 물론 한동안 불편할 수도 있어. 그렇지만 우리는 함께 이겨낼 거야. 그러면 우리는 다시 드림팀이 되는 거야." 금연 결심에 림비가 강력한 지원군이 될 거란 사실을 믿어도 좋다. 림비는 신경에 독이나 다름없는 니코틴으로부터 해방되려고 무엇이든 할 것이다.

니코틴은 아주 날쌘 독이다. 15분 내에 온몸에 확산되지만 2시간이 흐르면 절반 정도가 몸 밖으로 배출된다. 따라서 체내 니코틴 농도를 유지하려면 매시간 담배 한 개비씩을 펴야 한다. 순한 담배로 대체한다고 해서 절대 금연에 성공할 수 없다. 순한 만큼 니코틴을 체내 깊숙이 빨아들일 것이기 때문이다.

그러다가 니코틴 섭취를 중단하면 몸에 얼마나 해로울까? 답은 놀랄 정도로 명쾌하다. 전혀 해롭지 않다! 하룻밤이면 체내 니코틴 농도가 비흡연자와 유사한 수치로 감소하지만, 아무리 골초라도 그로 인해 잠에서 깨지는 않는다. 줄담배를 피우던 골초가 대륙을 횡단하는 비행기 안에서 14시간 동안 억지로 금연을 하게 되더라도 몸에는 아무런 문제가 없다. 심리적으로 불안해지고 그 무엇도 제대로 즐기지 못하겠지만, 몸은 괜찮다.

금연의 고통은 마약 끊기에 비하면 아무것도 아니다. 고통이 동반되는 것도 아니고, 땀이 비 오듯 흐르지도 않고, 소리 지르며 날뛸 정도의 발작도 없고, 그 외에 설사, 습진, 코피, 가려움 등 기타 부작용도 생기지 않는다. 금연할 때 느끼는 건 그저 가벼운 공허함과 약간의 불안감이 전부다. 일부는 경미한 우울증으로 이런 현상을 설명하기도 하는데, 사실 이 모든 증상을 흡연자들은 수천 번도 더 겪었다. 매번 또 다른 담배 한 개비로 진정시켰을 뿐이다.

금단현상을 완화하는 데 니코틴패치, 전자담배 또는 약물주사 등의 보조수단이 도움이 될까? 하루에 한 갑을 피우던 흡연자가 일주일에 한 개비, 한 달에 한 개비로 줄여나가는 것은 어떨까? 빠르게 자주 소비하던 담배에서 천천히 향을 음미하는 물담배로 바꾼다면? 니코틴의 악마 같은 악순환을 생각하면, 이 모든 건 근본적인 해결책이 될 수 없다.

완충 기간이나 보조수단 없이도 충분히 금연에 성공할 수 있다. 그냥 오늘부터 흡연을 중단하라. 금연에 익숙해지는 동안 직장에서 받는 스트레스를 최소화하는 것이 도움이 된다. 그러려면 무엇보다 주변의 배려가 중요하다. 주변에서 모두가 담배를 연신 피워대면 금연을 견지하기 극도로 힘들어지겠지만, 그렇다고 꼭 불가능한 것만은 아니다. 간접흡연만으로는 니코틴의 악순환이 다시 시작되기 위해 필요한 니코틴 함량을 채우지 못하기 때문이다.

불쾌한 금단현상은 시간이 흐르면 모두 사라진다. 이는 금연에 성공한 기존 흡연자들이 입증한 사실이다. 길어도 두 달이 지나면 수면장애, 우울감, 소화불량을 포함해 담배로 인한 불편함이 전부 사라진다. 그 이후에도 컨디션이 좋지 못하다면 그건 니코틴 금단으로 생긴 현상이 아니다.

비흡연자로 새롭게 태어나면 담배 대신 새로운 즐거움을 알게 될 것이다. 대표적으로 미각의 회복이 있다. 금연에 성공한 사람들은 금연 후 음식을 먹을 때 느끼는 환상적인 맛에 감탄을 금치 못한다고 한다. 음식 맛이 예전보다 훨씬 좋다! 거실 벽을 5년마다 새로 도배하지 않아도 된다니 이 또한 생각지도 못한 큰 기쁨이다. 게다가 인맥도 훨씬 다양하게 넓힐 수 있다. 담배를 피우며 나누던 재미있는 대화를 이제 티타임 또는 커피타임에서 즐겨보자.

그냥 이렇게!

★ 림비가 전하는 핵심 포인트 ★

- 고열량을 대체하는 다른 음식들을 활용하면 림비도 덜 단 입맛을 갖게 된다.
- 시각이나 후각 등 모든 감각을 동원하면 포만감을 빨리 느낄 수 있다.
- 규칙적인 수면 루틴을 만들어야 한다. 잠들기 전엔 화면을 멀리하는 것, 스트레스 푸는 활동을 하는 것, 일부러라도 웃어보는 것 등이 도움이 된다.
- 운동은 나에게 맞는 종목을, 적정한 강도로, 매일 짧게라도 해야 한다.
- 운동 후의 뿌듯함을 상기하고, 어플 등을 활용하면 림비에게 동기부여가 된다.
- 통증이 느껴지는 신체에 애정을 가지면 림비가 플라세보 효과를 발휘할 것이다.
- 적정량을 넘은 습관적 음주는 독이다. 일정 기간 금주하며 스스로 점검해보자.
- 니코틴에 중독되면 림비는 계속 다음 담배를 원하지만, 단숨에 금연을 해도 두 달 안에 림비는 별 문제 없이 적응할 것이다.

림비 모드

이건 냄새가 어떻죠?

떠오르는 향들을 적어보자.
그에 어울리는 형용사를 적거나 그림을 그려보자.

나만의
향기 앨범

어떤 생각이 떠오르나요?

특정 냄새를 맡으면 어떤 기억이 떠오르는가?
생각나는 상황과 감정을 적어보자.

림비를 즐겁게 하는 향기 앨범

후각만큼 림비에게 직통으로 전달되는 감각은 없다. 그러나 많은 사람이 후각도 훈련할 수 있다는 중요한 사실을 모르고 있다. 여기 후각 훈련을 위한 간단한 가이드를 준다. 성실한 림비라면 이 페이지를 여러 장 복사해 나만의 향기 앨범을 만들 것이다.

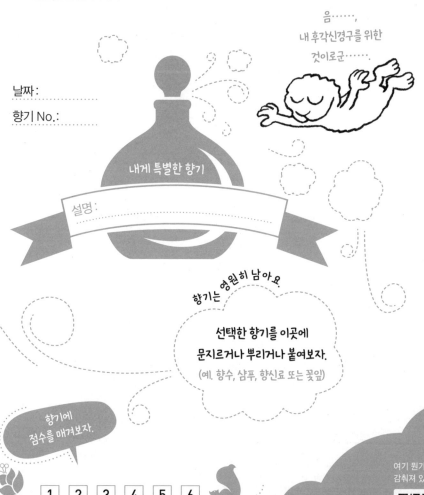

음……,
내 후각신경구를 위한
것이로군……

날짜 :

향기 No.:

내게 특별한 향기

설명 :

향기는 영원히 남아요

선택한 향기를 이곳에
문지르거나 뿌리거나 붙여보자.
(예. 향수, 샴푸, 향신료 또는 꽃잎)

향기에
점수를 매겨보자.

| 1 | 2 | 3 | 4 | 5 | 6 |

여기 뭔가
감춰져 있어요!

이 페이지의 고해상도 이미지 파일을 다운받을 수 있습니다.

5장

림비와
관계

지금까지 당신의 림비와 협력해 삶의 질을 개선할 수 있는 방법을 살펴봤다. 그러나 이 세상에는 당신의 림비만 있는 것이 아니다. 우리는 수많은 타인의 림비들과 교류하며 살고 있다. 일상적인 대화를 나누거나 격한 토론을 벌일 때, 누군가에게 도움을 요청할 때, 직장에서 동료들과 협업을 할 때 등, 모든 순간에 림비들은 결정적인 역할을 하고 있다. 당신의 림비와 타인의 림비가 사이좋게 지낼 수 있는 방법을 터득하면, 삶이 한결 즐거워질 것이다.

인간관계에서 림비가
꼭 필요한 이유

우리는 언제나 어디에서나 타인과 관계를 맺는다. 인간의 삶은 낯선 사람, 고객, 판매원, 선생님, 상사, 동료, 지인, 친구, 부모, 아이 등 사람들과의 수많은 대화로 가득하다.

대화를 하다 보면 "좀 더 객관적으로 보자" 또는 "감정 좀 가라 앉혀!" 같은 말이 나오는 상황이 종종 생긴다. 투자 상담, 보험 계약 또는 학문적 토론처럼 사실관계를 확인할 때 특히 그런 말을 자주 사용한다. 그렇지만 배우자와 서로의 입장을 설명할 때나 사랑스러운 아이와 생활 규칙을 정할 때도("왜 이렇게 일찍 집에 와야 해요?") 이런 말들이 쓰인다. 그러나 카너먼이 관련 지식으로 노벨 경제학상을 타서 입증했듯이, 인간이 완전히 객관적이 되는 것은 불가능하다. 우리 안에 항상 림비가 있기 때문이다.

림비를 배제하려고 한다면 어떻게 될까? 이 책을 여기까지 읽었다면 예상할 수 있겠지만, 좋은 결과가 나오지 못할 것이다. 상

대가 자신의 림비를 억제하고 있다는 걸 느끼는 순간 당신의 림비
는 분노한다. 이는 포유류의 뇌가 지닌 아주 멋지고 친밀한 연대
감이라 할 수 있다.

감정을 있는 그대로 받아들여라

온전히 객관적인 대화는 이 세상에 없다. 그러니 애초에 감정
이입을 막으려는 시도조차 하지 마라. 즐겁거나, 신나거나, 화가
나거나, 짜증이 치밀거나, 생각만 해도 복통이 생기거나 또는 두
려움이 이는 일이 있을 때도 그 감정을 그대로 받아들여라. 우리
가 나누는 대화 속에는 객관성과 주관성, 사실과 추측, 정확성과
모호함, 대뇌피질과 림비, 이런 두 면모가 항상 공존한다.

업무적으로 사람을 만날 때는 특히나 자신의 림비를 어딘가에 묶어두어 그 일로부터 떼어내려고 한다. 제발 그러지 마라! 감정은 인생이란 수프에 들어가는 소금이고, 사업관계의 결속력을 굳건하게 만들어주는 아교다. 계약 체결 시 서명하는 건 비록 림비가 아니라 해도(원시시대부터 존재한 작은 포유류인 림비는 아마도 글씨를 전혀 쓰지 못할 것이다), 체결 전까지 검토하고 의논하는 과정에서 서로에 대한 신뢰를 쌓는 데 결정적인 역할을 하는 것이 바로 림비이기 때문이다. 이것저것 재고 따지는 태도는 대뇌피질에서 나오지만, 결정을 내리는 데 필요한 용기와 과감성은 림비에게서 나온다.

그렇다고 감정이 흐르는 대로 다 표출하라는 뜻은 아니다. 몇십 년 전 림비를 독재자로 옹립하려던 사람들이 이처럼 주장하기도 했었다. 그들은 감정이란 아름다운 자연의 섭리이며 항상 옳기 때문에 다른 정신적 고민과 기능은 모두 쓸데없다고 역설했다. 이 주장은 대척점에 있는 다른 주장만큼이나 잘못되었다. '객관적인 입장을 고수하기'와 '마음 내키는 대로 결정하기' 두 극단 중 하나에 속할 필요는 없다. 이 두 가지 관점을 동시에 가지고 있는 것이 현명하고 원만한 관계의 열쇠다.

관계 맺기가 어려운
당신을 위한 조언

사람의 림비는 모두 제각각이다. 낯선 이들을 대하는 것이 아주 자연스럽고 편안한 사람도 있는 반면, 모르는 사람에게 전화를 거는 것만으로도 어쩔 줄 몰라 하며 허둥지둥하는 사람도 있다. 수천 년간 이런 림비의 차이를 분류해보려는 시도가 있었다. 이런 성향은 선천적인 영향이 클 것이다. 그러나 후천적 노력으로 상당히 바뀌는 것도 가능하다.

당신의 림비가 어느 쪽에 속하든지, 모든 림비는 누군가를 만났을 때 그 사람이 좋은지 싫은지 번개 같은 속도로 결정한다. 마찬가지로 현재 상황에서 낯선 모든 것이 경계 대상인지 아니면 처음 보는 사람도 신뢰할 수 있는지도 눈 깜짝할 새에 판단한다. 이런 신속함은 분명 림비의 강점이지만, 동시에 단점이기도 하다.

매우 전형적인 상황을 예로 들어보겠다. 당신이 새로운 팀에 들어가거나, 처음 가보는 회의나 파티에 참석했다고 해보자. 당신을 제외한 사람들이 모두 아주 오랫동안 알고 지낸 사이처럼 친밀해 보인다. 림비는 당황하며 수많은 걱정을 순식간에 떠올린다. '아무도 날 마음에 들어 하지 않으면 어쩌지? 내가 말실수라도 하면 어쩌지? 누구라도 나랑 얘기할 사람이 있긴 할까? 저기 한 사람이 날 이상한 표정으로 쳐다보는 것 같아. 아, 저 사람, 분명 아는 사람인데 이름이 떠오르지 않아!'

기억도 잘 나지 않고, 말문이 막히는 등 림비가 이런 신체적 표지들을 나타내면 대뇌피질의 도움이 필요하다는 뜻이다. 같은 공간에 있는 사람들의 까칠한 반응을 두려워하는 림비의 공포와 걱정은 대부분 전혀 근거가 없다. 그렇지만 그 객관적인 사실은 적대적인 환경에 나 홀로 뚝 떨어진 것만 같은 순간에는 별로 도움이 되지 않는다. 이럴 때 당신 머릿속 드림팀이 제대로 일을 하기 위해서는 사전 작업이 필요하다.

Tip 타인을 대하는 내 모습을 객관적으로 확인하라

내면에 이는 감정과 외부로 표출되는 태도가 일치하지 않는 경우는 셀 수 없이 많다. 부끄러움을 많이 타고 낯선 사람을 만날 때 속에서 거의 발작을 일으키는 림비를 소유한 사람이 겉으로 보기에는 거만해 보이기도 한다. 새로운 만남을 즐기는 축복받은 림비는 타인을 환대하고 친절하게 대하지만, 그 모습이 누군가에게는 가식이나 오지랖으로 보일 수도 있다.

좋은 친구가 왜 있겠는가? 친구에게 당신의 모습이 어떤지 솔직하고 가감 없이 말해달라고 부탁하라. 그를 통해서 당신의 림비가 정말 어떻게 비치는지 확인할 수 있다.

스스로 자기 모습을 냉정하게 관찰하는 방법도 있다. 당신의 모습을 녹화해 영상으로 확인해보라. 어색한 제스처나 '아', '어' 등의 추임새, 말 더듬는 모습 등을 직시하라. 일상에서는 그런 모습을 보기 힘드니 훈련이나 세미나 등을 활용하는 것이 좋다. 더불어 화면을 통해 주변 사람들의 반응도 확인할 수 있다. 당신의 어떤 모습에 반응이 좋은가? 반대로 반응이 별로 안 좋은 때는 언제인가? 화면에 비치는 당신의 표정은 긴장되어 보이는가 아니면 여유로워 보이는가? 주변 사람과 시선을 맞추는가? 어느 한 공간을 멍하니 바라보고 있지는 않은가? 당신의 몸짓이나 자세는 어떤가? 자신감 없이 의기소침해 보이는가? 여유롭고 확신이 있어 보이는가? 거들먹거리거나 공격적으로 보이지는 않는가?

불친절해 보이거나, 냉담해 보이거나, 불안해 보이거나, 오만해 보이는 등 자신의 감정과 전혀 다른 모습이 보인다면 당신은 림비를 좀 더 훈련해야 한다. 림비와 미리 약속하라. "다음에 누군가와 대화할 때는 의식적으로 실제 기분보다 조금 더 크게 반응해서 자주 웃어주자. 다음에는 의식적으로 조금 더 조용히 또는 크게, 조금 더 느리게 또는 빠르게, 제스처를 조금 줄여서 또는 더 섞어서, 좀 더 침착하게 또는 열정적으로 얘기하는 거야." '의식적'이란 건 자신의 표정과 행동을 전부 림비에게 맡겨두지 않고 대뇌피질이 개입한다는 뜻이다. 처음에는 인위적이고 어색하다고 느낄 수도 있지만, 연습을 하면 당신의 림비도 익숙해질 것이다. 의식적으로 말하면서 청중의 반응을 살펴라. 몇 번 해보고 나면 어떤 식으로 말하고 행동하는 것이 좋거나 나쁜지 깨닫게 된다. 이렇게 스스로 관찰하고 의식적으로 노력하며 어느 정도 시간이 지나면, 그 모습이 이제 당신의 자연스러운 모습이 될 것이다.

Tip 친화력도 훈련할 수 있다!

낯선 사람과 대화하는 것을 일상에서 연습해보자. 슈퍼마켓의 계산대에서 일하는 직원에게 한 100번은 수다를 떨었던 사이처럼 입가에 미소를 띠며 인사를 건네라. 레스토랑에서 주문받는 직원과도 마치 단골손님인 듯 짧은 대화를 나눠보자.

당신의 림비에게 너무 어려운 일인가? 그렇다면 조금 더 시간을 투자해서 체계적으로 단골 관계를 구축하라. 앞으로 몇 달 동안은 같은 슈퍼마켓을 이용하자. 같은 레스토랑을 규칙적으로 방문하고, 주유소도 한 곳을 지정해 주유하고, 지하철을 탈 때도 동일한 입구로 탑승하라. 그곳에서 반복적으로 만나는 사람들과 몇 마디만 나누면 된다. 그렇게 하다 보면 림비가 낯선 사람에게 느끼는 불편함이 점차 감소할 것이다. 이렇게 당신 림비만의 친화력 훈련을 하는 것이다. 당신이 편안하게 느끼는 공간에서 림비는 신뢰를 훈련할 수 있다.

모르는 사람들로 가득한 공간에 들어설 때, 몇 명의 낯선 이에게 마치 아는 사람인 듯한 눈빛을 보내는 것도 훌륭한 친목 기술이다. 그에게 당당히 다가가 단골 고객, 옆집 사람, 학창시절 동창인 것처럼 반갑게 인사해라. "나 기억 못 하겠어?" 같은 말을 던지며 거짓말을 하라는 것은 절대 아니다. 핵심은 다른 림비를 만날 때 당신의 림비가 먼저 마음을 열고 다가서는 그 태도다.

상대는 그런 환대에 당황할 수도 있겠지만 그렇다고 불친절하게 반응하는 경우는 거의 없다. 아마 그 순간 그의 머리는 빠르게 회전하고 있을 것이다. '내가 이 사람을 어떻게 알더라?' 어쨌든 그 사람은 당신에게 더 살갑게 행동할 것이다. 그렇게 만남은 새로운 국면을 맞이한다.

대뇌피질의 개입은 소심한 림비에게만 도움이 되는 것이 아니다. 반대의 경우에도 해당할 수 있다. 만약 당신이 다혈질로 정평이 나 있고 좀 더 차분해지고자 노력 중이라면, 이런 경우에도 대뇌피질과 림비의 협동이 필요하다. 대화 중에 짜증이나 화가 치밀어도 절대 그 기색을 드러내지 말자고 림비와 다짐하라. 오히려 편안한 모습을 보이고, 당신이 반쯤 동의하는 의견 하나를 골라 그 화자를 칭찬하라. 가식을 떨라는 것이 아니다. 그저 전투태세를 갖추려는 림비의 주의를 평화로운 쪽으로 돌리는 것뿐이다.

이 기술을 신경심리학에서는 '재평가'라고 부른다. 대뇌피질은 직접적으로 림비를 통제하거나, 몰고 가거나, 억압하지는 못하지만 현실의 다른 양상을 보여줄 수는 있다. 이 경우에는 부정적인 감정이 드는 사람들로부터 어느 정도 호감이 있는 사람들에게로 림비의 시선을 돌려놓는 것이다. 이렇게 하면 림비의 짜증을 유발하는 잠재적 상황을 줄이고, 같은 공간 안에 있는 긍정적인 면에 집중하게 만들 수 있다.

한편 기억할 것은, 사람에 대한 림비의 의견은 사실이 아닐 때도 많다는 것이다. 그 공간 안에 있는 모든 사람이 적대적이라는 림비의 생각은 완전히 주관적이다. 재평가를 통해 당신은 보다 객관적인 진실에 근접할 수 있다. 그 공간에 있는 사람들은 당신의 림비에 대항하려는 마음이 전혀 없다.

그렇게 재평가를 하고 나면 사람들은 놀라며 당신이 평소와 180도 달라졌다고 생각할 것이다. '이쯤 되면 화가 나서 날뛰거나 싸움이 일어났을 텐데 오늘은 다르네?' 그렇게 알에서 한번 깨어나면 모두와 화목하게 지낼 수 있을 것이다.

위기 상황을 타파하는
'재평가' 훈련

재평가의 효력은 자동차제조업체나 레이싱클럽 등에서 알려주는 안전 운전 훈련에서도 확인할 수 있다. 이런 프로그램에서는 위험한 상황에서 안전하게 운전하는 방법을 가르친다. 가령 미끄러운 도로에서 자동차가 도로를 이탈해 커다란 나무를 향해 돌진하는 상황을 상상해보라. 보통 공포에 휩쓸려 온 시선을 앞에 있는 나무에만 고정한다. 그렇게 급박한 상황에서는 대뇌피질이 모든 가능성을 파악하고 판단을 내릴 시간이 없다.

위기 상황은 림비의 전문 분야다. 먼 옛날부터 내려오는 본능으로 무장한 림비는 생명을 위협하는 돌발 상황이 닥쳤을 때 신속한 결정을 내리는 것이 특기다. 그렇지만 림비가 발달하던 시대는 시속 100킬로미터로 달리는 자동차가 개발되기 한참 전이다. 따라서 마구 미끄러지고 있는 차를 림비 혼자서 감당하기는 역부족이다. 신피질과 림비가 함께 협력해야만 지혜로운 해결책을 모색할 수 있다.

전문가들은 안전교육에서 재차 강조한다. "위급 시 나무만 주시하지 말고 주변 공간을 보며 시야를 확보하십시오!" 전문가들은 이 훈련을 '빈 곳 찾기'라고 부른다. 심각한 스트레스를 받는 상황이 닥치면 림비는 당신의 시선이 향하는 곳으로 그대로 직진한다. 따라서 논리적으로 상황을 분석하는 대뇌피질의 재난프로그램을 미리 머릿속에 입력시켜놔야 한다. "최악의 상황이 발생하면, 그 상황에만 몰두하지 말고 차선의 해결책이라도 강구해야만 해."

그러니 다른 '더 좋은 빈 곳'이 없는지까지는 따지지 마라. 위기의 때에 재평가 시스템이 바로 나올 수 있도록 훈련해, 당황한 상태에서도 나무에서 빈 곳으로 스포트라이트를 돌릴 수 있어야 한다.

마찬가지로 안개 속에서 노루나 사람이 갑자기 나올 때도 그 찰나에 노루나 사람의 옆 공간으로 시선을 돌려라. 한 청년은 이 훈련으로 사람의 목숨을 구했다고 내게 말했다.

　'빈 곳 찾기' 원칙은 자동차 사고에만 국한되지 않는다. 나쁜 일과 직면했을 때, 그 문제만 보지 말고 해결책을 바라보자. 이는 그저 막연하게 좋은 생각이 아니라 실제로 인생의 질을 눈에 띄게 개선해주는 비법이다.

　환자가 자신이 걸린 질병에 집착하지 않고, 나으려는 마음가짐으로 치료에 응할 때 완치될 확률이 높아진다고 의사들은 보고했다. 그러나 안타깝게도 현대의학은 주로 이와 역방향으로 흘러간다. 심각한 질병의 소견이 나오면 그 순간부터 의사에서 간호사까지, 치료를 맡고 있는 사람들 전부가 질환에 초점을 맞춰 얘기한다. 환자 자신도 질병에 관한 서적이나 인터넷 정보를 찾는 데만 온통 마음을 쏟는다. 물론 당연한 일이고 충분히 이해도 간다. 그러나 일정 단계가 지나면 이미 벌어진 문제보다는 내면에 깃든 긍정적인 잠재력에 대해서 깊이 생각해보길 권한다. 아무리 심각한 질병에 걸려도 우리의 내면에는 그것을 이겨낼 삶의 의지가 분명히 존재한다. 물론 온갖 두려움과 걱정 가운데 재평가를 하기는 여간 힘든 일이 아니다. 그러나 시도해볼 만한 가치가 충분하다. 림비가 지닌 힘과 대뇌피질이 지닌 지혜가 어우러지면 때로는 기적이 일어난다.

신체언어로 상대의 마음을 읽을 수 있다

모르는 사람을 만나면 림비는 첫인상으로 그 사람을 평가하려 한다. 이는 상대의 림비도 마찬가지다. 이때 림비가 사람을 평가하는 중요한 척도 중 하나는 단연 신체다. 그 분야에서 림비는 전문가나 다름없다. 그 남자 또는 여자의 외모는 어떤가? 어떤 냄새를 풍기는가? 목소리는? 몸짓이나 태도는 어떤가?

우리의 신피질은 그런 림비의 성향을 오래전부터 꿰고 있기 때문에 신체적 언어를 활용해 영향력을 행사하려고 시도한다. 그래서 사람들은 자신의 외모와 향기, 어투, 움직임까지 모두 주의를 기울인다. 여기서는 특별히 마지막 항목, 3차원에서의 관절 배열에 대해 살펴보고자 한다. 사람은 어느 정도는 의도적으로 신체언어를 표출할 수 있고, 상대가 신체로 하는 말을 "들을" 수 있다. 이런 신체언어는 난감한 상황일 때 더욱 유용하다.

대화할 때 딱히 할 말이 없어도 가끔씩 입을 벌리자. 그렇게 하면 경추근육과 뇌에 긴장이 풀어진다. 입술을 살짝 만지면서 입을 벌리면 자연스러워 보일 것이다.

팔과 손을 움직일 공간을 확보해서 강조하고 싶은 말에는 제스처를 적절히 사용하라. 그렇게 하면 타인의 림비뿐 아니라 자신의 림비와도 보다 원활하게 소통할 수 있다.

조금만 연습하면 당신이 취하는 신체언어 중 일부는 림비에서 비롯된다는 사실을 깨닫게 된다. 논의하고 있는 계약이 이성적으로는 충분히 이해가 되는데도 거부하는 손짓이 무의식적으로 자꾸 반복된다면, 림비의 직감이 보내는 경고일 수 있다.

Tip 각 신체 부위가 나타내는 신호를 익혀라

다른 사람을 관찰하는 데만 그치지 말고, 자신의 자세나 몸짓으로 실험해보며 자신과 타인의 림비가 어떻게 반응하는지 살펴보라.

• 이마의 주름: 주의가 필요한 신호다
상대의 미간이나 이마에 주름이 생기면 그에 따라 대화의 방향을 전환하라! 수평으로 주름이 생겼다면 진지한 관심을 보이는 중이고, 수직으로 주름이 보인다면 공격적인 태도를 의미한다.

• **손: 강조의 의미로 가볍게 활용하라**

손의 움직임을 자유롭게 하되, 의식적
으로 사용하지는 마라. 계산된 제스처
는 매우 인위적인 느낌을 자아낸다.

• **눈: 타인과의 연결이다**

상대의 눈만 보지 말고 얼굴 전체를
보라! 한 곳에 고정된 시선은 상대를
불편하게 만들 수 있다.

• **공격적인 다리 자세**

다리를 크게 벌리는 것은 싸울 준비
가 되었다는 뜻을 전달한다. 아주 적
대적인 상황이 아니라면 쓰지 않는
것이 좋다.

• **방어적인 다리 자세**

다리를 옆으로 치우는 건 언어 공격으
로부터 자신을 보호한다는 의미다.

• 강한 자의식을 보이는 다리 자세

등받이에 등을 기대고 다리를 붙여 앉은 자세는 여유만만하고 독립적인 태도를 뜻한다.

• 저자세의 앉는 모양

의자 끝에 구부정한 자세로 앉는 사람은 스스로 자신을 낮추는 경향이 있다.

• 거부하는 앉는 모양

뒤로 드러눕듯 앉는 사람은 상대에게 거부, 거절의 인상을 주며, 자기 자신을 소인배처럼 보이게 한다!

• 눈높이를 맞춘 앉는 모양

상대의 앉은 눈높이가 더 높을지라도, 등을 똑바로 세우고 바른 자세로 앉는 사람은 '난 절대 두렵지 않아'라는 메시지를 전달한다.

• **상사의 책상**

직장 상사의 책상을 손으로 건
드리는 건 매우 무모한 행동이
다. 그의 공간을 침범하는 건
명백한 도전이다.

• **협상 테이블**

협상 테이블 중앙에 경계선이
있다고 상상하라. 그 선을 넘
으면 상대는 공격적으로 반응
한다.

모두를 내 편으로 만드는
대화의 기술

타인과의 관계에서 유독 어려운 주제 중 하나는 무언가를 부탁하는 것이다. 당신은 동료, 친구 또는 가족에게 어떤 식으로 도움을 청하는가? 부탁을 듣고 바로 열성적으로 반응하는 사람은 드물다. 그래서 그냥 혼자 해버리겠다고 결심하기도 하지만, 그건 비효율적이고 진행 속도도 너무 느리며 장기적으로는 그 상황에 진절머리가 나게 된다.

그렇다면 어떻게 해야 할까? 타인과 의사소통할 때는 그 사람의 림비와 상대해야 한다. "그래요, 도와줄게요" 또는 "죄송하지만 할 수 없겠어요"라고 결정하는 건 바로 림비다. 림비가 똑똑한 근거에 설득이 되는 경우는 드물다. 림비는 꽤나 고전적인 신호에 반응해서, 사소한 단어 하나 또는 미묘한 비언어적 메시지에 따라 즉흥적으로 거절하거나 승낙한다. 그렇기에 시작을 어떻게 하는지가 몹시 중요하다.

캘리포니아 샌디에이고대학교의 한 연구팀에서 만 3~6세 아이들을 대상으로 '도움 요청하기'라는 주제의 실험을 진행했다. 심리학자 크리스토퍼 브라이언Christopher Bryan의 지도하에 다양한 표현을 사용해 150여 명의 아이들에게 놀던 것을 멈추고 어른을 도와달라고 부탁했다. 놀던 자리를 정리하거나, 장난감을 제자리에 놓거나, 장난감 정리함을 열어달라는 요청이었다. 여기서 그들은 기억해두면 아주 유용할 의외의 발견을 했다. "날 좀 도와줄래?"라는 말은 "내 도우미가 되어줄래?"라는 말보다 효과가 현저히 떨어졌다. 추측건대, 명사는 자아에 좀 더 밀접하게 연결이 되어 있어 림비에게 직접적으로 호소하는 효과가 생기는 것으로 보인다.

이는 어른에게도 동일하게 작용한다. 관련 자료나 연구는 찾지 못했지만, 개인적으로 실험해본 결과 분명히 효과를 보였다. 특히, 상대가 자부심을 느낄 만한 명사를 사용할 때 더 효과적이다.

Tip 부탁할 때는 명사를 적극 활용하라!

배우자에게 "요리 좀 도와줄래요?"라고 부탁하지 말고 "여보, 당신이 오늘 요리사가 되어줬으면 좋겠어요!"라고 말해보라. 상황에 따라 파티시에·소믈리에·소스 전문가·피자 요리사·치즈 전문가·그릴 장인 등 적절하게 응용해보자. 상대의 머릿속에서 림비가 당신의 말을 듣고 일에 착수할 준비를 하는 게 느껴지는가? 주의할 점은, 상대방이 기분이 좋아질 만한 긍정적인 명사를 사용해야 한다는 것이다. "당신이 오늘은 뒷정리 담당 일꾼이 되어주면 좋겠어"라는 말은 도와주고 싶던 일말의 마음마저 싹 가시게 한다.

속성이나 성향을 명사로 표현하는 기술은 여러 다른 분야에서도 효과가 탁월하다. 직장에서 인재를 채용할 때도 이런 원칙에 따라 림비가 선호하는 문장을 쓸 수 있다. "우리 팀의 통계 전문가·조직 총괄자·수석 화학자·커뮤니케이션 전문가로 당신이 왔으면 좋겠습니다"와 같은 식이다. 선거캠프에서도 사람들에게 '직접 선택하는 유권자'가 되어달라고 호소할 때 효과가 있었다고 보고했다. "꼭 투표하러 오세요"라는 부탁은 그다지 효력을 발휘하지 못했다.

스스로 동기를 유발할 때도 명사를 쓰면 훨씬 효과적이다. "나는 기타를 친다"는 "나는 기타리스트다"라는 표현보다 약하다.
"나는 합창단에서 노래를 부른다"라고 말할 때보다 "나는 가수
다"라고 표현할 때 림비는 더 크게 반응한다. 이는 "나는 운동선
수·암벽등반가·마라톤선수·골프선수·테니스선수·봉사자야"
라고 자신을 표현할 때도 마찬가지다.

　명사로 표현할 때 효과가 배가 된다는 사실은 부정적인 행동을
언급할 때 제대로 체감할 수 있다. 잘못을 저지른 사람은 "난 사기
꾼이야"라고 말하기보다는 "내가 누군가를 속였어"라고 표현할
가능성이 더 크다. 전자가 림비를 더 뜨끔하게 만들기 때문이다.
앞서 언급한 브라이언은 성인을 대상으로 한 또 다른 실험에서 시
험 중 부정행위를 하기에 아주 용이한 실험 환경을 조성했다. 그
리고 시험 전에 각기 다른 표현으로 주의를 준 후 시험을 치르게
했는데, "부정행위를 하시면 안 됩니다!"라고 경고한 것은 거의

아무런 효과가 없었다. 반면 "사기꾼이 되지는 말아주세요"라고 하자 부정행위를 한 사람의 숫자가 눈에 띄게 감소했다.

알코올 중독자 치료프로그램은 오래 전부터 자신의 문제를 자각하고 스스로 동기를 부여하기 위해 명사형 소개를 활용해왔다. 처음 자기를 소개하는 시간에 "저는 술을 마셔요"라고 완곡하게 표현하는 대신 "저는 알코올 중독자입니다"라고 참석자들의 림비가 명백하게 고백하도록 하는 것이다.

최고의 성과를 내는 팀의
뇌과학적 비밀

직장에서 타인과의 관계는 일의 숙련도만큼이나 중요하다. 더군다나 연차가 쌓일수록 직장의 일상은 거미줄처럼 얽히고, 기대치는 높아지고, 업무는 늘어만 간다. 따라서 동료나 후배, 외부 협력자에게 업무를 잘 분담하고 함께 일을 완수하는 능력은 더욱 중요해진다.

그렇지만 업무를 위임하는 일도 그리 녹록지 않다. 다른 사람에게 일을 맡기는 것이 왜 이렇게 힘든 것일까? 그건 바로 림비가 원하지 않기 때문이다. 림비는 지난 수천 년간 주변의 모든 것을 주시하도록 훈련받아 왔는데, 이제 와서 갑자기 그 통제권을 내려놓아야 하는 것이다! 림비는 두려워한다. "화살이 전부 나한테 돌아올 거야. 모든 걸 제대로 처리하는 게 내 책임이라고. 게다가 주변에 도움을 청하는 건 부끄러운 일이야. 추가적인 비용도 발생할 수 있잖아. 아니야, 차라리 내가 어금니를 꽉 깨물고 혼자서 감당해야겠어.”

이럴 때 림비는 침착하게 계산하는 대뇌피질의 도움이 절실하다. 다음 사항만 주의하면 충분히 상황을 통제할 수 있다는 것을 림비에게 알려주자.

 완충 시간을 감안해 계획을 짜라

해당 업무가 3월 30일까지 완료되어야 한다면, 마감 기한을 3월 15일로 설정해서 공유하라. 그렇게 하면 일을 제시간에 마치지 못할 것이라는 최악의 걱정이 사라져, 당신의 림비가 긴장을 풀 수 있다.

 항상 재차 되묻고 확인하라

3월 14일이 되어서야 3월 15일까지 일이 완수될지 묻지 마라. 만약 그때까지 담당자가 업무를 시작도 하지 않았다면 무척이나 곤란할 것이다. 그런 상황에 닥치면 사람은 말도 안 되는 핑계를 꾸며대거나 자기 보호 차원에서 공격적으로 반응하기도 한다. 3월 7일부터 진척 사항을 문의하면 당신도, 담당자도 최악의 상황을 피할 수 있다.

중간 마감 기한을 설정하라

일을 시작할 때부터 어떻게 시간 관리를 할 것인지 담당자와 함께 의논하라. 필요한 단계들을 분명하고 구체적으로 설정해두는 것이 좋다. 무엇을 언제까지 처리할지 함께 기한을 정하고, 중간 결과물을 공유하도록 하라. 그렇게 하면 중간에 결과물이 만족스럽지 않더라도 바로잡을 시간이 충분할 것이다.

일이 잘 안 풀릴 때도 상대를 격려하라

업무 담당자가 계획을 제대로 준수하고 있지 않다 해도 채찍은 금물이다! 그의 림비는 칭찬과 확신을 필요로 한다. "그런 식으로 일한다면 이게 내가 주는 마지막 업무가 될 거야!"라고 위협하는 순간 그 사람은 더 이상 공을 들이지 않게 된다. "당신이 그 일을 정말 잘 해낼 거라 생각해서 맡긴 거야"라고 격려하는 편이 일하는 사람의 의욕을 살려주는 훨씬 현명한 방법이다.

이 일에 대한 당신의 감정을 표현하라

주어진 업무가 대뇌피질에 적합한 이성적인 일이라 할지라도 함께하는 일에는 두 림비가 서로 얽혀 있다. 업무를 맡긴 사람에게 그 일이 당신에게 얼마나 중요한지 충분히 설명하라. 이 일에 얼마나 관심을 쏟고 있는지, 모든 게 잘 마무리되면 얼마나 기쁠지 자세히 표현하라. 그렇다고 해서 그와 깊은 우정을 나누라는 말은 아니다. "당신의 작업 결과를 정말 기대하고 있어요." 이런 말 한마디면 충분하다. 당신의 림비를 기쁘게 하고 싶다는 마음이 들면 일을 넘겨받은 사람의 림비는 업무에 더욱 매진할 것이다.

 ## 어려움을 솔직히 얘기할 수 있는 환경을 조성하라

업무를 받은 사람이 극심한 압박에 시달리면 요령을 피우거나 거짓말을 하기 시작한다. 이럴 때 당신이 이상한 낌새를 감지하고 상대와 얘기를 나누면, 단순한 확인 절차였던 것이 일종의 심문이 되어버린다. 거짓말을 혐오하는 당신은 그 상황이 정당하다고 여기겠지만 상대의 림비에게는 즐겁게 일할 수 있는 마지막 불씨마저 꺼버리는 계기가 된다. 그 이후로는 그 사람의 성향에 따라 당신을 적대적으로 대하거나 아니면 완전히 위축되어버린다. 그러니 그런 상황까지 가지 않도록 적절한 시점에 전혀 질책하지 않는 어투로, 작업에 힘든 점은 없는지 허심탄회하게 대화를 나눠보라.

일 잘하는 사람들의
10가지 공통점

많은 사람이 투입되지만 나오는 결과물은 아주 조금인 것은 뭘까? 바로 회의다! 경영진은 모두 좋아하는 업무 방식이지만, 나머지 사람들에게는 직장의 재앙과 같다. 오스트리아의 인사관리전문가인 로버트 할프Robert Half는 회의라는 주제에 관해 주기적으로 연구를 시행한다. 그가 20개국의 인사 및 재무 담당자 6000여 명을 대상으로 실행한 설문조사에 따르면, 40퍼센트 이상의 회의가 충분히 준비되지 않은 채 진행되는 것으로 드러났다. 이런 수치를 당신이 단시간 내에 개선할 수는 없다. 그러나 다른 건 몰라도 당신은 확실히 준비해 회의에 참석하도록 변할 수 있다!

당신이 회의 주제에 별로 관심도 없고 문제 해결에 기여할 수도 없다면 림비는 몹시 짜증내며 도대체 여기서 무얼 하고 있느냐고 묻는다. 회의실을 박차고 나오는 것이 상책일까? 그렇게 할 수 있는 사람은 거의 없을 것이다. 지금부터 회의나 발표 등 여러 사람의 주의를 끌고 의견을 모아야 하는 상황에서 작은 변화로 의미 있는 결과를 도출해내는 열 가지 방법을 살펴보자.

Tip 회의에 제목을 붙여라

회의에 참석하기 전 어떤 식의 회의가 될지, 당신이 맡을 역할은 무엇인지 스스로 명확히 규정하라. 회의의 목적과 양상, 참석자에 따라 '상사가 업무과제를 지시하는 시간' 또는 '팀의 사기를 북돋기 위한 커피타임' 등 제목을 달아보자.

회의의 주관자가 누구인지 파악하는 것도 필요하다. 이는 림비에게 매우 중요한 정보인데도 생각조차 해보지 않는 경우가 빈번하다. 부서장인가 아니면 그 회의를 제안한 사람인가? 혹시 당신이 이끌어야 할 가능성도 있는가? 누가 주관하느냐에 따라 당신의 역할이 달라질 수 있다. 주의할 점은, 명확한 주관자가 없으면 회의에서 아무런 결과도 나오지 않을 가능성이 커진다는 것이다.

꼭 뚜렷한 결론이 나지 않는 회의라 하더라도 의미가 있을 수 있다. 회의는 참석한 사람들의 림비를 단결시키기 때문이다. 그러나 이는 친목이라는 목적에 모두가 동의해야 유효하다. 때로는 림비의 사교 시간과 본격적인 회의 시간을 구분하는 것이 효율적일 수도 있다. 즉, '15:00 음료 타임, 15:30 회의 시작'과 같이 명확히 선을 긋는 것이다.

미팅의 주제뿐 아니라 목적도 작성해보라. 처음부터 모두가 볼 수 있도록 회의 아젠다에 적어두자. 아무런 계획도, 목적도 없이 토의에 첨벙 뛰어드는 건 당신뿐만 아니라 회의에 참석한 모든 사람에게 무익하다. 당신이 회의 주관자여야만 목적을 제시할 수 있는 건 아니다. 만약 당신이 참석한 회의가 목적 없이 표류하는 느낌이 들면 이런 식으로 목표를 제시해볼 수 있다. "10분간 아이디어를 모은 다음에 투표를 해보는 건 어떨까요?"

Tip 회의 내용을 사전에 조율해보자

대부분 참석자들은 회의 주제는 잘 알고 있다. 그렇지만 회의 결과에 대한 기대치는 가지각색이다. 단순한 정보 교환? 구체적인 결론? 과제의 세분화와 분배? 정치인처럼 행동하면 이런 회의의 불확실성을 줄일 수 있다. 그들은 보통 공식적인 협의가 시작되기 전에 참석자들의 의중을 넌지시 물어보고, 중요한 결정에 취할 입장을 사전에 분명히 한다.

주요 직책이나 핵심 과제에 누군가를 배정하고자 한다면 회의 때까지 기다렸다가 아무 준비도 되지 않은 상대 림비에게 물어보기보다는, 미리 적임자를 찾아서 대화를 나눠보라. 회의에서 어떤 결정이 내려져야만 한다면 그 결정의 근거가 될 자료를 미리 찾아두거나, 담당자에게 해당 자료를 사전에 요청하라. 또한 당신의 제안이 통과될지 확신이 없다면 회의에 앞서 참석자들과 리더들의 의견을 물어보라.

Tip

회의 환경은 내용만큼이나 중요하다

회의 내용을 준비하는 데 치우친 나머지 회의실 준비에는 신경을 쓰지 않는 경우가 많다. 그러나 회의를 하는 물리적 환경은 참석자들의 림비에게 지대한 영향을 끼친다. 커다랗고 못생긴 회색 테이블이 꼭 필요할까? 참석자들 사이에 벽처럼 작용하는 테이블을 치우면 대화가 더 원활하게 진행되기도 한다. 게다가 몰래 테이블 아래로 휴대전화를 확인하는 참석자도 없어질 테니 일석이조인 셈이다.

장소를 아예 바꿔보면 더 큰 원동력이 생길 수 있다. 회의실 대신 다른 사무실에서, 쾌적한 카페에서 진행해보는 건 어떨까? 또는 림비가 가장 선호하는 방법이며 회의 능률도 크게 올릴 수 있

는 대안이 있다. 야외에서 회의를 하라. 회의에 참석하러 모인 모든 사람을 이끌고 30분 정도 산책을 하면서 소그룹별로 논제를 배당하라. 이런 방식은 잠들어 있던 림비를 깨우고 다시 활성화시킨다!

어떤 회의에서는 당신이 발표를 통해 정보를 전달하거나 모인 사람들을 설득해야 할 때도 있다. 발표를 준비하고 제대로 수행해내는 것은 주로 대뇌피질의 역할이라 생각하겠지만, 그건 아주 잘못된 생각이다. 준비한 발표가 효력을 발휘하려면 당신의 발표를 듣는 림비들에게 말을 걸고 감동을 줘야 한다!

안타깝게도 자신의 발표 주제가 지루하다고 생각하는 발화자가 많다. 그들은 발표 중에 이렇게 말하고는 한다. "유감스럽게도 이제 재미없는 수치들로 여러분을 괴롭게 해드려야 할 것 같습니다." 진지한 주제는 청중이 싫어할 거라고 믿는 경우도 많다. 발표자의 태도가 그러하다면 듣는 림비들이 딴생각에 빠져버릴 만도 하다.

Tip @ 당신의 청중은 대뇌피질이 아니라 림비다

앞에 서서 청중을 바라보는 당신의 관점을 한번 바꿔보라. 청중 속 대뇌피질 주인들의 무릎 위에 림비가 앉아 있다고 상상해보자. 당신의 임무는 그 림비들에게 감동을 주는 것이다. 그러려면 먼저 당신의 림비가 그 주제에 대해 열정이 불타올라야 한다. 이것이 가장 확실하고, 비교적 쉽게 그들을 감동시킬 수 있는 방법이다.

물론 '동유럽 나사 도매시장의 성장 가능성'에 관한 발표를 맡았을 때 바로 열광적으로 심취하기는 어렵다. 일반적으로 당신이 자발적으로 나서서 '종신보험 협의정지에 관한 개정법' 발표를 하지는 않을 것이다. 아마 상사에 의해 강요받은 경우가 대다수겠지만, 절대로 그 강제성을 대놓고 인정하지 말자. 그렇게 말하는 순간 당신의 림비를 포함해 그 말을 듣는 모든 림비에게 경고음이 울린다.

주제에 대한 애착을 억지로라도 체득하라

좀 이상한 조언처럼 들릴지 모르지만, 당신이 맡은 발표 주제가 끝내주게 멋지다고 스스로 최면을 걸어보라. 이미 여러 번 언급했듯이, 림비에게 강요는 별로 효과적이지 못하다. 그렇지만 자족할 줄 아는 림비의 성향을 믿어보라. 텅 빈 접시에 남은 케이크 부스러기만으로도 림비는 만족할 수 있다.

발표라는 커다란 잿빛 덩어리에 림비가 좋아하는 색을 살짝 덧입혀보자. 당신에게 흥미로운 작은 세부 사항에서 시작해 그것에 생동감을 불어넣는 것이다. "1762년 런던에서 처음으로 생명보험이 출시되었을 때, 그것은 단연코 하나의 사회적 혁명이었습니다."

또는 해당 주제에 관심을 가지고 있는 사람을 찾아서 그의 열정이 당신에게까지 전염되도록 하라. 사내에 그런 사람이 있는지 수소문해보거나 인터넷에서 영감을 주는 영상을 검색해보자. 그리고 그들의 열정을 당돌하게 빌려보자. "유명한 세일즈 전문가 마르틴 림벡Martin Limbeck에게 도매란 이 세상에서 가장 흥미진진한 일이었습니다."

울려 퍼지는 팡파르처럼 시작하라

앞에 나가서 말할 때 우물쭈물하면 당신 자신의 림비뿐 아니라 그 발표를 듣고 있는 다른 사람들의 기운마저 앗아간다. 발표의 활기가 차게 식을 것은 자명하다. 타인의 림비가 당신의 비언어적 메시지를 냉철하게 판단할 거라는 사실을 잊지 말자. 따라서 자신을 깎아내리는 말, 자신 없는 태도는 발표에서 절대 금지. "사실 이 자리에 두르히블리크 박사님이 오셨어야 했지만, 오늘은 제가 대신 맡게 되었습니다" 또는 "앞선 발표자만큼 흥미로운 정보를 드릴 수는 없겠지만……" 같은 말은 절대 입 밖에 내지 마라.

시작 전에 혼잣말로 기운을 올려라. "이제 내 차례야! 나는 새롭고, 독창적인 것을 지금부터 시작할 거야! 달라이 라마가 강림한다고 하더라도 내 연설에 감동할 거라고!" 당신에게 깊은 인상을 남긴 연설자는 누구인가? 그 사람의 강연에 직접 참석하거나 여의치 않다면 연설 영상을 인터넷으로라도 찾아 보면서 고수들의 비법을 따라해보라.

한숨과 함께 시작하는 "자, 그러면 시작하겠습니다" 또는 너무 형식적인 미사여구 "이곳에 오신 걸 환영합니다" 등은 그 자리에 모인 모든 림비의 이목을 단번에 흩트려버린다. 그 자리에 설 수 있도록 초대해준 사람이나 당신을 잘 소개해준 사회자에 대한 다정한 감사의 말은 언제나 괜찮은 시작이다. 그렇지만 그 뒤에는 즉시 팀파니의 소리처럼 힘차게 주제로 돌입하라!

Tip **유머를 섞어 발표에 재미를 더하라**

진지한 주제일수록 유머로 양념을 치면 객석에 앉아 있는 림비들의 마음이 느슨하게 풀어진다. 유머가 통하지 않았다 해도 당황하지 마라. 그 유머로 최소한 당신 림비의 긴장은 조금 풀렸을 것이다.

아무리 쥐어짜도 즐거운 일화나 적절한 농담이 떠오르지 않는가? 그럴 땐 슬쩍 베껴도 좋다! 인터넷, 동료의 발표, 업무 관계자 또는 고객과의 대화 도중 재미있었던 일화들을 차용하라. 물론 그 유머가 다른 사람의 것임을 시인해야 한다. "휴터 교수님은 종종 이 에피소드를 말씀하곤 하셨죠……." 회의실이나 강연장에 유쾌하고 긍정적인 분위기가 흐르기 시작하면, 첫 장애물을 통과한 셈이다. 그곳에 모인 림비들은 마음을 열고 당신의 발표에 집중할 것이다.

많은 사람이 거의 완벽에 가까운 완성도가 성공적인 발표의 관건이라 생각한다. 그래서 작은 실수도 나오지 않도록 세세하게 시나리오를 준비한다. 그러나 진실은 이렇다. 사실 발표의 성공 여부를 결정하는 것은 림비다. 물론 대뇌피질의 평가도 영향을 주지만, 전체 100점 중 대뇌피질에게 할당된 점수는 30점이 될까 말까다. 그렇지 않다면 각자 책이나 관련 자료를 읽으면 되지, 군이 발표 장소에 모여서 딱딱한 의자에 앉아 있는 수고를 감내할 필요가 없지 않은가.

발표할 때는 준비한 자료에만 눈을 고정할 것이 아니라 관중과 꼭 시선을 주고받아야 한다. 그러려면 사전에 철저한 준비를 마쳐야 한다. 완전한 대본을 쓰든, 간략하게 요점만 정리하든 발표 내용을 미리 써봐라. 그러나 절대로 그것에만 의존해 그대로 읽어서는 안 된다. 자연스럽게 말하는 연습을 반복적으로 해야 한다.

만약을 대비해서 요점 정리나 대본을 든 채 발표를 하는 것이 좋겠지만, 되도록 대본에 시선이 가지 않도록 해라. 논지를 빼먹지 않고 잘 말하고 있는지 잠깐 확인하는 정도로만 사용해야 한다. 색인카드 크기의 용지에 대본을 준비하는 것이 A4 용지를 들고 발표하는 것보다 훨씬 전문적으로 보인다.

파워포인트를 사용한다면, 당신이 발표하는 문장을 그대로 옮겨놓는 것은 절대 금물이다. 파워포인트에 '2024년 수익'이란 말을 커다랗게 써놓고 "작년의 성과를 이제 살펴보겠습니다"라고 당신이 직접 부연 설명을 하라. 이렇게 하면 대뇌피질과 림비 각각에게 맞는 언어를 둘 다 사용해 발표하는 셈이다.

 Tip 당신의 발표에는 "음", "어"가 몇 번 나오는가

자신의 안 좋은 언어 습관을 제대로 파악하려면 발표를 연습할 때 녹음하고 직접 들어보라. 만약 "음", "어" 같은 무의미한 추임새를 반복적으로 사용한다면 고쳐야 한다. 이런 부류의 추임새는 관중의 림비에게 부정적인 영향을 준다. 학교 선생님 같은 말투를 쓰거나 말끝마다 청중의 동의를 구하는 발표자도 있다. 청중의 심기를 불편하게 하는 이런 표현이나 어투는 집중력을 흐트린다. 설사 그런 말투를 청중이 의식하지 못했다고 하더라도 말이다.

녹음한 자신의 음성을 두 귀로 직접 들으면 다음 발표에서 그런 실수를 하는 횟수가 현저히 줄어든다. 전문가들은 '무언의 기술'을 추천한다. "어" 또는 "음" 소리를 낼 것 같은 순간에 숨을 짧게 들이마시라는 것이다. 그렇게 하면 생각을 정리하기 위해 필요로 했던 약간의 시간을 확보할 수 있으며 누구의 림비도 불편해하지 않을 것이다.

파워포인트를 사용해야 할까? 사용하지 않는 것이 나을까? 이 질문에는 간단하게 결론을 내릴 수 있다. 만약 당신이 준비한 시각자료에 활자만 가득하다면, 과감하게 치워버리자. 텍스트 자료가 필요하다면 핵심 내용이 정리되어 있는 자료를 인쇄해서 공유하는 편이 낫다.

가능하면 텍스트를 그림으로 대체하라. 당신이 곧 텍스트다! 브라질의 새로운 예술 작품에 대해 언급할 때 청중은 그 작품을 보고 싶어 한다. 설명은 당신이 하면 된다. 다섯 단계로 핵심을 설명할 때도 상징적인 이미지 다섯 개를 활용하면 청중의 몰입도를 높일 수 있다.

아무것도 보여줄 것이 없다면 과감히 프로젝터를 꺼버리자. 그러면 모든 시선이 오로지 당신에게 집중될 것이다.

사춘기의 뇌는 이해보다 공감이 필요하다

사람들은 대부분 어린아이를 보면 귀엽고 사랑스럽다고 생각한다. 어린아이들 안에는 림비의 비중이 커서 의식이 있고 자아성찰을 하는 대뇌피질은 존재감이 미미하다. 신피질이 깨어나면서 부리는 마법은 매력이 어마어마하다. 아기가 처음으로 웃을 때, 자신의 이름을 알아채고 스스로 소리내어 말해보려 할 때는 참으로 기적처럼 느껴진다. 유치원과 초등학교에 입학한 아이들은 놀라울 정도로 빠르게 많은 것을 흡수하고 배우며 우리를 흐뭇하게 한다. 그것이 설사 천편일률적인 학습계획에 따른 결과물일지라도 말이다.

그러나 만 13세쯤이 되면 눈에 넣어도 아프지 않았던 사랑스러운 내 아이에게 변화가 찾아온다. 그때쯤 아이들은 아무런 이유도 없이 만사에 불평만 해댄다. 바로 얼마 전만 해도 어른들의 박수를 이끌어내던 재능들도 전부 잊어버린 것처럼 행동한다. 품위 있

는 범절, 예의 바른 태도, 적절한 언어는 과거의 일이 되어버린다.

십 대까지 아이들은 타인의 얼굴에 드러나는 감정을 읽어내는데 아주 능숙하다. 그들은 어른이나 또래의 아주 사소한 불쾌감마저 잡아내고 이에 매우 섬세하고 예민하게 반응한다. 그런데 만 11세가 되면 자신의 이 능력에 대해 확신이 없어지고, 만 12세에 들어서는 순간 이 정신적 기술의 능률이 수직으로 하락한다. 만 18세가 되어서야 이미 10세 이전에 완벽하게 익혔던 그 감정 기술을 다시 회복한다.

다시 말해, 다정하고 귀여웠던 아이들은 만 12세에서 18세 사이 청소년이 되면서 둔감하고 거칠어진다. 어른들은 이런 상황을 납득하지 못하고, 청소년들은 자신이 제대로 이해받지 못한다고 느낀다. 도대체 뭐기 문제일까? 림비가 시위라도 하는 걸까? 아니면 약에 취하기라도 한 걸까? 오랫동안 그 가설이 맞는 듯했다. 사춘기의 비상사태는 성적으로 성숙해지며 나타나는 호르몬의 소용돌이 때문이라는 이론이 지배적이었던 것이다. 오늘날 소녀들은 대략 만 13세부터 임신이 가능하며, 소년들은 그로부터 약 반년 뒤 생식력을 갖춘다. 그러니 시기적으로 봤을 때 그 논리는 그럴듯했다.

그러나 이제는 이 시기의 뇌가 어른이 되려고 준비하는 대규모 공사장 같다는 사실이 널리 알려졌다. 청소년은 실제로 어른들의 말을 어렸을 때보다 더 못 알아듣는다. 사춘기가 끝날 무렵의 뇌는 예전보다 약 7퍼센트 가볍다. 사용하지 않는 많은 뉴런 연결이 사라지기 때문이다. 주요 사고 및 결정 기관인 뇌는 이런 과정을 통해 보다 빠르고 능률적으로 개선되지만, 사고의 유연성은 옛날만 못하다.

뇌 속에서 이런 구조조정이 일어나는 동안 림비는 말 그대로 제멋대로다. 전전두엽피질과 대뇌변연계 사이의 연결이 조정되는 동안 신호가 잘 통하지 않거나 교란이 생기기 때문이다. 대뇌피질과 림비는 약 만 24세가 되는 시점까지는 관계가 그리 좋지 못하다. 따라서 청소년들이 문을 쾅 세게 닫고, 분노를 폭발적으로 표출하거나, 눈물을 흘리며 자책하는 등 감정을 조절하지 못하는 건 그리 이상한 일이 아니다.

이렇게 뇌가 새롭게 만들어지는 동안에는 림비와 신피질의 능력이 총체적으로 감소한다. 청소년의 뇌는 특히 동시에 여러 가지 일을 하는 멀티태스킹을 힘들어한다. 그러나 간혹 텔레비전을 보면서 스마트폰을 맹렬하게 두드리는 동시에 이상한 음식을 먹어 치우는 모습을 보이기도 한다. 그렇지만 실제로 그 멀티태스킹의 결과를 살펴보면, 잘해야 그중 한 가지만 적정 수준으로 완수된다는 것을 알 수 있다. 자기 자신을 객관적으로 볼 수 있는 만 15~16세 아이들은 몇 년 뒤 자신이 운전을 한다는 생각에 섬뜩해한다. 페달을 밟으며 기어를 바꾸고, 운전대로 방향을 전환하는 동시에 교통상황, 자전거 운전자, 행인에 내비게이션까지 모두 주시하며 방향지시등 신호를 넣어야 한다니, 상상만 해도 소름이 돋지 않는가!

왜 모든 아이가 이렇게나 힘든 시기를 거쳐야 하는 걸까? 인류학자들은 사춘기 청소년들이 진화의 영웅이라고 말한다. 인류의 발전사를 살펴보면 림비의 목줄을 풀고, 새롭고 때로는 위험하기까지 한 길을 개척한 저돌적인 사람들이 매우 중요한 역할을 했다. 이 중대한 역할을 공동체의 젊은 사람들이 담당하는 것은 아주 합리적이었다. 그들의 몸은 이미 다 커서 힘이 세고 관절도 튼튼하지만 아직 돌봐야 할 후세는 없다.

게다가 사춘기에는 두려움을 인지하는 능력이 떨어진다. 만 12세 이전이나 만 20세 이후에는 엄두도 내지 못할 일들을 겁 없이 감행하고는 한다. 번지점프, 스카이다이빙, 목이 부러질 것 같은 춤 자세, 위험천만한 스포츠, 그 밖에 체력의 한계까지 스스로를 몰고 가는 여러 체험에 과감히 몸을 던진다. 그러나 안타깝게도 이 시기에는 수면 부족, 과도한 음주, 마약 중독 등 자기 자신과 인류에 아무 도움도 되지 않는 악한 길로 새기도 쉽다. 모두 뇌의 재구성으로 인해 대뇌피질과 림비가 제대로 결속되어 있지 않기 때문에 나타나는 현상이다.

만 16세 소년이 버릇없이 대답한다면 그건 양육이나 교육의 문제가 아니라 림비의 기능 저하로 인해 행동의 결과를 두려워하지 않기 때문이다. 그런 시기를 지나고 있는 청소년이나 그런 청소년과 함께하는 친지들에게 다음 사실이 위안이 되기를 바란다. 사춘기에 자제력을 잃어버린 림비는 공동체와 종족의 번영에 도움을 준다. 예컨대, 새로운 서식지를 찾아내는 대범함이 있다. 또한 오만함, 무모함, 과감성은 훗날 자기 자아의 발달에 도움이 된다. 사춘기 때 모험을 많이 한 사람일수록 훗날 위기의 상황이 닥쳤을 때 대처하는 능력이 탁월하다. 물론 사춘기 시절의 위험천만한 사고들에서 살아남았다면 말이다.

인간의 뇌는 만 25세가 되어서야 온전히 성숙해진다. 그 후로는 자신의 감정을 성찰하는 것처럼 수준 높은 사고도 가능해진다. 당신이 25세의 장벽을 넘었다면 이 순간만큼은 감사한 마음을 가지고 림비에게 이렇게 말해라. "우리가 사춘기를 죽지 않고 살아서 지나왔다니 얼마나 다행이야!"

그렇다면 더 이상 사춘기 청소년이 아닌 당신이 사춘기 아이들을 위해 뭘 해줄 수 있을까? 부모로서 할 수 있는 건 사실 별로 없다. 당신과 아이들의 관계는 지나치게 가깝다. 과도한 이해심은 사춘기 아이에게 전혀 도움이 되지 않는다. 아이는 당신을 그저 갈등 대상으로 간주할 뿐이다. 자신의 사춘기 아이가 너무 자주 거짓말을 한다고 낙담하는 부모들이 많다. 그러나 '정직'은 대뇌 피질과 림비가 복합적으로 상호작용해서 만들어지는 개념이다. 사춘기 청소년의 뇌는 이런 복잡한 실행을 어려워한다. 어른들이 자신을 잘 이해하지 못하는 경험을 몇 차례 겪으면, 구구절절 설명하는 걸 피하기 위해 사소한 거짓말을 택한다.

말을 들어주는 사람이 되어라

주변에 당신이 기꺼이 청자가 되어주길 바라는 청소년이 있을 지도 모른다. 그들과 이야기할 때는 림비 대 림비로 들어줘야 한 다. 청소년들이 비행을 저지르지 않도록 막는 데에는 판단하지 않 고 그저 자신의 이야기를 들어주는 어른 단 한 명이면 족하다. 자 살은 교통사고와 더불어 청소년 사망의 주원인이다. 그들이 겪고 있는 격동과 혼란을 이해하며 가만히 들어줘라.

소중한 사람의
죽음을 받아들이는 법

림비도 죽음을 두려워할까? 두려움이란 항상 대뇌변연계로부터 시작되기 때문에 아마도 그럴 것이다. 죽음에 대한 공포는 림비가 지닌 에너지 원천의 제1 요소이기도 하다. 살아남으려는 본능적인 의지가 림비의 가장 큰 힘인 것이다. 그러나 대뇌피질은 숙고 끝에 모든 생명체가 언젠간 결국 죽는다는 진리를 깨달았다.

'추도식', 기독교에서는 장례식을 이렇게 부른다. 그러나 '죽은 사람을 생각하며 슬퍼하다'라는 추도의 말뜻과는 달리, 슬픔보다는 감사로 가득하다. 돌아가신 이의 지나간 생에 대한 감사, 앞으로 살아가야 할 자신의 삶에 대한 감사를 곱씹는다. 고인이 모든 사람이 애도하는 훌륭한 사람이었다고 해도, 그의 죽음은 또 다른 생명에게 자리를 내어준다. 물론 장례식장에서 감히 그런 말을 꺼낼 수는 없다. 그렇지만 죽음에 대해서 이런 관점을 가지는 건 중요하다고 생각한다.

죽음은 궁극적으로 모든 짐을 덜어준다. 죽음이란 모든 것을 내려놓고 새롭게 시작하는 학교다. 그러나 모든 학교가 그렇듯이, 사랑하던 사람과 작별하며 죽음에 대해 배우는 과정에는 인내심이 많이 필요하다.

Tip 슬픈 감정을 있는 그대로 받아들여라

가장 먼저, 고인을 놓아줘야 한다. 고인의 육신은 더 이상 이 세상에 없고, 우리는 이제 그를 만지지도 못하고, 그와 대화를 나눌 수도 없다. 고인의 부재로 인해 상실감이 들고, 눈물이 흐르고, 괴롭고, 분노가 치민다면 그 감정을 모두 그대로 느껴라. 그에 대한 애정을 저버리지 않아도 된다. 애도하는 동안에는 강렬한 사랑의 감정이 올라올 수 있다.

독일의 심리치료사 로란트 카흘러Roland Kachler는 17세밖에 되지 않은 어린 아들을 사고로 잃었다. 그는 자신이 환자들에게 추천했던 애도 방식이 전부 무용지물이란 사실을 깨달았다. 직접 슬픔을 겪어본 후 그가 추천하는 방법을 림비의 방식으로 표현하자면 이렇다. 슬픔과 애도의 방식을 미리 정해놓고 강요하지 마라. 당신의 림비가 원한다면 고인은 당신의 인생에서 중요한 사람으로 계속 남아도 된다. 고인에 관한 기억을 모두 지워버리려 애쓰지 말고, 그와 새로운 내적 관계를 형성하라. 의외로 이 방법은 당신을 슬프게 하기보다 위로해줄 것이다.

사랑하는 사람을 잃은 사람은 묘지나 납골당에 고인을 묻거나, 바다 또는 공중에 고인의 유골을 뿌리며 부디 좋은 곳으로 가라고 염원한다. 무덤이 없다면 커다란 나무, 오래된 정원, 한적한 강가 등 고인을 기릴 수 있는 장소를 찾아보자. 림비가 뛰어난 공간지각능력과 직관으로 고인과 특별히 더 잘 연결될 수 있는 적절한 장소를 찾아줄 것이다.

어떤 사람들은 묘지에서는 오히려 고인을 잘 떠올리지 못한다. 고인의 방, 즐겨 찾던 레스토랑 또는 당신과 고인이 함께 행복했던 장소들이 애도의 장소로 더 적합할 수 있다. 예전에 같이 갔던 장소를 다시 찾아가는 걸 일부러 꺼리지 마라. 그렇지만 그곳에 가고 싶은 마음이 전혀 들지 않는다면 가지 않아도 좋다. 림비는 당신에게 뭐가 이로운지 잘 알고 있다. 림비를 믿어라.

Tip 고인의 흔적을 억지로 지우지 마라

사랑하던 사람이 세상을 떠나고 나면 뭘 봐도 고인이 생각난다. 그런 슬픔의 박물관에서 사는 건 정신 건강에 좋지 않다. 그렇지만 일정 기간 동안 그의 손때가 묻은 익숙한 물건들을 제자리에 놓아 두는 것이 림비에게 도움이 될 수도 있다. 누군가 고인을 떠올리게 하는 물건들을 치워버리라고 조언하더라도, 억지로 그렇게 할 필요가 전혀 없다. 당신의 마음이 원한다면 고인의 사진을 그대로 둬라. 그가 사용했던 물건들을 일부 그대로 쓰며 고인을 추억하자. 훗날 마음의 여유가 생기면 점차 그 물건들과 작별하면 된다. 고인의 방을 치워야 하거나, 문득 그러고 싶은 마음이 든다면, 먼저 그 방의 모습을 있는 그대로 사진에 담아두자.

추도일을 기억하고, 그날 어떤 식으로 고인을 추억하고 싶은지 직접 정하자. 묘지를 방문하거나, 간단한 예배나 종교적 의식을 진행해도 좋다. 친지와 함께 할지 또는 혼자서 보낼지도 전적으로 당신의 마음에 달렸다. 자신의 추도일에 당신이 어떻게 보내기를 고인이 원할지 마음속 깊은 곳에 물어보라.

모든 고대문화는 조상을 존경한다. 제단이나 위패 등, 공동체는 고인의 자리를 마련해왔다. 당신과 가족의 삶 속에도 고인의 자리를 만드는 것이 어떤가? 이것이 좋은 방법 같다면, 머릿속으로 고인과 대화를 나누고 그에게 조언을 구하라. 그러면 림비의 네트워크가 현세를 넘어 저세상까지 도달해서 고인의 응답이 당신의 내면에서 떠오를지도 모른다.

Tip 보통의 삶으로 돌아가더라도 미안할 필요 없다

삶 속에서 계속 고인을 상기하다 보면 그가 아름답기만 하던 이상화 단계가 지나고 불쑥 그의 단점들도 생각날 것이다. 그러나 그건 배신이 아니라 그 관계가 정상적으로 자리 잡고 있다는 징표다. 이렇게 평범한 삶으로 돌아가면 당신은 일상에서 다시 기쁨을 맛볼 수 있다. 그렇다고 해서 절대 죄책감을 느끼지 마라. 서로 배려하는 관계라고 생각하라. 고인과 어떤 식으로든 연결이 되어 있으면서도 당신만의 삶을 살 수 있게 된다.

★ 림비가 전하는 핵심 포인트 ★

- 객관적인 관계는 불가능하다. 관계에서 반드시 림비를 존중하라!
- 관계 맺는 것도 배우고 연습할 수 있다. 자신을 녹화해 모니터링하고, 일상의 장소들을 훈련 장소로 활용하라.
- 표정, 눈, 손짓, 자세 등 모든 신체언어도 말을 한다.
- 부탁을 할 때는 상대를 멋진 명사로 표현하라.
- 원활한 협업을 위해 마감 기한을 여유롭게 설정하고 자주 소통하라.
- 동료를 격려하고 상호 간에 솔직하게 말해야 훌륭한 결과가 나온다.
- 회의의 주제와 목적을 분명히 명시하면 더 효과적인 회의를 할 수 있다.
- 발표할 때는 청중의 림비에게 호소하라. 주제에 대한 애착, 유머, 자신 있는 태도가 도움이 된다.
- 십 대의 뇌는 재구성 중이니, 그저 그들의 말을 들어줘라.
- 사랑하는 사람이 세상을 떠났을 때는 충분히 슬퍼하라.

림비 모드

도움 주는 법 배우기

양로원, 호스피스, 병원 등 기회가 닿는 곳에서 자원봉사를 하자. 다른 사람의 고통을 나눠 질수록 림비는 굳건해진다. 짧은 시간이라도 주기적으로 그런 기회를 가져보라.

나의 흔적 남기기

당신의 일상을 사진으로 남겨라. 부엌, 직장, 자동차 등 평범한 곳에서의 모습을 찍어라. 짤막한 메모도 함께 남기자. 지금 당장은 별로 의미가 없어 보여도 나중에 남겨진 사람에게는 분명 가치가 있을 것이다.

나를 위한 여행

상실에 잠겨 있을 땐 완전히 다른 장소로 떠나는 것만으로도 림비에게 도움이 된다. 어디든 당신이 원하는 곳으로 가서 황폐해진 마음을 추슬러보자.

마음 정리

묘지 또는 수목장 공원은 고인을 추억하고 감사의 마음을 되새기는 데 최적의 장소다. 아름다운 작별을 음미하면서 재충전한 후 일상으로 돌아오자.

아픈 마음을 위한 림비의 약국

사랑하는 사람이 떠나거나 관계가 깨어져 슬프고 외로울 때 림비를 회복시킬 수 있는 의식 몇 가지를 알아두면 도움이 된다.

웃음을 부르는 영상

기분이 울적한가? 그렇다면 즐거운 영상을 찾아 보면서 그 안의 행복이 전염되도록 하라. 신나는 음악의 뮤직비디오를 찾아보거나 아기의 웃음, 플래시몹댄스를 검색하고, 당신을 웃게 해주는 영상들을 계속 찾아보자.

마음을 움직이는 영화

림비에게 약과 같은 영화가 있다. 그런 영화를 미리 준비해두자. 내 추천작은 〈언터처블: 1퍼센트의 우정〉 〈안녕, 헤이즐〉 〈필라델피아〉 〈천국보다 아름다운〉이다.

초 점화하기

교회나 성당을 방문할 기회가 생기면, 그곳에 누군가를 위해 초를 켜는 장소가 있는지 물어보라. 집에서도 소중한 사람을 위해 초를 켜두는 공간을 마련할 수 있다.

여기 뭔가 감춰져 있어요!

6장

림비와
사랑

타인과 맺는 여러 관계 중에서 림비가 특별히 중요하게 생각하는 관계가 있다. 바로 연인과 배우자다. 사랑에 빠질 때는 수많은 호르몬 변화가 일어나 마치 무언가에 중독될 때와 비슷한 현상이 일어난다. 그만큼 사랑은 우리를 행복하게 만들지만 동시에 우리를 비이성적으로 흔들기도 한다. 어떻게 하면 소중한 사람과 이상적인 관계를 유지할 수 있는지, 갈등이 생겼을 때 현명하게 대처하는 방법은 무엇인지, 갖은 노력에도 불구하고 사랑이 끝났을 땐 어떻게 해야 할지 살펴보자.

당신이 연인에게 반한
진짜 이유

당신은 지금 석기시대에 살고 있다. 아직 호모사피엔스까지 진화하지 못한 당신의 머릿속에는 대뇌변연계는 있지만 신피질이 존재하지 않는다. 그때 눈앞에 매력적인 이성이 보인다. 당신은 내면에서 강력한 자극을 느끼고, 상대 역시 그러하다. 당신과 상대는 망설임 없이 서로를 만지고, 안고, 하나가 된다. 어떤가, 이 과정이 아름답다는 생각이 드는가?

당연히 아니다. 성적으로 자극이 되면 신경세포의 수상돌기 내 행동잠재력에 변화가 일어나고, 해면체가 팽창하고, 동공이 확장되고, 측좌핵을 비롯한 대뇌변연계의 여러 부위가 왕성하게 활동한다. 그러나 '아름답다', '편안하다' 또는 '인생 최고의 순간이다'와 같은 감정은 신피질이 없다면 느끼지 못한다.

그것이 이번 장의 핵심 교훈이다. 사랑은 대뇌피질과 대뇌변연계의 공동 작업이다. 림비에게 성관계와 사랑은 평소와는 차별되

게 강렬한 신체적 표식이 나타나고 도파민과 엔도르핀 수치는 최고치에 이르는 생물학적 과정이다. 오로지 대뇌피질만이 애절한 러브스토리를 읽고, 시를 쓰고, 이상적인 파트너를 꿈꾼다. 그러나 림비가 만들어내는 감정 정보가 없다면 이 모든 것은 그저 피상적인 이론에 불과하다.

좋은 부부란 뭘까? 당신이 뭐라고 대답하든 아마 그 대답은 당신의 부모님, 특히나 조부모님의 생각과는 아주 다를 것이다. 수백 년간 인간은 짝이 있는 경우에만 그 후세를 이어나갈 수 있었다. 그래서 평생 같이 살며 함께 아이를 낳고 키우는 사람을 찾는 중대한 결정을 림비의 즉흥적인 계시에 맡겨두지 않고 부모님이 점지한 적절한 배우자와 결혼하는 경우가 흔했다. 결혼 상대와 서로 사랑하고 화목하게 지내면 부수적인 장점이 있을 거라는 생각이 널리 퍼진 것은 그리 오래되지 않았다. 그 무렵에 결혼생활이 실제로 더 행복해졌는지를 반증하는 연구 결과는 발표된 바 없다. 그러나 이 시대의 문학을 살펴보면 합목적성과 애정이라는 두 가치 사이를 끊임없이 오가는 번뇌가 사회에 가득했던 것은 확실하다.

한두 세대 전쯤 되어서야 인생의 동반자에 관한 기대치가 폭발적으로 상승했다. 기대는 림비의 전문 분야고, 부부 사이의 행복은 여기에 달려 있다. 림비는 자신만의 약국, 즉 동기와 보상을 담당하는 측좌핵을 사용해 관계 안에서 당신이 행복한지 아닌지를 느끼게 해준다. 과거에는 남성도, 여성도 냉혹한 현실에 대해 그

사랑에 관한 기대치

사랑에 관한 기대치

어떤 환상도 없었기 때문에 훨씬 더 오랫동안 결혼생활을 유지했다. 오늘날과 달리 당시 그들의 측좌핵에는 이상적인 부부 관계에 대한 찬란한 비전이 없었다.

당시 여성은 자신을 보호해주고 생활을 보장해주는 남성만으로 기뻐했다. 남성 또한 집안일을 맡아주고, 아이들을 낳고 키워주는 여성만으로 감사했다. 오늘날은 그 어떤 남성도, 여성도 그런 기대치만으로 결혼을 결심하지 않는다.

Tip 이상적인 배우자가 아니라 이상적인 부부를 꿈꿔라

대중매체에서는 멋진 몸매와 지성을 지닌 아름다운 여성과 경제적으로 성공한 똑똑한 남성을 선전하지만, 이는 현실과는 동떨어진 인위적인 이미지일 뿐이다. 이상적인 배우자는 그보다 훨씬 현실적인 관점으로 접근해야 한다. 주변 이웃, 지인, 친구 중에서 "나도 내 배우자와 저렇게 살면 참 좋겠어"라는 생각이 드는 부부가 있는가? 그들을 찬찬히 살펴보면 모두가 꿈꾸는 멋진 여자, 슈퍼맨 같은 남자가 원만한 결혼생활의 보증수표가 아니라는 사실을 깨달을 것이다. 이상적인 배우자를 떠올리지 말고, 이상적인 관계의 모습을 그려보라!

뇌과학이 말하는
'완벽한 사랑'의 정의

    당신에게 딱 맞는 반쪽을 찾기 위해서 자연은 수천 년간 작동해온 내비게이션 시스템을 선사했다. 이 내비게이션은 세 가지 요소로 이뤄져 있다. 미국의 뇌신경학자이자 심리학자인 로버트 스턴버그_{Robert Sternberg}는 이것을 '사랑의 삼각형 이론'이라 명명하고, 사랑할 때 나타나는 림비의 즐거움을 세 가지로 분류했다.

1. 열정

열정은 성적인 갈망에서 비롯된 림비의 자동적인 반응이다. 열정에는 당신이 선천적으로 또는 후천적으로 습득한 성적 취향이 반영된다. 열정은 이성에게 매력을 느끼고 끌리는 자석과 같은 역할을 하는데, 다양한 지각이 복잡하게 얽히며 일어난다. 건강한 몸의 선, 목소리의 음색, 눈동자 색, 깨끗한 피부나 생기 있는 입술 등에 더해 서로의 체향, 신발, 옷차림, 머리 스타일, 장신구 등 여러 기타 요소가 종합되어 이 감정을 부추긴다.

림비가 느끼는 성적 욕망은 지극히 비이성적이다. 감정에 취하고 엔도르핀에 도취되어 이성적 사고는 마비된다. 이는 fMRI 장치의 측정으로도 증명이 되었는데, 성적으로 흥분하면 전전두엽 피질은 대기 상태로 전환되고 그 어떤 이성적인 결정도 내리려고 하지 않는다.

Tip
인생의 동반자가 꼭 섹시할 필요는 없다

서로가 서로의 성적 선호도를 완벽하게 충족시키면 얼마나 좋겠는가. 그렇지만 당신이 꿈꾸는 성적 환상을 모두 꺼내 곰곰이 생각해보면, 자물쇠에 꼭 맞는 열쇠처럼 당신이 바라는 성향을 전부 그대로 갖춘 사람은 신화 속 유니콘과 다름없다는 사실을 깨달을 것이다. 보통은 작은 것에 만족하는 림비지만 관능적 사랑에서만큼은 다른 사람이 맞추기 힘든 욕심을 보이기도 한다. 림비의

기대치를 끌어내리자. 당신 내면에 존재하는 여러 성적 자석 중 일부라도 당신의 짝에게 끌린다면 목적은 충분히 달성된 것이다. 좋은 부부관계는 관능보다 서로 믿고 의지하는 것으로 완성된다. 그때 우리는 두 번째 요소에 도달한다.

2. 친밀감

이상적인 배우자라면 성적으로 이끌릴 뿐 아니라 서로 좋아하며 존중하고 편안하다고 느껴야 한다. 그래야만 긍정적인 장기 관계가 가능하다. 부부 사이에는 끈끈한 신뢰 관계가 구축되어야 한다. 그저 매력적인 아무 남자, 여자가 아니라 당신이 정말 전심으로 믿고 의지하는 단 한 사람이어야 하는 것이다!

유니버시티칼리지런던의 신경과학자 세미르 제키Semir Zeki와 안드레아스 바르텔스Andreas Bartels는 막 사랑에 빠진 사람 17명을 fMRI 장비로 관찰했다. 참가자들이 사랑하는 연인이나 일반인의 사진을 봤을 때 활성화되는 뇌의 부위를 확인하는 실험이었다. 그 결과, 낯선 얼굴을 응시하면 림비에서 두려움과 비관적인 평가를 담당하는 부위가 활성화되었다. 반면 연인의 사진을 보는 순간 림비의 동기 및 보상 중추가 작동했으며 걱정과 주의를 일으키는 부위의 혈액이 평소보다 감소했다. 이와 같은 반응은 중독자가 마약이나 술 사진을 바라볼 때도 유사하게 나타났다. 동기를 부여하는 신경조절물질인 도파민이 생성되어 이런 현상이 일어난 것이다. 사랑에 빠진 사람은 원하는 상대와의 관계를 유지하려고 전력투

구하는데, 도파민은 이에 필요한 에너지를 지속적으로 공급한다.

진화학자들의 주장에 따르면 특히 여성이 평생 함께하며 의지할 수 있는 관계를 추구한다. 반면 남성의 내면에는 많은 여성을 거느리고 싶은 욕망이 숨어 있다고 한다. 미국의 심리학자 러셀 클라크Russell Clark와 일레인 햇필드Elaine Hatfield는 실험으로 이를 입증하려 시도했다. 이들은 아주 매력적인 여성을 대학 캠퍼스로 보내서 낯선 남성들의 귓가에 "나랑 오늘 잘래요?"라고 속삭이게 했다. 그 결과 무작위로 선정된 남성들 중 75퍼센트는 매력적인 여성의 제안을 승낙했다. 그 후 연구진은 외모가 출중한 남성을 다시 보내 낯선 여성에게 동일한 제안을 하게 했다. 그러나 단 6퍼센트만이 그의 집으로 함께 가는 것을 수락했고, 그와 성관계를 하겠다고 약속한 사람은 단 한 사람도 없었다.

그러나 통계적 결과의 예상과는 달리 남성은 놀라울 정도로 자신의 연인에게 헌신적이다. 그 이유를 피사대학교의 심리학자 도나텔라 마라치티Donatella Marazziti가 찾아냈다. 사랑에 빠진 사람들은 세로토닌 수치가 현저히 떨어진다. 행복의 호르몬이 감소한다는 말이다. 이는 진정 진화의 영리한 수다. 사랑에 빠진 연인은 함께 있을 때만 행복함을 느낀다! 마라치티는 또 다른 자연의 섭리도 발견했다. 일반적으로 성호르몬인 테스토스테론은 여성보다 남성의 몸 안에서 훨씬 많이 분비된다. 그러나 사랑에 빠지면 남성의 테스토스테론 수치가 급격히 떨어지고, 반대로 여성의 테스토스테론 수치는 상승한다. 남성은 조금 여성스러워지고 여성은 조금 남성스러워지는 것이다. 파트너를 찾는 데 필요했던 공격성이 주춤하고, 오랫동안 관계가 지속되도록 성별의 균형이 맞춰진다.

사랑에 빠지면 이상 행동이 나오기 마련이다

"갑자기 왜 저렇게 바라는 게 많아졌지?" "그냥 한마디 했을 뿐인데 왜 저렇게 예민하게 구는 거야?" 이는 모두 테스토스테론 균형 때문에 생긴 문제다. 사랑에 있어 여성은 주도권을 잡으려 하고 남성은 감정 표현에 서툴러진다. 이런 상황은 양쪽 모두를 당혹스럽게 한다. 그는 그녀에게 자신의 진심을 말하려 하지만 어쩐

지 그게 잘 안 된다. 그녀는 그렇게 까칠하게 말할 생각이 아니었지만 왜인지 자꾸만 말이 세게 나간다. 이제 최소한 그 원인은 알게 되었다. 바로 림비 탓이다!

3. 헌신

"우리는 계속 함께할 거야!"이는 관계와 애정을 담당하는 호르몬인 옥시토신을 림비로부터 지원사격 받은 두 사람의 대뇌피질이 내린 결론이다. 이 결정은 더 많은 것을 더 장기적으로 원한다는 것을 의미한다. 성적인 사랑뿐 아니라 결속력, 안정감 등 서로 함께하며 느꼈던 아름다운 감정들을 더 많이, 더 길게 누리기 위해 의식적으로 노력한다. 두 사람은 같이 있으면서 함께 무언가를 만들어가고 싶어 한다. 옥시토신은 인간의 생명이 시작되는 시점에 출산을 도왔고, 인생이라는 긴 여정에서 크고 작은 행복의 순간을 담당한다. 서로에게서 온기를 느낄 때, 사랑하는 이가 나를 보듬어줄 때, 함께 식사할 때 그리고 오르가슴을 느낄 때도 혈중 옥시토신의 농도가 짙어진다.

취리히대학교의 베아테 디트첸Beate Ditzen 연구팀은 부부의 일상에 옥시토신이 미치는 영향을 조사했다. 그들은 실험 대상 부부에게 옥시토신이 함유된 비강 스프레이를 주고, 그 부부가 자주 언쟁했던 주제에 대해 대화하라고 요청했다. 그 결과는 놀라웠다. 옥시토신이 넘치는 부부는 서로 긍정적으로 반응했다. 그들은 싸우지 않고 서로 상냥하게 이야기했으며, 상대에 대한 질책이나 비난이 옥시토신을 뿌리지 않은 다른 집단에 비해 현저하게 적었다. 이 결과를 바탕으로 미국의 어느 기업은 '액상 신뢰'라는 멋진 이름으로 옥시토신이 함유된 바디스프레이를 출시했다. 그렇지만 이 제품의 사용 후기는 참으로 실망스러웠다. 확실히 림비의 생화학 현상을 인위적으로 조율하기는 그리 간단하지 않은 모양이다.

 ## 사랑은 신뢰로 만들어진다

당신의 연인이 연락을 잘 하지 않아도 림비가 너무 흥분하지 않도록 진정시키자. 지금 당신의 림비는 여러 호르몬이 뒤섞여서 극심한 그리움과 외로움에 쉽게 빠진다. 반대로 상대가 당신에 대해 걱정하지 않도록 잘 처신하라. 생각이 날 때마다 그 또는 그녀에게 연락하자. 외출을 했다가 돌아왔다면 집에 잘 도착했다고 말해주자. 이런 사소한 행동들이 서로에 대한 신뢰를 돈독하게 해주고 관계를 끈끈하게 만들어준다.

 ## 사랑이라는 표현을 쓸 때 유의할 점

때로는 우리의 말이 사랑의 삼각형을 방해한다. 우리는 림비의 내비게이션이 제시하는 세 가지 요소를 모두 '사랑'이라는 말로 뭉뚱그리곤 한다. 2004년 나는 아내와 함께 《단순하게 사랑하라 Simplify Your Love》라는 책을 집필한 뒤 사랑과 부부관계라는 주제로 미국에서 개최된 대규모 워크숍에 초대받았다. 어느 날 저녁, 바에서 만난 한 남성이 자신의 불행한 결혼생활을 짤막하게 요약했다. "그녀는 날 사랑한대요. 그렇지만 좋아하지는 않는대요." 관능적인 열정과 관계를 지속하고자 하는 헌신은 아직 있지만, 친밀감은 사라졌다는 말이다.

사랑의 삼각형 중 하나가 어그러지면, 고통스럽기는 하지만 관계가 완전히 무너지지는 않는다. 당신의 머릿속에 "그는 더 이상 날 사랑하지 않아" 또는 "나는 더 이상 그를 사랑하지 않아"라는 생각이 든다면, 당신의 마음과 정신을 자세히 들여다보고 사랑의 세 가지 요소 중 무엇이 부족한 것인지 분석해보자. 이렇게 세분화해 문제를 파악하면 해결 방법도 더 명확해지고, 건강한 사랑을 유지할 가능성이 높아진다.

사랑의 유효기간을
무한히 늘리는 비법

열렬히 사랑에 빠지는 그 시기는 언젠가 지나가기 마련이다. 쓰러질 때까지 서로에게 키스를 퍼붓던 두 림비는 저 멀리 잿빛 수평선 위로 '반복되는 습관'이라는 끔찍한 말이 떠오르는 것을 두려워한다. 그러나 이는 더 장기적인 관계로 들어가는 단계일 뿐, 전혀 꺼릴 필요가 없다. 두 사람이 공유하는 습관은 두 림비와 두 대뇌피질이 서로에게 익숙해졌다는 반증이다. 사실 꽤나 이상적인 이 상태는 학문적으로 '동기화'라고 표현한다.

 Tip   특별한 순간만이 아니라 일상을 함께하라

막 사랑에 빠진 연인은 말한다. 우리는 서로 사랑하고, 지금 잘 지내고 있으며 앞으로도 함께라면 뭐든지 잘 헤쳐나갈 것이라고. '여정이 곧 목적지다'라는 정신을 실천하고 있는 셈이다. 그러나

학계에서는 여정 자체만큼 사전 준비도 중요하다고 말한다. 장기적으로 유지되는 관계를 구축하려면 두 사람의 림비와 신피질이 서로 협력해야지만 가능하다. 따라서 오랫동안 그 행복을 누리고 싶다면 로맨틱한 밤과 꿈같은 휴가만을 추구할 게 아니라 세탁, 청소, 장보기부터 시작해 친척, 동료, 그 밖의 지인들과의 교류까지 일상적인 모든 것을 함께 조율할 수 있어야 한다. 자신의 일정을 짤 때 상대까지 고려하는가? 지인 모임에 연인과 함께 참석할 수 있는가? 어쩌면 성관계를 했을 때가 아니라 함께 가구점을 방문했을 때를 기점으로 진지한 관계가 시작된다고 볼 수도 있다.

 림비의 공간지각능력을 활용해 사랑을 되살려라

사랑하는 부부 사이라도 바쁜 일상과 과도한 업무에 지쳐 살다 보면 어느새 관능적인 영역이 시들해지는 경우가 비일비재하다. 림비 안에 잠든 관능 센서를 다시 깨우려면 림비에게 향수를 불러일으켜야 한다. 당신은 상대의 어떤 모습에 매혹되고 끌렸는가? 관계가 시작되던 그 시기를 되짚어보라. 그때의 로맨틱한 분위기를 다시 연출하려면 어떻게 해야 할까? 벽지를 바꾸거나, 호텔 또는 로맨틱한 휴양지로 단둘이서 떠나라. 행복했던 추억이 서려 있는 장소를 다시 한번 방문해보자. 림비는 특정 장소에 가면 그때의 감정을 다시 떠올리는 매우 뛰어난 기억력을 지녔다.

약속을 정하고 밖에서 만나라

예전에 서로를 만나러 가면서 얼마나 두근거렸는지 기억하는가? 림비의 정서적 공간지각능력을 이용하는 또 하나의 방법을 소개한다. 서로 잠시 떨어져 데이트를 준비해보라. 각자 다른 공간에서 외출 준비를 마쳐라. 함께 집을 나서지 말고 약속한 장소에서 만나자. 즉, 길거리나 식당, 극장, 커피숍, 축구장에서 만나라. 상대가 어떤 모습으로 나올지, 내 모습에 어떻게 반응할지 기대하면서 다시 한번 떨림을 느낄 수 있을 것이다.

주저하지 말고 스킨십을 하라! 상대에게 스킨십을 부탁하는 것도 부끄러워하지 마라. 스킨십을 할 때 어떤 기분이 드는지 말로 표현하며 상대에게 힘을 실어줘라. "당신이 나를 그렇게 쓰다듬으면 몸 전체가 간질간질해. 기분이 너무 좋아." 침대 밖에서도 계속해서 애정 어린 스킨십을 이어가라. 외출할 때는 반드시 서로 포옹해라. 형식적으로 빠르게 하는 뽀뽀가 아니라 사랑에 빠진 사람들이 나누는 애틋한 키스를 해라. 소파에서 서로에게 몸을 기대고, 손잡고 함께 산책을 나서자. 당신의 손을 배우자의 어깨에 올려놓고 상대의 눈을 지그시 바라보라. 그냥 옆으로 지나갈 때도 괜히 그의 팔을 한번 쓰다듬자. 어깨가 뻐근하다고 하면 부드럽게 주물러줘라. 상대의 등을 쓰다듬어라. 단순한 스킨십만으로도 림비는 자체적인 진통제와 행복 호르몬을 분비한다.

공공장소에서도 둘의 유대관계를 당당히 드러내라. 낯 뜨거운 장면을 연출하라는 건 아니다. 어깨에 팔을 두르거나 손가락 끝으로 가벼운 접촉만 해도 "우리는 한 쌍이에요. 우리가 함께라는 사실이 자랑스러워요"라는 뜻을 만천하에 전하기 충분하다.

미래를 멀리 내다보라. 어쩌면 언젠가는 당신이 배우자를 돌봐야 하거나 배우자가 당신을 돌보는 상황이 올 수도 있다. 구태여 그런 생각을 떨쳐버리려 하지 마라. 그 또한 사랑이 주는 아름다운 서비스 중 하나니 말이다.

건강한 관계를 만드는 '싸움의 기술'

"잘 싸울 줄도 알아야 한다." 이는 심리학에서 자주 들어본 충고다. 그러나 도대체 무슨 뜻인 걸까? 알다시피 림비에게 무언가를 강요하는 것은 성공 확률이 아주 낮은 비효율적인 일이다. 자기 자신의 림비도 이렇게 힘든데, 상대의 림비에게 무언가를 강제하는 건 당연히 더더욱 가망 없는 일이다. 그런데도 우리는 불굴의 의지로 끊임없이 시도하고 또 시도한다. 그렇게 우리는 서로마음에 앙금을 남긴다. 이것이 싫어서 서로의 림비를 그대로 놓아주고 이 작은 투덜이 몬스터의 끊임없는 불평과 외침을 한 귀로 흘려들으며 방관할 수도 있다. 그렇지만 그것도 좋은 방법일 리는 없다.

타인의 림비는 당신 마음대로 조종할 수 없다. 앞에서 했던 것처럼 협력을 하는 것조차 불가능한데, 왜냐하면 이런 동맹관계에 꼭 필요한 대뇌피질이 100퍼센트 온전히 당신 연인의 것이기 때

문이다. 어떤 합의에 이를 수 있는 것은 오로지 당신의 림비에게
만 해당된다. 그러니 갈등이 격해질 것 같을 때는 당신과 연인의
림비 사이에 선을 그어라. 동물원의 우리를 떠올리면 효과적이다.
각자의 림비 뒤로 궂은 날씨와 밤을 피할 수 있는 동굴이 있고, 앞
에는 쉴 수 있는 나무와 비빌 언덕이 펼쳐져 있다. 그리고 그 공간
사이를 가로지르는 울타리가 있다. 당신과 연인의 림비는 각자 자
신의 공간에 머문다. 대신, 서로 통할 수 있는 작은 문도 있다. 그
문은 두 림비가 사이좋게 지낼 때만 열어야 한다.

 Tip 당신의 필요를 솔직하고 다정하게 이야기하라

아무리 친밀한 사이라도 상대가 짜증 섞인 표현을 하면 림비는

분노한다. 그러니 감정을 제어하지 않고 마구 폭발하면서 상대방이 당신을 사랑하니 모든 것을 용납해야 한다고 착각하지 마라. 감정이 끓어오르려 해도 당신의 소망, 이상, 부탁, 불만 등을 적절히 표현할 줄 알아야 한다. 그래야만 상대의 림비가 울타리 가까이 와서 경청할 마음이 생긴다. 상대방에게 자발적으로 들을 마음이 생기는 거 외에 첨예한 의견 차이를 극복할 방법은 없다.

배우자나 연인에게 무엇을 어떻게 해주길 원하는지 구체적으로 말하라. 많은 사람이 자신이 바라는 것을 솔직하게 털어놓기를 망설인다. 그런 소망이 있다는 것 자체를 일종의 약점이라 생각하기 때문이다. 그러나 사실 자신에게 필요한 것을 파악하고, 그것을 표현할 줄 아는 것은 굉장한 능력이다. 이때 신피질과 림비가 어우러져 지혜롭게 표현한다면 더할 나위 없을 것이다.

"이 게으른 사람아! 당신을 위해 요리하기도 지쳤어!" 이렇게 말한다면 상대의 림비가 당신의 우리 근처로 다가올 마음이 조금도 생기지 않을 것이다. 대뇌피질의 지원사격을 받아 온화하게 표현해보자. "여보, 오늘은 내 요리 말고 다른 걸 먹어보고 싶어요. 우리 외식하러 가요" 또는 "오늘은 당신이 저녁 식사를 준비해보면 어떨까요?"라고 해보라. 상대의 림비가 호기심에 가득 차서 울타리의 문쪽으로 다가오는 게 느껴지는가?

연인이나 배우자를 만나 처음 사랑에 빠졌을 때 당신의 림비는 상대의 림비에게 온통 마음을 빼앗겼었다. 그의 림비가 행복하면 당신도 기뻤고, 그의 림비가 울적하면 당신의 기분도 가라앉았다. 다른 사람을 통해 자기 자신을 보는 것, 그것이 바로 사랑의 징표다. 심리학에서는 이런 행동양식을 '투사'라 부른다. 프로젝터처럼 자신의 소망과 꿈을 타인에게 투사하고, 그 안에서 자신을 찾으려고 시도한다. 사랑에 빠지면 이 메커니즘이 고속으로 진행된다.

그러나 관계의 초기 단계가 지나고 나면 다시 자신의 림비와 연결되어 자신만의 욕구를 마주해야 한다. 물론 이기적이지 않은 건전한 선에서 말이다. 이런 균형을 유지하기란 절대 쉽지 않다. 사랑이라는 미명 아래 많은 여성과 남성이 자신을 상대에게 속박시켜야만 한다는 강박을 느낀다. 림비는 자신이 바라는 걸 일인칭으로 표현하기를 꺼리고 '당신'을 주어로 택해, 연인의 욕구와 자신의 것을 뒤섞어버린다. 물론 상대의 입장에서 생각하는 것은 매우 좋은 자세다. 그러나 상대의 필요를 추측하는 것은 때때로 혼동과 오해로 이어지기 때문에 제대로 고찰해봐야 한다. 게다가 당신의 배우자나 연인 스스로도 자신이 뭘 원하는지 제대로 모를 때가 있다. 한 쌍으로 함께 살아가는 삶에는 말로 표현하지 않는 수많은 막연한 소망들이 가득하다.

당신이 바라는 걸 상대가 원하는 것처럼 표현하는 버릇은 당장 그만둬라! '당신'이라는 외투를 벗어버리고 '내가' 바라는 걸 솔직하게 표현하라. 상대에게 화가 났거나 또는 부탁할 일이 있다면 마음을 가다듬고 '당신'이 아닌 '나'의 관점으로 다시 정리해보라. 당신도 몰랐던 자신의 속마음에 놀랄 수도 있다. 그러나 진짜 진심은 그 안에 있다. 그 진실을 발견했다면 해결책을 벌써 반쯤은 찾은 셈이다. 어떻게 하는지 감을 잡고 싶다면 다음의 사례를 참고하자.

"당신은 항상 집에 없어. 집에 좀 더 있어줬으면 좋겠어."

이렇게 표현해보자. "난 항상 그 자리에 없어." 즉 당신의 배우자가 있는, 진짜 삶이 있는 그곳에 당신은 없다는 뜻이다. 당신의 진정한 바람은 다음과 같은 문장으로 다시 표현할 수 있다. "나도 당신처럼 자유를 누리고 싶어. 이 지겨운 곳·이 집·이 고루한 일에서 벗어나고 싶어." 그렇다면 해결책은 이렇다. 스스로 새로운 사람을 만나고, 새로운 장소에서 시작할 수 있는 새 일을 찾아보라. 이직을 하든, 교육을 받든, 단체에 가입하든, 복지단체에서 자원봉사를 하든, 다양한 방법을 시도해보라. 그러면 자신의 욕구를 충족시킬 수 있을뿐더러, 배우자는 더 이상 잔소리를 듣지 않아도 되니 집에 머무르는 시간이 더 길어질 것이다.

"당신은 항상 퉁명스러워. 당신이 좀 더 다정다감하고 섹시하면 좋겠어."

"나는 항상 냉담해"라고 바꿔 생각해보라. 그 의미는 이렇게 해석할 수 있다. "혼자서 의욕을 가지려니 너무 힘들어." 그 안에 숨은 진짜 바람은 자신이 더 다정다감하고 섹시해지고 싶다는 생각일 것이다. 그렇다면 이런 해결법을 시도해보자. 제3자와 당신의 성생활에 대해 얘기를 나눠보자. 상담전문가나 정신과 전문의여도 좋다. 그러면 성적 문제가 두 사람 모두에게 있다는 사실을 깨닫게 될 것이고, 예상치 못했던 관능성을 발견할 수도 있다.

"돈 좀 더 벌어와. 지금보다 더 잘 살고 싶다고."

"내가 돈을 벌어볼게요"로 생각을 전환하라. 재해석하면 자신도 자기 계발을 계속하고 싶고, 가정에 조금 더 기여하고 싶다는 말일 것이다. 진정으로 원하는 것은 상대에게 일적으로도 인정받는 것이다. 이 욕구에 대한 해결 방법은 다음과 같다. 두 사람 모두 일하고 마음껏 잠재력을 발현할 수 있도록 부부의 삶을 재정비하라. 그렇게 한 사람이 자신의 일에 열심을 내면 다른 한 사람도 더 열정적으로 일할 동기가 생긴다.

내 소망은 스스로 이루자

연인이나 배우자가 눈빛만으로 내 모든 소원을 알아봐준다면 정말 더할 나위 없을 것이다! 게다가 순수한 사랑만으로 내 모든 소망을 충족시키기 위해 열성적으로 헌신해준다면 얼마나 좋을까! 그러나 정작 당신은 상대가 뭘 원하는지 아는가? 알고 있다면, 그것을 실현해주기 위해 마음을 쏟고 있는가? 이렇게 생각해보면 상대가 날 위해 모든 것을 해주길 바라는 것은 상대방을 부담스럽게 하는 지나친 요구라는 걸 알 수 있다.

그러니 당신에게 정말 중요한 소망이 있다면 스스로 성취해야한다. 정신적으로 긴장감 넘치고 짜릿한 걸 원한다면 그런 일을 찾아서 하라. 직장에서 처한 상황이 힘들다면 그 불만을 해결할 수 있는 돌파구를 스스로 발견하라. 당신의 배우자 또는 연인이 그것을 해소해주리라 기대하지 말자.

만약 상대가 당신의 바람 중 하나라도 이뤄준다면, 금상첨화이니 그저 감사하라.

적정한 거리를 유지하는 데 실패해 배우자나 연인의 림비가 성난 맹수처럼 극도로 흥분했다면 이때 주의할 점이 또 있다. 우리는 흔히 동물을 조련하듯 강압적인 말투로 상대방을 진정시키려고 한다. "그렇게 흥분하지 마!" 또는 "그렇게 바로 열을 올릴 필요는 없잖아!" 같은 말을 하는 것이다. 그러나 이런 말을 하는 순간 상황은 의도와 정반대로 흘러간다. 왜냐하면 당신이 선을 넘어서 상대방이 책임질 영역을 침범했기 때문이다.

이럴 땐 당신의 반쪽에게 도대체 무슨 일이 일어난 건지 그 원인부터 찬찬히 살펴보는 게 훨씬 현명하다. 상대의 림비가 몹시 흥분한 상태라면 당신의 림비라도 침착해야 한다. 그리고 이 점을 명심해라. 만약 배우자나 연인이 당신에게 소리를 지르고 당신을 비난하거나 자극할지라도, 그건 상대의 내면에서 일어나는 문제다. 당신이 책임질 것은 그에 대한 당신의 반응뿐이다. 똑같이 소리 지르며 반격할 것인가? 아니면 기회를 엿보며 부드럽게 방어

할 것인가?

배우자로부터 거북한 말을 듣는다면 단순한 원칙을 견지하라. 당신이 느끼는 감정은 분명 당신 자신에게는 옳다. 그처럼 상대의 감정도 있는 그대로 받아들여라. 당신에게 쏟아지는 비난의 잘잘 못을 따지지 말고, 그저 상대가 자신이 느끼기에 옳은 대로 표현 했다고 생각하라. 만약 상대가 당신에게 "그렇게 흥분하지 말고" 라고 말한다면, 상대에게 비춰지는 당신의 모습은 '흥분한 상태' 인 것이다. 단지 그뿐이다. 그 말이 옳은지 아닌지에 대한 논쟁은 시작할 필요가 없다. 당신이 스스로 전혀 흥분하지 않았다고 생각 한다면, 흥분하지 않았다는 걸 몸소 증명하면 된다. 그러면 침착 한 태도를 유지할 수 있다. 배우자의 비난에 격분하는 순간 당신 은 덫에 빠져버리고, 결국 당신이 하지 않으려던 바로 그 행동을 하게 될 것이다.

Tip 싸울 때조차 관계를 소중하게 대하라

커플 사이에서 의견 차이가 있다면 상대를 비난하거나 탓하지 않도록 끝까지 노력하라. 언제라도 산뜻하게 그 자리에서 일어날 수 있도록 대화를 차분히 이어가라. 당신의 관계를 함부로 대할 수 없는 값비싼 보물 다루듯 하라. 공격적이고 경멸적인 말로, 더 더군다나 물리적인 폭력으로 해쳐서는 절대 안되는 그런 소중한 보물 말이다.

"한 번이라도 다정하게 말해줄 수 있잖아"라는 잔소리에 대한 최고의 방어는 다정다감한 태도를 계속 유지하거나, 평소보다도 더 다정하게 대하는 것이다. "당신"으로 시작하는 말을 할 때 주의하라. "당신은 너무 쉽게 화를 내요!"라는 말은 상대 림비의 영역을 침범하는 아주 전형적인 비난이다. "그렇게 큰 소리로 말하면 난 겁이 나요"라고 말하면 상대는 거부감 없이 받아들일 것이다. 대화할 때 서로의 영역으로 넘어가지 않는다면, 더 큰 갈등으로 번지지 않는다.

Tip 관계에서 일반화는 절대 금물이다

어느 한쪽이 '원칙'이나 '상식'을 고집하는 순간 사소한 견해 차이도 심각한 싸움으로 변한다. 일반화는 상대의 영역을 침범하는 일이다. '항상', '절대'란 말은 금기어다. 그 말을 꺼내는 순간 지금의 싸움과는 전혀 상관없는 옛날이야기, 즉 이제는 더 이상 거론할 필요도 없는 케케묵은 문제를 다시 끄집어내게 된다. 모든 문제를 지금 이 순간으로 제한하라. 지금 원하는 것에만 집중하면 모든 것이 단순해지고 갈등도 원만하게 해결할 수 있다. 관계를 매일의 식사라고 여겨라. 식사는 매일 새로 요리한다. 어제 원한 것과 오늘 원하는 것이 다를 수 있기 때문이다.

림비와 스트레스 호르몬

남성도 여성도 갈등 상황에서는 스트레스 호르몬인 코르티솔이 분비된다. 하지만 구체적인 원인은 각양각색이다. 남성의 경우 대체로 비난을 받거나 잔소리를 들으면 코르티솔이 분비된다. 여성의 경우 대체로 상대의 언성이 높아지거나 그의 말에 상처를 입었다는 생각이 들 때 코르티솔 수치가 올랐다. 그러나 반대로 여성이 소리를 지를 때 남성은 그다지 스트레스를 받지 않았고, 여성 또한 남자들이 비난하며 늘어놓는 잔소리를 놀라울 정도로 대수롭지 않게 받아들였다.

- 미국의 심리상담사 파트리샤 러브Patricia Love와 스티븐 스토스니 Steven Stosny는 남성과 여성의 스트레스 요인이 다른 이유는 성별 특유의 유아기 행동양식 때문이라고 주장했다.

- 그렇지만 해결책은 남성과 여성 모두에게 동일하다. 림비가 가장 좋아하는 신체적 표식을 사용하라! 쓰다듬어 주고, 키스하고, 서로 밀착하며 림비의 신체적 결속력을 견고하게 다져라. 그러면 각자의 림비는 자신이 느꼈던 불편함을 극복하고, 안정감과 애정을 느끼면서 더 이상 날을 세우지 않는다. 코르티솔 수치는 급격하게 내려간다. 스토스니는 이렇게 말했다. "말로 관계를 다지려는 시도는 그만둬라. 그 대신에 견고한 관계에서 좋은 말이 흘러나오도록 하라."

코르티솔   코르티솔

- 좀 이상하게 들리겠지만, 배우자나 연인에게 비판적이거나 듣기 어려운 말을 하려 한다면 우선 그의 곁에 앉아 그를 어루만져줘라. 반대로 상대의 림비가 곧 분노를 쏟아낼 것처럼 보이거나, "이번 주 내내 정말 당신에게 짜증났던 건 말이야…" 하면서 공격을 퍼부으려는 조짐이 감지되면, 우선 진심을 다해 그를 한번 안아주자. 한동안 조용히 포옹을 유지하다가 다정한 말 몇 마디를 건네라. 그다음에 차분하고 애정이 깃든 목소리로 그 주제에 대해 대화를 시도하라. 당신의 림비는 자연스레 침착해질 것이고 대화는 훨씬 효과적일 것이다. 더 이상 머리 꼭대기까지 치민 화나 그저 이 자리를 회피하고 싶은 마음을 억누르며 힘겹게 대화하지 않아도 된다. 마음이 편안해진 두 사람은 서로의 말을 좀 더 귀담아듣게 된다.

사랑이 끝난 후,
이별을 극복하는 5단계

아무리 영원한 사랑을 꿈꾸며 이 세상의 마지막 날까지 함께 행복하고 싶어 한들, 모든 관계가 끝까지 지속되지는 못한다. 속상하지만 어쩌겠는가. 대뇌피질이 좋아하는 양식, 객관적인 통계로 림비를 위로해보자. 독일 연방정부의 통계에 따르면 2023년에 약 36만 쌍이 결혼했고, 약 13만 쌍이 이혼했다. 통계적으로 2.8쌍당 한 쌍은 이혼을 했다는 말이다. 또한 평균적으로 결혼이 지속되는 연수는 14.8년이었다.

물론, 이별이 생각보다 흔하다는 정보가 어느 정도 위안이 될지는 몰라도, 서로 심하게 싸운 뒤 헤어짐을 언급할 때 당신과 상대의 림비가 엄청난 스트레스를 받는다는 건 변하지 않는 사실이다. 이때의 고통은 정신뿐 아니라 신체에까지 영향을 미친다. 아드레날린과 코르티솔이 다량으로 분비되고, 기분을 좋게 만들어주는 도파민은 어딘가 구석으로 숨어버린다. 최악의 경우 심장마비와 유사한 증상이 나타날 수도 있다. 의사들은 과도한 정신적 충격이 심장 기능을 저해하는 이런 증세를 스트레스성심근병증 stress cardiomyopathy이라 부른다.

한번 림비의 관점으로 보자. 사랑에 빠진 상태는 중독과 비슷하고, 이별은 그것을 끊어내는 것으로, 금단현상이 나타나는 것이 당연하다. 그래서 의사들은 이별 후에 세로토닌 수치를 높이는 활동을 적극적으로 찾아나서라고 권한다. 그렇지 않으면 기분이 지나치게 가라앉게 되고, 때로는 우울증이 생기기까지 한다. 뭘 하면 기분이 좋아질지, 림비가 보내는 신호를 유심히 살펴라. 림비가 바라는 일을 즐기면서 최대한 빨리 원기를 회복하자.

 어떻게든 몸을 움직여라

일상에서 더 많이 움직여라. 신선한 공기를 마시러 과하다 싶을 정도로 자주 외출하라. 운동하라. 이불을 머리 꼭대기까지 덮어쓴 채 누워 있고 싶은 마음뿐일지라도 집안에 틀어박혀 있는 것은 지양하자. 적극적으로 친구들을 만나고, 림비가 새롭게 네트워크를 구축할 수 있는 활동 영역을 찾아라. 축제, 동물원, 박물관, 여행, 어디든 떠나라. 스스로를 세상과 격리하는 것만은 절대 금물이다.

어린아이가 길을 잃어버려서 아무리 둘러봐도 엄마도 아빠도 보이지 않는 상황에 처하면, 아이의 림비는 고대로부터 내려온 위기 대처 프로그램을 가동한다. 그 순간 모든 그리움과 갈망이 그곳에 보이지 않는 그 대상에게 집중된다. 이는 아이에게 반드시 필요한 사람을 찾게 만드는 아주 적절한 조치다.

배우자나 연인과 결별하면 이와 동일한 과정이 시행된다. 그래서 이별 직후에 당신의 림비는 전 애인과의 기억을 극단적으로 미화하고는 한다. 이 세상에서 가장 아름다운 그녀가 당신을 떠나버렸고, 지구상에서 가장 멋진 그 이가 더 이상 여기에 없다. 대뇌피질은 림비가 발산하는 이런 감정을 인지하고는 놀라서 이에 반하는 프로그램을 작동시킨다. 모든 사고의 힘을 총동원해 이제 떠나버린 그 사람을 몰상식한 인간, 어리석은 사람으로 만들어버린다. 림비와 대뇌피질이 서로 충돌하는 일정 기간 동안 이성적인 판단은 거의 불가능하다.

그러니 헤어진 사람과 다시 만나고 싶거나 전화를 걸고 싶어도 그 유혹을 견뎌야만 한다. 어떻게 지내는지만 가볍게 듣고 싶어서, 결혼이 실패한 원인을 의논해보고 싶어서 등 이런저런 핑계에는 재회에 대한 희망이 잠재되어 있다. 이별의 고통과 후유증을 더 오래 지속시킬 뿐인 이런 생각들로 림비를 괴롭히지 말자. 단호하게 거리를 둬라. 감정과 기억을 분리해 구분하라.

충분히 시간을 들여 새로운 시작을 준비하라

당신의 짝은 이미 떠나버렸지만, 그 흔적은 너무 많이 남아 있다. 그와 함께 보낸 아름다웠던 시간을 모조리 기억에서 지워버리지는 못하지만 추억의 물건이나 사진을 전부 치워버릴 수는 있다. 그렇다고 모든 걸 바로 버리거나 태워버리라는 말은 아니다. 우선 상자에 넣어 당신의 손이 닿지 않는 곳에 보관하라.

그리고 믿고 의지하는 사람에게 그 관계에 대해 허심탄회하게 털어놓자. 제3자는 그 관계에 관해 객관적인 평가를 내리기가 훨씬 수월하다.

이별 후에는 '내가 다르게 행동했다면 결과가 달라지지 않았을까?'하는 가정적 생각이 끝없이 이어지기도 한다. 관계를 돌아보고 실패 원인을 차분히 분석해본 후에 자신의 실수가 분명한 것은 인정하되, 지나친 자책에 빠지지는 마라.

무엇보다 중요한 것은, 함께 보낸 시간 중 좋았던 모든 것에 감사한 마음을 갖자. 애도 기간을 충분히 가져라. 다시 말해, 위축된 상태에서 곧바로 앞으로 나아가려 시도하지 말자. 관계가 끝나고 그 즉시 다음 관계로 뛰어드는 건 림비가 진정으로 바라는 일이 아니다. 그런 행동은 림비는 물론, 새롭게 당신을 찾아올 상대에게도 과한 짐을 지운다.

림비의 이별 극복
다섯 단계

오스트리아의 심리학자 게르티 젱어 Gerti Senger 는 다수의 이별 사례를 통해 결별 후 림비가 겪는 전형적인 과정을 다섯 단계로 정리했다.

· **충격과 저항:** 배우자나 연인이 떠나고 나면 당신은 매우 당황한다. '이런 일이 내게 생기다니. 생각조차 못 했어!' 당신은 충격에 빠져 현실을 부정한다. '정말 이게 현실인가? 지난 몇 달간, 아니 최근 몇 주만 해도 우리 사이가 좋아지고 있다는 징조가 분명히 있지 않았나? 왜 그런 기적이 일어나면 안 되는 걸까? 우리가 헤어지다니?' 림비는 격렬하게 이별에 저항한다.

- **마비** : 수많은 추억을 같이 쌓았지만 이제는 그저 허무한 폐허만 남았다. 림비는 온몸에 마비가 온 것처럼 무력해진다. '이제 어떻게 하지? 내 인생은 전부 엉망진창이야.' 림비는 그저 어디론가 사라지고 싶은 마음뿐이다.

- **투지** : '이렇게 끝낼 수는 없어!' 림비는 온 힘을 끌어모아본다. 떠나간 애인을 다시 쟁취하려는 의욕에 불타오른다. '내가 변하고, 관계를 회복하려 노력한다면 분명 예전처럼 서로 사랑할 수 있을 거야!'

- **수용** : 당신의 시도가 실패했다. 그는 떠났고, 다시 돌아올 생각이 없다. 림비의 전투는 무의미했고, 당신은 그 싸움에서 처절하게 패배

했다. 당신의 림비는 슬픔과 분노를 동시에 느끼며, 온갖 감정이 교차한다. 아무것도 손에 잡히지 않는다. 그러나 마지막에 도움이 되는 단 한 가지는 바로 모든 것에 마침표를 찍고, 그 관계가 완전히 끝났음을 인정하는 것이다. 그것이 아무리 힘들더라도 말이다.

• **놓아주기**: 끔찍한 네 단계가 지나고 나서야 새로운 시작이 가능하다. 이 과정을 단축할 지름길이나 정서적 고속도로는 그 어디에도 없다. 네 단계가 모두 끝나고 나면 그제서야 그 사람이 없어도 인생은 계속된다는 걸 깨닫는다. 물론 아직 다 괜찮지는 않다. 무너진 사랑으로 인한 실망감은 한동안 지속된다. 당신은 림비의 뒤섞인 감정을 정리하고 앞으로 살아가야 할 현실을 다시 구성해야 한다. 이제 새로운 시작이다.

★ 림비가 전하는 핵심 포인트 ★

- 이상적인 배우자가 아니라 이상적인 부부 관계를 꿈꿔라.
- 사랑의 삼각형, 열정(성적 끌림)·친밀감(신뢰와 존중)·헌신(장기적인 관계 유지의 의지)을 조화롭게 추구하라.
- 특별한 로맨스만을 바라지 말고 일상을 맞춰가는 즐거움을 누려라.
- 추억의 장소를 재방문하거나 새로운 데이트를 시도해서 설렘을 되살릴 수 있다.
- 의견 충돌이 있을 때는 '내'가 바라는 것이 무엇인지 명확히 분별해라.
- 차분함을 유지하며 다정하게 말하고 스킨십을 하면 갈등이 부드럽게 지나간다.
- 이별 후에는 몸을 움직이고 새로운 곳을 찾아가 우울감을 해소하라.
- 이별이 슬픈 건 당연하다. 애도 기간을 충분히 가져라.

림비 모드

난 당신을
생각해요!

마음속에서 피어나는 사랑의 말로 이 그림을 완성해보자.

사랑의 메시지

그에게 항상 전하고
싶었던 말은?

림비는 너를
사랑해

안녕 내 사랑
오늘은 저녁 7시쯤
집에 올게!

림비
IN LOVE

팁
연애편지를 예상치
못한 곳에 숨겨보자.
예) 냉장고 안

이 편지를 예시로 삼거나 자신만의 독창적인 스타일로 사랑의 편지를 써보라.

사랑의 큐피드 림비의 조언

모든 종류의
사랑에 적용된다!

사랑하는 사람들에게 애정이 듬뿍 담긴 편지를 보내라. 무슨 말을 써야 할지 감이 오지 않을 때가 많다. 그럴 때는 림비가 웃으며 하는 말에 귀를 기울이자.

림비의 얼굴 그리기:

먼저 동그라미 두 개를 그리고 그 안에 점 두 개 찍기. 그 아래 작은 접시를 그리고, 그 밑에 좀 더 커다란 접시 한 개. 그다음 반대 방향에도 또 다른 접시 한 개를 그리면, 림비의 얼굴이 완성된다!

림비의 웃는 얼굴을 보면 대뇌변연계에 무조건 긍정적인 반응이 일어난다.

림비의 얼굴을 한 번 그리고 나면 이 얼굴을 어디에나 그리고 싶은 마음이 들 것이다.

당신이 아끼고 사랑하는 사람들에게 쓰는 쪽지, 쉬는 시간에 먹을 간식 포장지 위, 다이어리 안, 세차를 하지 않아 먼지가 자욱한 자동차 위, 화장지의 33번째 칸, 문 앞에 쌓인 흰 눈 위, 김이 서린 욕실 거울…….

이건 어때요:
림비의 얼굴을 손바닥에 그려보자!

림비의 얼굴을 손바닥에 그리고 사진을 찍어 SNS에 올리면 놀라운 파급효과가 시작된다!

여기 뭔가
감춰져 있어요!

이 페이지의 고해상도 이미지 파일을 다운받을 수 있습니다.

림비와 행복

시간과 공간을 적절하게 유용하고, 경제적 자유와 건강한 몸을 가지며, 사랑하는 사람과 원만한 관계를 유지함으로써 궁극적으로 우리는 림비와 함께 행복하고자 한다. 이 장에서는 행복이라는 그 원대한 목표에 접근해보자. 직업, 관계, 기억은 물론, 의외로 공부도 행복에 기여할 수 있다. 항상 행복한 것만이 답은 아니라는 깨달음까지 나아가면, 진정한 행복에 한 발더 가까워질 수 있다.

뇌가 즐거워야
인생이 행복해진다

독일의 심리학자 우베 뵈쉐마이어Uwe Böschemeyer는 자신의 저서 《왜 안 되는가Warum Nicht?》를 소소한 일화로 시작한다. 그는 함부르크 기차역에서 베를린행 기차를 기다리면서 스쳐 지나가는 사람들의 얼굴을 관찰했다. 어떤 얼굴에서 만족, 평온, 행복의 특징을 발견할 수 있을까? 지극히 주관적인 그의 관찰 결과, 100명에 이르는 사람들 중 겨우 서너 명만이 그가 찾던 그 무언가를 보여줬다.

그 책을 읽은 이후로 난 기차역에 가거나, 길거리를 걷거나, 공공장소를 지나칠 때 이런 생각을 한다. "어쩌면 저기 어딘가에서 뵈쉐마이어 박사가 앉아서 조사 중일지도 모르겠군." 이런 생각이 들 때면 내가 100명 중 단 서너 명, 긍정적인 마음이 얼굴에 드러났던 그 사람이 되기를 간절히 바란다.

왜 그렇게 보이고 싶은 걸까? 난 다른 사람이 날 어떻게 보든 별로 개의치 않는 편이다. 그러나 내 림비의 행복한 미소를 보면 다른 림비들도 기분이 좋아질 거라는 생각 때문에 행복해 보이고 싶다. 다른 사람을 행복하게 해주는 것은 내게도 정말 기쁜 일이다.

Tip 행복하고 싶다면 미소를 지어라

행복하게 보이려면 꽤나 큰 노력이 필요하다. 아무런 감정도 읽히지 않는 무표정으로 있는 것이 아무래도 더 쉽다. 사람들은 자신이 직장이나 대중교통에서 마주친 사람들이 얼마나 불만으로 가득한 얼굴이었는지 불평하곤 한다. 그런데 그 얘기를 하는 사람들은 뭐가 달랐을까? 그런 표정을 관찰하면서 자기도 똑같이 무미건조한 표정을 짓거나 인상을 찌푸린 건 아닐까?

여기에 림비의 아주 내밀한 비밀 하나가 있다. 행복은 다른 사람과 연관되어 있지만, 동시에 내 책임이기도 하다. 내가 불행하다고 해서 그걸 타인의 탓으로 돌리는 건 옳지 않다.

변화를 만들어보라! 림비의 건강을 위해 가벼운 도전을 시작해보자. 평상시에 좀 더 따뜻한 표정을 지어보는 것이다. 앞서 살펴봤듯이 미소는 행복한 기분을 만들어내는데, 사람들 앞에선 효과가 배가 된다. 미소를 지으면 스스로 기분이 좋아지고, 그 미소를 마주한 사람들에게도 미소가 번지기 때문이다.

2010년 일본의 연극연출가 히라타 오리자_{ひらたオリザ}는 로봇 '제미노이드 F'와 연극 배우 브라이얼리 롱_{Bryerly Long}이 함께 등장한 연극 〈사요나라〉를 도쿄에서 선보였다. 인간과 유사한 여성형 로봇 '제미노이드 F'와 여성 배우는 각자 연습한 연기를 선보였다. 로봇이 얼마나 능력이 출중하고 자연스러웠는지, 관중은 깊은 인상을 받았을 뿐 아니라 혼란스러워했다. 연극이 끝나고 인간 배우에게 무대에서 연기를 하는 동안 기분이 어땠는지 묻자 그녀는 이렇게 답했다. "외로웠어요."

고양이나 바다표범, 어떤 동물이든 살아 있는 존재와 무대에 섰다면 그녀는 다른 소감을 말했을 것이다. 인간은 완전한 외로움

에 빠지지 않으려면 내 것 외에 다른 림비가 필요하다. 독일에서 계속 증가세를 보이는 반려동물의 엄청난 수가 이를 입증한다. 통계에 따르면 2023년 기준 독일의 반려동물 수는 약 3430만 마리로 집계되고 있다. 독일 전체 가구의 45퍼센트가 적어도 한 마리는 키우고 있으며, 반려동물을 키우는 사람 중에는 60세 이상 노년층의 비율이 26퍼센트로 가장 높다.

인간을 진정 행복하게 만드는 요소를 찾기 위해 카너먼은 텍사스에서 직장을 다니는 1000명의 여성을 조사했다. 카너먼은 여성 참가자들에게 그 전날 한 일과 소요 시간, 그때의 기분을 적어달라고 부탁했다. 그들이 가장 편안하게 느꼈던 네 가지 활동은 다음과 같았다. 섹스, 친구 만나기, 맛있는 음식 먹기, 휴식. 반면 가장 힘들고 거북했던 활동은 출근, 직장에서의 업무, 퇴근으로 나타났다. 출근길이 멀수록 설문 응답자의 불만도는 높았다. 이 결과는 유럽 전역에서도 비슷하게 나타난다.

행복을 연구하는 시카고대학교의 심리학 교수 미하이 칙센트미하이Mihaly Csikszentmihalyi의 연구 결과도 이와 같은 선상에 있다. 그는 사람들이 누구와 있을 때 가장 행복한지 조사했다. 상위권에는 친구, 가족, 배우자가 포진되어 있었고 최하위에는 인격화된 직장, 즉 상사가 있었다.

그렇다면 사람들이 일하지 않고 무직 상태로 집에만 있기를 바란다는 걸까? 절대 그렇지 않다! 미국의 심리학자이자 행복 전문가인 에드워드 디너Edward Diener는 직장을 잃으면 불행해지고, 그 감정은 매우 오랫동안 지속된다고 주장했다. 새로운 직장을 구해도 실직의 상실감은 그 후로도 오랫동안 인생의 만족도를 갉아먹는다.

그보다 더 최악인 건 바로 외로움이다. 많은 사람이 힘들었던 긴 하루를 마치고 혼자 조용히 휴식하며 아무것도 하지 않기를 꿈꾸지만, 장기적으로 보면 고독감이 사무치는 여유만큼 행복지수를 떨어트리는 것도 없다.

림비는 타인과의 교류가 필요하다. 다른 사람과 함께할 때 림비와 당신의 마음은 기쁨으로 가득해진다. 친구를 사귀고 우정을 키워라. 퇴근 후에 가족이나 지인들과 시간을 보내라. 주말에도 침대 안에만 있지 말고 사교의 기회를 만들어라.

직업적 소명과 행복의 상관 관계

긍정심리학의 창시자 중 한 명인 미국의 심리학자 마틴 셀리그만Martin Seligman은 인간을 행복하게 만드는 것이 무엇인지 오랫동안 연구해왔다. 그는 직장생활을 직업, 커리어, 소명의식으로 구분했다. 직업은 단순히 돈 때문에, 커리어는 성공하기 위해 일하는 것이었는데, 소명의식은 열정을 우선시했고 돈과 명예는 부수적인 것으로 간주했다. 셀리그만은 소명의식을 갖고 일할 때만 비로소 행복과 만족감이 찾아온다고 주장했다.

- 셀리그만은 다음과 같이 조언했다. 지금 직장에 만족하지 못한다고 해서 바로 이직하지 마라. 직업적 소명을 찾을 수 있도록 업무에 변화를 줘보자. 당신의 고유한 재능, 당신이 가지고 있는 강점들을 직장에서 더 적극적으로 사용해보라. 이렇게 재능을 발휘할 때 내면에서 열정, 활력, 진정성이 샘솟는 것을 느낄 것이다. 림비는 항상 당신의 강점들을 업무에 적용하고 싶어 한다.

- 셀리그만은 사람들이 가지고 있는 강점들을 총 스물네 가지로 분류했다. 친절, 용기, 지식에 대한 갈망, 사회적 지능, 창의성, 감사 등이 있다. 모든 사람은 3~7가지의 강점을 지니고 있다. 이런 강점을 일과에 적용할 수만 있다면 행복과 만족을 느낄 것이다. 셀리그만은 약점을 좀 더 낫게 개발하는 것은 효과가 없다고 말했다. 그가 생각하는 좋은 인생의 공식은 이렇다. 각자가 지닌 강점을 더 강화하고,

삶의 최대한 많은 영역에서 최대한 자주 활용하는 것이다.

• 당신의 강점이 궁금하다면 셀리그만의 사이트인 www.authentic happiness.org를 방문해보라. VIA Survey of Character Strengths 설문지를 활용하면 당신이 지닌 강점을 발견할 수 있다.

삶의 주도권을 되찾는
기억 사용법

림비가 기억을 상기할 때는 다른 무엇보다 감정이 강렬하게 떠오른다. 림비의 기억 보관실은 골판지 상자가 가득한 법원 자료실과 비슷하다. 강렬한 감정이 동반된 큰 사건은 커다란 용기에 보관되고, 작은 상자들은 그보다 감정적 동요가 덜 했던 기억을 담는 데 사용된다. 상자 안에는 당시 그 감정들을 일으킨 근거가 전부 담겨 있다. 모든 사소한 세부 사항, 즉 무의미해 보일 정도로 작은 관찰과 감각적 인상, 물건들, 멜로디, 움직임도 있고, 해당 일의 큰 맥락이나 인과관계도 들어 있다. 어떤 상자에는 일회성 사건이, 또 다른 상자에는 항상 반복되는 경험이 보관된다. 이런 용기 없이는 감정과 기억, 그 모든 사실을 저장하지 못하는데, 이 용기들을 제작하는 건 거의 림비의 몫이다.

가족 또는 친구들과의 모임에서 날씨나 기차 연착, 다이어트 같은 고리타분한 주제로 지루한 대화가 이어진다면, 단순하지만 효과는 끝내주는 질문으로 분위기를 쇄신해보자. 각자 직접 체험한 일 중에서 가장 오래된 '첫 기억'이 무엇인지 물어보는 것이다. 사진을 바탕으로 한 얘기, 다른 사람이 들려준 일화 등은 배제하라. 아주 흥미롭고 놀라운 이야기들이 나올 것이다. 첫 기억은 항상 림비에게서 비롯되기 때문이다.

"당신의 가장 오래된 기억은 무엇인가요?"라는 질문으로 모여 있는 사람들의 신피질을 우아하게 우회해 감정으로 가득한 림비의 세상으로 향하라. 끔찍했던 일을 상기할 때도, 행복한 순간을 떠올릴 때도 림비가 지닌 엄청난 능력에 감탄하게 될 것이다.

토의 모임, 브레인스토밍 회의, 워크숍 등에서도 최초의 기억에 대한 질문을 활용하면 림비의 정서적 영역에 들어갈 수 있다. 그리고 그런 솔직한 정서는 그 모임의 능률을 높여준다. "당신이 처음으로 본 요구르트의 용기는 어떻게 생겼나요?" 또는 "처음으로 패킹이나 포장 때문에 깊은 인상을 받았던 제품은 무엇인가요?" 이런 질문은 '신규 요구르트 패킹 디자인'에 관한 집단 토의에 생기를 불어넣는다. 이런 방식으로 접근하면 의무적으로 아이디어를 내는 지겨운 회의에서 벗어나 진심과 열정을 다해 의견을 주고받을 수 있다.

기억이 꼭 사실과 일치하는 것은 아니다

대뇌피질에는 '나는 누구인가?'라는 질문을 맡고 있는 특정 부위가 있다. 이 부위는 단편적인 기억이 가득 보관되어 있는 기억 창고를 종합해서 자신의 일대기를 산출해낸다. "나는 행복한 사람인가?" "내 유년 시절은 행복했나?" "지금 나는 잘 지내고 있는가?" 이런 질문들에 대한 대답은 그렇게 기억들을 엮어서 나온다.

미국의 심리학자 존 코트리John Kotre는 자기 자신에 대한 기억이 작동하는 방식을 흥미로운 은유법으로 표현했다. 코트리는 자료로 빼곡하게 채워진 기록 보관실과 이야기꾼을 연상하면 된다고 말했다. 사실이란 매우 광범위해서 재빠르게 떠올릴 수 없다. 그래서 이야기꾼이 그 내용을 요약해서 짧은 문장들로 만든다. '항상' 또는 '절대' 이런 단어가 나오면 그런 식으로 압축된 연대기라는 걸 알아볼 수 있다. 예를 들면, "난 항상 불편한 그 바지를 입어야 했어", "난 절대로 저녁에 영화를 볼 수 없었지" 같은 식이다.

중요한 기억은 강렬한 감정을 동반하기 때문에 이야기꾼은 림비와 긴밀하게 협력한다. 그들이 만든 이야기는 사실로 뒷받침이 되고, 반복해서 말하면서 메시지는 점점 견고해진다. 그렇다고 해서 그 이야기가 정확하다는 의미는 아니다. 당신이 '항상' 어린 여동생을 돌봐야 했다고 생각한다면, 당시 함께 있던 주변 사람들에게 물어보라. 그들도 당신과 같은 기억을 가지고 있는가? 당신이 어렸을 때 '절대로' 텔레비전 채널을 마음대로 정하지 못했다고 기억한다면, 어쩌면 몇 차례에 불과했던 경험에 전반적으로 자유가 부족하다는 불만족스러운 감정이 세월이 흐르면서 덧입혀진 것일지도 모른다.

기억의 주도권을 되찾는 방법

대뇌피질의 도움을 받으면 어린 시절에 대한 잘못된 기억을 수정할 수 있다. 당신의 이야기꾼이 거듭 회고하는 방식과는 달리 실상은 그만큼 힘들지 않았을 수도 있다. 코트리는 이런 방식으로 기억을 개정하면 우리의 삶이 훨씬 더 행복해질 수 있다고 주장했다. 그러나 이는 반대로도 유효하다. 당신의 유년 시절은 당신이 인정하고 싶은 것보다 훨씬 더 힘들었을지도 모른다.

과거의 일을 객관적으로 기억하기란 매우 힘들다. 어쩌면 아예 불가능할지도 모른다. 그러니 림비가 고용한 이야기꾼이 들려주는 단편적 평가를 지나치게 맹신하지 마라. 그는 자신이 기억들의 보고를 해석할 수 있는 유일한 권위자라고 주장한다. 그러나 림비의 이런 독점적 권위는 의심하라. 신피질과 대뇌변연계가 함께 협력해야지만 과거의 실상을 제대로 재현할 수 있고, 그래야만 당신이 현재와 미래에 대해 올바른 주도권을 가질 수 있다.

행복한 기억이
행복한 감정을 만든다

아주 어린 소년이었을 때는 방이 따로 없었기에 나는 부모님의 방 한쪽에 놓인 작은 침대에서 잠을 잤다. 내 침대 바로 옆에는 욕실로 이어지는 문이 있었다. 깜깜한 방 안에 누워 있을 때 욕실 문 틈 사이로 새어 나오는 은은한 불빛이 보이고 욕조에 물 흐르는 소리, 목욕하는 사람이 내는 첨벙첨벙 소리가 들리면 행복한 감정이 나를 휘감았다. 거기에 따뜻한 수증기의 희미한 냄새, 침대에 누워 있는 편안함, 노곤노곤함이 모두 어우러져 평온함과 안정감을 자아냈다. 어쩌면 이것이 내 첫 기억일지도 모른다.

나 역시도 욕조에서 목욕하는 걸 좋아했지만, 아빠나 엄마, 내 형제가 중 누군가가 그런 행복한 순간을 즐기고 있다는 사실을 인지하는 것만으로도 기분이 좋아졌다. 오늘날 다시 그 감정을 되짚어보면 림비의 네트워크 덕분인 듯하다. 가족의 림비와 화합을 이루고 있는 내 림비의 선물이었던 것이다. 내 신체적 표식은 타인의 신체적 표식과 이어져 있다. 지금도 여전히 내 주변 사람들이 잘 지낸다는 소식을 들으면 낙원에 있는 것같이 행복하다.

이토록 공부가
재미있을 수 있다니

당신은 리본 묶는 법을 아는가? 넥타이 매는 법은? 스키를 타는가? 다룰 줄 아는 악기가 있는가? 옷을 다릴 수 있는가? 사과 껍질을 깎을 때 기다란 한 줄로 깎을 수 있는가? 이 기술들은 전부 이 세상의 모든 생명체 중 오로지 인간만이 할 수 있는 멋진 능력들이다.

배움은 최우선적으로 신체적인 문제다. 인류사를 살펴보면 문자, 숫자, 이름, 수학 공식, 역사, 화학결합물, 전화번호 또는 축구팀 등을 공부한 것은 아주 나중에나 일어난 일이다. 그 전의 수십만 년간 가장 중요한 학습 내용은 신체를 제대로 활용하고 도구 사용법을 익히며 새로운 연장을 만들어내는 것이었다.

이 세상에 태어난 그 순간부터 당신은 배우기 시작한다. 고조할아버지, 증조할머니 그리고 그보다 훨씬 먼 조상과 비교하면 그들에게 너무 어려웠던 과제도 당신은 수월하게 해낸다. 사실 '평생 학습'을 내세운 광고는 우습다. 인간이 평생 무언가를 배우는 건 너무나 당연한 일이 아닌가.

우리는 항상 배우고 있지만, 문제가 생겨야 무언가를 학습하고 있다는 사실을 의식한다. 단어나 숫자, 이름, 기타 코드 등이 바로 떠오르지 않을 때 말이다. 이는 마치 도로 위를 운전하는 것과 같다. 도로라는 존재를 너무 당연시하며 달리다가 도로가 끊기거나, 도로에 구멍이 있거나 또는 비나 눈, 먼지 때문에 시야가 가려져 도로를 유심히 봐야 할 때가 되어서야 도로를 인식한다.

이 사실을 학습에 적용하면 다음과 같은 깨달음을 얻게 된다. 배움은 림비가 거부할 때만 어렵게 느껴진다. 그렇기 때문에 학습 전체를 논할 필요는 없다. 림비가 가끔 고집을 부리는 순간들만 살펴보면 된다.

 정보가 머릿속에서 튕겨 나오는 이유

앞서 언급한 것처럼 림비는 기억의 문지기 역할을 한다. 림비의 마음에 드는 정보는 아무런 문제 없이 그 즉시 받아들인다. 월드오브워크래프트의 영웅 캐릭터가 내뱉는 마법 주문, 국가대표 축구선수 이름, 좋아하는 음식, 매력적인 직장동료의 이름 등은 애쓰지 않아도 쉽게 기억할 수 있는 이유다.

그러나 림비가 재미없다고 느끼면 정보를 받아들이는 것을 거부한다. 따분하다는 생각이 드는 순간 림비의 마음은 식어버리고,

그 정보에 쓸모도, 연결점도 없다고 판단한다. 다시 말해, 림비는 그것에 대해 그 어떤 감정도 느끼지 못한다.

전도성 재료에 대한 독일 전해질 구리 견적은 순도 99.5퍼센트 구리의 거래소 가격에 따라 달라지며 구리의 일일 가격을 계산하는 데 중요한 매개 변수로 간주된다. 그렇다! 바로 이런 정보를 말하는 것이다. 림비는 방금 그 정보가 글을 읽을 때 사용하는 작은 임시저장소에 들어가는 것조차 허락하지 않았다. 전해물질인 구리에 눈곱만큼의 감정도 느끼지 못하기 때문에 림비는 이런 정보를 거부한다.

무언가를 배우려면 림비가 자신에게 접근하는 학습 자료에 감정을 느껴야 한다. 새로운 공부에 빠져들어 열정이 생기면 가장 좋다. 신경생물학자 게랄트 휴터는 독일 교육기관에 인내심을 가지고 이 사실을 반복해 강조하고 있다. 학습자가 진심을 다해 배우고, 그 내용이 학습자에게 의미가 있어야만 뇌에서 새로운 시냅스 연결을 촉진하는 신경가소성neuroplasticity 전달물질을 분비한다는 것이다.

Tip 추후에 얻게 될 보상으로 림비를 매수하라

당신은 자발적으로 달리기를 배웠고, 그 외에도 자전거 타기, 숫자 세기, 모국어 그리고 컴퓨터게임을 크게 힘들이지 않고 습득했을 것이다. 그렇지만 새롭게 개정된 세금법, 미적분, 신체의 해부학적 명칭 또는 WPA4 암호화 원리처럼 듣기만 해도 골치가 아프고 도저히 학습 동기가 생기지 않는 주제를 공부해야 할 때가 종종 생기기 마련이다.

고리타분하기 짝이 없는 정보라도 림비의 머릿속으로 넣을 수 있는 방법이 있다. 그 비법을 당신에게만 살짝 공개하려 한다. 방법은 아주 간단하다. 문지기를 매수하라! 이 방법은 자주 쓰이기도 하고, 놀라울 정도로 효과가 탁월하다. 보수가 아주 높은 회계사의 림비는 먼지가 쌓인 연방법 규정을 머릿속에 쏙쏙 담으면서도 아무런 저항을 하지 않는다. 의대생의 림비도 듣기만 해도 어지러운 라틴어 의학용어들을 밤새도록 외우고, 하나하나 정성스레 머릿속에 저장한다. 추후에 얻게 될 안정적인 수입 덕분이다.

배움은 다른 세상에 입장하는 것이다

당신이 만 15세 여학생이거나 고수입을 기대하기 어려운 철학 전공자라고 해도 좌절할 필요는 없다. 다행히 림비의 문지기를 설득할 방법은 그 밖에도 여러 가지가 있다.

림비가 특정 학습 내용은 순순히 들여보내주는 이유가 무엇인지 다시 한번 찬찬히 들여다보자. 클럽에 들어갈 때, 적절한 조건만 갖추면 문 앞에 서 있는 경비에게 아무런 제지를 받지 않고 입장할 수 있다. 즉, 나이 제한에도 걸리지 않고 알맞은 복장을 걸쳤다면 말이다.

학습은 머리로만 하는 것이 아니다. 전 존재가 새로운 공동체 안에 들어가는 행위다. 프랑스어를 배우면 프랑스 문화의 한 부분을 체험하는 것이다. 피아노를 배우면 음악인의 영역 안에 성큼 들어선다. 수학을 배우면 정확한 분석적 사고로 이뤄진 세상과 하나가 될 수 있다.

바로 이것이 많은 학습이 실패하는 이유다. '전통적 고교 교육과정' 또는 '취업을 위한 기본적인 전제조건'의 세계로 입장하고 싶은 열망이 전혀 없기 때문이다. 사실 누구나 무언가를 배우고자 하는 의향은 있다. 다만 그 분야가 사회가 요구하는 것과 다른 경우가 있을 뿐이다.

이것을 배우면 어떤 공동체의 일원이 될지 그려보자. 내가 되고 싶은 모습을 상상해보고 그렇게 되기 위해서 배워야 할 분야가 무엇인지 알아보자. 바로 그 분야를 공부하면 배움의 효율이 월등히 높아질 뿐 아니라 일상에 새로운 활력이 생긴다.

배움의 과정을 훌륭하게 통과해 그 내용을 온전히 자신의 것으로 만들었을 때 펼쳐질 가능성을 최대한 선명하게 그려서 림비에게 보여주자. 기꺼이 그 공부를 위해 에너지와 시간을 투자할 마음이 림비에게 생길 것이다.

 림비가 선호하는 학습 방법을 찾아라

누군가가 당신에게 지시하는 방식이 아닌, 당신의 림비가 가장 선호하는 방식으로 학습하라. 기억의 입구를 제어하는 림비를 편안하게 만드는 것이 무엇보다 중요하다! 당신의 림비가 라디오 청취나 영상 시청을 즐긴다면 해당 주제에 관한 팟캐스트나 오디오북 또는 온라인 강의를 찾아보자. 수학이나 물리의 골치 아픈 문제조차 손쉽게 풀이해놓은 영상을 찾을 수 있을 것이다!

당신의 림비가 글로 쓰인 것을 선호한다면 관련 서적을 구해보거나 인터넷 백과사전에서 관련 정보를 읽어보자. 이때 주의할 점은 텍스트를 좋아하는 림비라 해도 모니터 화면상의 활자는 혐오할 수도 있다는 것이다. 그럴 땐 찾은 자료를 종이로 출력하자. 그렇게 하면 중요한 부분에 밑줄을 그을 수도 있고, 모니터 앞보다 림비가 더 좋아하는 곳에서 편한 자세로 읽을 수도 있다.

림비가 지닌 뛰어난 공간지각능력을 활용하는 것도 훌륭한 방법이다. 학습한 내용으로 '뇌지도mindmap'를 완성하라. 학습 자료를 머릿속에서 3차원으로 배치해보는 것이다. 장소와 관련된 자료일 경우 인터넷 지도를 이용해 그 위치를 정확히 파악해라.

세부 사항에 유의하라. 림비가 좋은 재질과 냄새를 중요하게 생각한다면 품질이 엉망인 종이에 인쇄된 더러운 책 한 권만으로도 공부할 마음이 싹 사라질 수 있다.

Tip 가르치기는 최고의 학습법이다

어떤 내용을 내 것으로 만드는 데 가장 효과적인 방법은 바로 가르치기다! 방금 공부한 것을 얘기할 수 있는 누군가를 찾아라. 다른 사람이 이해하도록 설명하다 보면 공부한 내용이 자연스레 머릿속에 저장된다. 어느새 듣는 사람이 그 내용에 관심을 가질 만큼 의욕적으로 전달하고 있다면 당신은 공부의 가장 큰 장애물을 뛰어넘은 것이다. 림비가 그 내용이 정서적으로도 흥미롭다고 느끼는 순간, 장기기억으로 향하는 문이 활짝 열린다.

Tip 선율을 붙여 외우면 효과가 배가 된다

당신의 림비가 노래를 부를 줄 아는가? 그렇다면 도움이 되는 또 다른 방법이 있다. 텍스트와 멜로디를 하나로 합치면 크게 힘들이지 않고 암기가 가능하다. 대학에서 신학을 공부할 때 난 히브리어를 배워야 했는데, 교수님은 우리에게 요들송 '페터 아저씨' 곡조에 맞춰 히브리어 숫자 1부터 10까지를 외우게 했다. 그렇게 외워서인지 아직까지 히브리어 숫자를 잊어버리지 않고 부를 수 있다.

림비가 좋아하는 숫자 외우기 방식

수치로 된 개념은 장면이나 감정과 결합할 때 보다 효과적으로 장기기억에 보관된다. '600평방킬로미터 크기의 유막'에 관한 뉴스를 들으면 림비는 그 정보를 흘려듣고 기억 창고에 저장하지 않는다. 그렇지만 '보덴 호수만 한 크기'라고 하면 해당 정보가 기억에 남을 가능성이 높아진다. 아래 사례를 참고해 숫자를 기억에 각인시킬 나만의 방법을 찾아보자.

- 독일의 국토는 35만 7022평방킬로미터다. 림비를 위해 이미지를 그려보자면 이렇게 할 수 있다. 하루를 1000평방킬로미터라고 하면 독일은 1년 크기가 되는 것이다. 1년을 정확히 계산하면 36만 5000평방킬로미터로, 독일보다 약 8000평방킬로미터 크지만 이 정도면 매우 근접한 근사치라 할 수 있다. 영토의 크기가 비슷한 국가로는 일본이 있다(37만 7800평방킬로미터).
- 독일 남서부 자를란트 주는 2658평방킬로미터이며 바이에른 주의 크기는 7만 547평방킬로미터다. 림비를 위해 위 독일 면적과 같이 이미지화하면 자를란트 주는 2.5일, 바이에른 주는 2달 반에 해당하는 크기다.
- 바이에른 주의 인구는 약 1200만 명인데, 이를 림비를 위해 이미지화한다면 기독교의 12사도를 떠올려, 한 사도당 100만 명씩, 12명이니 총 1200만 명이라고 묘사할 수 있다.

• 연도와 관련된 숫자의 경우 중요 인물의 나이 같은 몇 개의 숫자를 기준점으로 잡으면 좋다. 림비에게 인간의 연령은 매우 명료하기 때문이다. 종교개혁이 일어난 1517년에 16세기는 17세였다. 그러니 반항적인 사춘기였던 것이다. 16세기가 되기 17년 전(1483)에 마르틴 루터Martin Luther가 태어났으며 그는 62세에 세상을 떠났다.

• 프랑스대혁명은 1789년에 일어났다 (1 그리고 순서대로 7, 8, 9). 그때 괴테는 남자의 절정기라고 할 수 있는 마흔 살이었고, 82세에 사망했다(비슷한 연령대에 사망한 친척과 비교하며 연상하라).

시험 전날에는 밤새우지 마라

　미국의 신경학자 테런스 세이노스키 Terrence Sejnowski는 실험을 통해 우리의 뇌가 수면 중에 학습 내용을 정리하며 최적화한다는 사실을 입증했다. 다른 다수의 연구 결과도 하룻밤을 자고 나면 그 전날 공부한 내용이 뇌 속에 안착한다는 사실을 뒷받침했다. 따라서 시험 또는 그와 유사한 과제를 앞두고 있다면 그 전날 저녁에 지금껏 공부한 내용을 한번 훑어보고 숙면을 취해라. 그다음 날 아침에 일어나 전날 본 내용을 간략하게 다시 한번 들여다보라. 실험 참가자들은 학습 내용을 전날 저녁보다 무려 다섯 배나 더 잘 기억했다!

 절대 림비의 의욕을 꺾지 마라

　배움에 대한 열정은 강요나 명령으로 만들어낼 수 없다. 스스로 즐거움을 느끼고 동기를 가져야만 한다. 학생의 열정을 불러일으키기 위해 부단히 노력하는 훌륭한 교육자들도 있지만, 배우고자 하는 마음은 누군가 대신 만들어주기 아주 어렵다. 그렇기에 정서적으로 긍정적인 학습 체험은 굉장한 선물이나 다름없다. 아무나 누릴 수 없고, 매우 드문 행복의 순간 중 하나로 손꼽힌다.

　반면 열정을 사그라트리는 건 매우 간단하다. 과소평가 한마디면(이 바보 같은 놈, 넌 절대 이걸 배우지 못할 거야!) 림비는 바로 화를 내며 배움에 부정적인 감정을 품는다. 따라서 림비의 민감한 부분을 알아두고 조심해야 한다.

림비가 자신의 길을 선택할 자유를 줘라

림비는 목표를 필요로 한다. 목표가 생기면 림비의 보상 및 동기 중추에서 즐거움을 유발하고 사람을 독려하는 신경조율물질인 도파민이 분비된다. 도파민이라는 출발 신호와 함께 달리기 시작한 림비는 결승점을 향해 맹렬히 돌진한다.

그럴 때 림비에게 어떤 길로 달려야 하고, 어떤 달리기 기술을 사용해야 하는지 지나칠 정도로 자세히 설명하면 림비의 열정은 순식간에 사그라진다. 선택 사항을 주지 않는 규칙, 시행 규정, 단계별 지도 등은 림비에게는 혐오스런 징계나 다름없다. 이런 것들은 대뇌피질이 검토하기도 전에 곧바로 대뇌변연계에 부정적인 영향을 미친다.

목표에 이르는 방법을 스스로 정할 수 있도록 당신 자신과 타인에게 최대한의 자유를 허락하라. 항상 가능한 한 많은 선택지를 림비에게 제공하자. 다양한 버전의 제품과 난이도가 각각 다른 여러 과제를 던져라.

성공한 기업들은 어렵게 일궈 낸 성취를 엄격한 규율과 냉철하게 정의한 프로세스로 지켜 내려고 한다. 그런 방법은 처음에는 아주 효과적으로 보인다. 그러나 일반적으로 시간이 흐르면서 직원의 림비는 스트레스를 받고 움츠러든다. 그러다 경쟁사에서 훨씬 창의적인 방법으로 따라잡기 시작하면 기업은 큰 타격을 입는다.

Tip NO! 금지어는 림비의 반항심을 자극할 뿐이다

림비를 제동하는 또 다른 징계는 금지령이다. 막스플란크 조류학 연구소의 연구진은 개방된 자연에 설치된 기물의 파손과 절도를 막고자 어떤 표지판의 어투가 가장 효과적인지 조사했다. 연구진은 뮌헨 시립공원에 '접근 금지!', '도난 시 신고 됨!', '건들지 마세요. 대학생 과제입니다. 우리는 돈이 별로 없어요' 등 다양한 문구를 달아 60여 개의 기기 모조품을 설치했다.

결과는 분명했다. 강력한 금지령보다 감정에 호소하는 문구가 기기를 제자리에 지키고 있을 확률이 훨씬 높았다. 다시 말해, 단호한 금지령보다 정감 가는 문구가 더 강력한 효과가 있었다! 림비의 관점으로 보면 예상된 결과였다. 하지 말라고 금지하면 림비는 의심하고, 때로는 공격적인 성향까지 보인다. 금지령은 그 금역을 한번 넘어보라고 림비를 자극한다.

진지하게 지켜야 하는 규칙을 설명할 때도 상대를 납득시킬 만한 언어를 사용해야 한다. 이럴 때 림비를 활용하라. 림비를 당신의 편으로 끌어들이는 데 성공해야만 림비가 적극적으로 대뇌피질에게 메시지를 전달할 것이다.

행복한 감정을 만드는 작은 습관의 힘

베토벤은 아침마다 자신이 좋아하는 커피를 마시기 위해 정확히 커피콩 60개를 셌다. 캐나다의 피아니스트 글렌 굴드Glen Gould는 낮고 덜그럭대는 자기 소유의 피아노 의자에 앉아야만 피아노를 칠 수 있었는데, 연주할 동안 의자의 삐그덕 소리가 요란했다. 헝가리 작가 에프라임 키숀Ephraim Kishon은 잠옷 차림일 때만 글을 썼고, 자신이 집에 있을 때는 모든 방에 등을 켜두어야만 했다.

다른 영화계 스타들보다 비교적 덜 까다롭다는 영화배우 윌 스

미스Will Smith마저도 머리에 닿는 물은 미네랄워터만 허용하는 강박이 있다. 이 때문에 비가 내리는 장면처럼 머리에 물이 묻을 수밖에 없는 씬에서 곤란한 상황이 벌어진다. 팝가수 레이디 가가Lady Gaga는 아무리 유명한 고급 레스토랑이라도 자신이 가져온 식기로만 식사를 한다. 가수 로드 스튜어트Rod Stewart는 햇살이 스며들 작은 틈새도 없어 빛이 완벽히 차단되는 호텔 방에서만 잠을 잔다. 영화배우 제니퍼 러브 휴잇Jennifer Love Hewitt은 집에 있는 서랍장이나 문짝 중 하나라도 열려 있으면 잠을 자지 못해서 잠들기 전에 온 집안을 돌아다니며 점검한다고 한다.

찰스 황태자는 자신의 커프스단추를 계속 만지작거리는 버릇으로 유명하다. 스페인의 테니스선수 라파엘 나달Rafael Nadal은 경기 중에 라인을 넘어야 할 때는 꼭 오른발이 먼저 선 밖으로 나오게 하고, 절대로 라인을 밟지 않는다. 세계적인 축구스타 데이비드 베컴David Beckham은 대칭 강박이 있다. 예컨대, 세 개의 콜라 캔이 놓여 있으면 하나는 치워버려야 한다. 스트라이커 웨인 루니Wayne Ronney는 진공청소기 소리나 최소한 헤어드라이어 소리라도 어렴풋이 들려야 잠들 수 있다.

그 밖에도 잘 알려진 괴벽들을 열거하려면 아직도 한참이나 남았지만, 어쩌면 이런 유명인들의 괴팍한 행동에 약간 거부감이 들었을지도 모르겠다. 하지만 다른 한편으로는, 특출난 능력을 지닌 많은 사람이 특이한 기벽을 가지고 있다는 생각도 든다. 어쩌면 그들은 림비를 좀 더 자유롭게 풀어놓는 것이지 않을까?

어쨌든 스타들을 보며 한 가지는 확실히 배울 수 있다. 당신에게도 유별난 습관이 있다면 그대로 둬도 괜찮다. 너무 극단적으로 별난 행동이거나 건강하지 못한 괴벽이 아니라면, 당신만의 특이점은 당신을 더 행복하게 만들 수 있다.

스위스 베른의 심리학자이자 강박증 전문가인 한스루에디 암빌Hansruedie Ambühl은 특정 방식을 고집하는 경향이 근본적으로 정상이라 봤다. 루틴이라고도 부르는 이 습관적 행동에는 특별한 기능이 하나 있다. 뇌의 부하를 경감해주고 창의적인 생각이 유입될 수 있도록 뇌에 공간을 만들어준다. 루틴이 있으면 아침마다 이를 먼저 닦을지, 알약을 먼저 먹을지 고민하지 않아도 된다. 반복적인 루틴은 어떤 면에서는 경제적이며 마음에 안정감을 선사한다.

림비의 소소한 행복을 찾아서

림비마다 은밀히 선호하는 뭔가가 있다. 자기 내면을 찬찬히 들여다보고 장비, 자재, 소리, 향기, 옷, 용기, 습관, 요일 중에서 특별히 날 기쁘게 하는 것이 있는지 찾아보라. 그 결과를 주변에 떠벌릴 필요도 없고 유명 스타들처럼 특이한 의식으로 만들지 않아도 된다. 그저 특정 향기에 취하고, 화면에서 좋아하는 글자체를 발견하고, 특정 스타일의 신발이나 스카프 또는 티셔츠를 걸치며 당신의 림비가 소소한 행복을 누리도록 해주자! 당신도 알듯이, 림비는 많은 걸 바라지 않는다.

우울한 뇌를 행복한 뇌로
바꾸는 방법

림비도 아플 때가 있을까? 물론, 그렇다. 인간의 정서 결정 기관이 제 기능을 제대로 수행하지 못할 때, 이를 우울증이라고 부른다. 우울증은 현대인에게 흔한 질병이지만, 원인이 워낙 다양해 발병 원인을 정확히 진단하기는 여전히 어렵다. 이 책을 통틀어 대뇌피질과 림비에 관한 은유가 여기만큼 잘 들어맞는 곳도 없을 것이다. 우울증을 이 이상으로 함축적이고 명료하게 설명할 수 없기 때문이다. 우울증이란 림비가 아픈 것이다.

우울증을 앓고 있는 사람의 기분을 전환하기는 매우 힘들다. 그를 다독여 인생의 긍정적인 면을 보게 하거나 새롭고 즐거운 것을 시작하게 만들려고 해도 뜻대로 되지 않는다. 결정을 내리는 기관인 림비가 더 이상 제대로 작동하지 않기 때문이다.

우울증의 수가 실제로 증가하고 있는 건지 아니면 단순히 전보다 진단을 더 잘 내릴 뿐인지는 의견이 분분하다. 그러나 분명한

건 뇌졸중 발작, 심장마비, 어쩌면 일부 암 질환까지, 여러 육체적 질병이 림비의 가장 강력한 신체적 표식으로서, 도와달라고 소리치는 신호라는 사실이다.

많은 사람이 직업과 사적인 삶의 여러 의무 사이에서 힘들어한다. 그 모든 의무를 동시에 완벽하게 충족시키기는 사실상 불가능하다. 이런 스트레스 상황이 심화되면 림비는 위협을 느끼고 신체적 브레이크로 제동을 건다. 아주 과격한 방식으로 생활을 장악해버리는 질병을 발병시켜 일상의 딜레마를 한 방에 해결해버리는 것이다. 뇌졸중 치료실로 향하는 의료용 침대에 눕고 나면 더 이상 결산 압박으로 가득한 회의에 참석하지 않아도 되고, 비난과 짜증이 난무하는 배우자의 잔소리도 피할 수 있다.

치명적인 질병을 치료하는 의학은 놀랍도록 발전하고 있다. 그러나 그로 인해 림비의 경고 장치가 그 위력을 잃어버리고 말았다. 심장마비는 약, 혈관에 주입하는 스텐트 시술, 혈관우회수술 등으로 치료할 수 있다. 그러나 그 병을 초래한 힘든 상황은 고쳐지지 않고 그대로다. 그러면 림비에게 남은 선택지는 하나뿐이다. 림비 자신이 병드는 것이다.

우울증이 발병하면 어떻게 해야 할까? 무엇보다 우선 림비의 경고를 심각하게 받아들여야 한다. 림비가 아픈 것은 스스로 뭔가 고장이 나서가 아니고, 외부 환경이 너무 엉망이라는 사실에 경종을 울리고 싶어서다. 먼저 그 상황부터 제대로 정리해야 한다. 그러려면 시간과 인내심이 필요하고 모두가 도와야 한다. 우울증 치료는 집단이 함께 노력해야 하는 과제다.

그리고 림비의 네트워크를 재부팅해야 한다. 림비는 경종을 울리기 위해서 너무 많은 힘을 소비했다. 아픈 림비는 병을 유발한 환경으로부터 완전히 벗어나야 한다. 경증 우울증이라면 잠시 휴직을 하고, 중증이라면 몇 주간 상담이나 치료를 받아야 한다. 완전히 새로운 환경에서 새로운 사람들과 새로운 주제를 접할 때 림비의 병이 나을 수 있다.

최대한 빨리 치료할수록 좋다. 신경과학자들이 림비의 생화학 반응을 더 잘 이해하게 되면서 약물로 림비의 전달물질을 제어하는 치료법이 늘고 있다. 그러나 이는 힘들고 위험한 방법으로, 림비가 가장 위중할 동안에만 림비를 보조하는 임시방편으로 쓰는

것이 좋다. 외부에서 주입하는 화학물질보다 훨씬 간단하고 자연스러운 치료법은 바로 앞서 소개한 림비 고유의 약국을 이용하는 것이다.

병이 든 림비는 자신이 만든 사막에 스스로를 방치한다. 그러나 아무리 심각한 정신의 사막일지라도, 어느 한 편에는 생명이 흐르는 오아시스가 분명히 존재한다. 빨리 림비를 그곳으로 보내야 한다. 스스로 그곳에 당도할 힘이 없다면 타인의 도움이 필요하다. 인내심을 가지고 넘쳐흐르는 샘물 같은 이미지를 내면에 떠올리며 병이 나을 수 있다는 확신을 림비에게 심어줘라. 함께 그 샘물로 가라.

한계를 넘어 성장하는 뇌의 가능성

도저히 행복할 수 없을 것만 같은 순간에는 어떻게 해야 할까? 고통, 슬픔, 질병 또는 억압적 환경이 인생을 강력하게 지배하고, 이 책의 조언이 전부 무의미한 상황이라면? 림비가 지닌 강력한 감정도, 대뇌피질의 영리한 생각도 전혀 도움이 되지 않는다면?

그러나 나는 끝없이 좌절만 가득한 곳은 없다고 확신한다. 심리학자이자 신경학자인 빅터 프랭클Viktor Frankl은 내게 깊은 감명을 준 내 우상이다. 그는 제3제국 통치 기간에 수년간 나치의 강제수용소에 수감되어 인간의 가장 깊은 절망과 가장 추악한 악의를 경험했다. 매일 코앞에서 죽음을 목격했지만, 프랭클 박사는 그의 신념을 굳게 붙들었다. 삶에는 분명히 의미가 존재한다는 믿음이었다.

포로가 되어 고문을 당하고, 희미한 희망조차 없이 좌절만 가득한 상황이더라도 인간에게는 여전히 단 하나의 자유가 있다. 자신에게 벌어지는 일에 어떻게 반응할지는 오로지 당사자만 결정할 수 있다. 포기할지 계속 싸울지, 눈앞의 뿌연 안개만 주목할지 아니면 그 뒤에 숨겨진 목표를 찾아낼지 그 결정권만은 온전히 각자의 내면에 존재한다.

프랭클은 산행을 매우 좋아하는 열정적인 등산가였다. 언젠가 그는 위험한 산을 등반하는 이유가 바로 두려움 때문이라고 말했다. "내가 좋아하고 할 만한 것만 해야 할까? 사람이 두려움보다 강할 수는 없는 걸까?" 그의 통찰을 나는 이렇게 해석한다. "내 림비가 용인하는 일만 내게 허용된 걸까?" 인간은 내면에 있는 포유류에 저항하면서 진정한 인간으로 거듭난다. 인간은 림비에게 무

기력하게 좌지우지되는 존재가 아니다.

프랭클은 이를 '정신의 반항심'이라 부르며 림비를 억압하거나 내면의 악과 싸우는 것과는 완전히 다른 것으로 간주했다. 자신이 느끼는 두려움, 분노와 친밀한 관계를 유지하면서도 그런 감정에 전부를 내어주지는 않는 것이다. 신피질과 림비는 서로를 신뢰하고, 무섭고 물러서고 싶은 상황에서도 함께 도전하며 그 과제를 풀어나간다.

 Tip 림비의 도전을 응원하라

산악가는 편한 길로만 다니지 않는다. 오히려 때때로 자신이 간신히 통과할 수 있는 난코스를 찾는다. 자신의 림비와 경쟁하고, 림비에게 도전장을 던지며, 림비의 힘뿐 아니라 두려움까지 이용할 때 우리는 가장 큰 행복을 맛볼 수 있다. 쉬운 길을 벗어나 한계에 부딪혀 극복할 때만 느낄 수 있는 행복이다. 그렇기에 가망이 없어 보이는 상황에서도 인간은 계속 도전하고 전진한다.

당신만의
행복 단어를 찾아라

적극적으로 행복을 찾고 구하며 사는데도 무언가 부족하다고 느낀다면, 어쩌면 단순한 언어적 오해에서 비롯된 문제일 수 있다.

림비는 비록 말은 못하지만, 누구보다 언어를 잘 파악한다. 사용된 표현을 눈 깜짝할 사이에 모두 스캔해 그 안에 숨겨진 의미와 그에 동반되는 감정을 알아챈다. 당신이 림비가 보내는 섬세한 신체 신호에 조금만 더 관심을 가진다면, 표면적으로 긍정적인 표현에 림비가 보이는 반응을 보고 놀라게 될 것이다. 독일의 정신분석자인 마야 슈토르흐Maja Storch는 '행복'이라는 말이 항상 유쾌한 신체적 표식만을 일으키지는 않는다고 설명했다. 많은 사람에게 '행복'이란 '오래 지속되지 않음' 또는 '과분함'과 같은 말로 여겨진다. 어떤 이들은 '행복'이란 개념을 생각할 때 그에 수반되는 위험과 부작용이 동시에 연상되어 힘들어하기도 한다. 덜 행복한 사람들의 질투, 행복에 취해 영민함을 잃을 위험 등을 곧바로

떠올리는 것이다.

그래서인지 행복을 연구하는 셀리그만은 '행복함'이라는 표현보다는 '웰빙 well-being'이라는 말을 주로 사용한다.

그렇다면 사람들이 온전한 평안함과 마음 깊숙이 바라는 인생의 목표를 보다 구체적으로 표현할 때 쓰는 말은 무엇이 있을까? 당신의 림비는 어떤 말에 긍정적인 신체적 신호를 발산하는가?

"이 세상을 더 살기 좋은 곳으로 만들고 싶어."

"사람은 누구나 독창적이고 특별하다는 걸 깨닫게 해주고 싶어."

"모두가 행복해졌으면 좋겠어."

"온 세상을 탐험하고 싶어."

"다른 사람에게 힘을 주는 사람이 되고 싶어."

"세상이 좀 더 안전했으면 좋겠어."

"다른 사람들을 올바른 길로 인도하고 싶어."

"평화가 찾아왔으면 좋겠어."

"불의와 싸우고 싶어."

"누군가에게 필요한 사람이 되고 싶어."

"약한 이들을 보호하고 싶어."

"다른 사람의 재능을 발견하고 일깨워주고 싶어."

 ## 나에게 맞는 행복의 대체어를 찾아라

분명 모두 좋은 생각, 좋은 말이다. 당신의 림비도 딱히 이견을 제기하지 않을 것이다. 그런데 그중 일부에는 특별히 더 강력하게 공감할 것이다. "맞아, 나도 그런데!" 위에서 언급한 문장들은 행복이라는 개념을 각자의 독창적인 방식으로 표현한 것이다. 당신의 림비가 좋아하는 당신만의 '행복 단어'를 찾아보라.

 ## 감사 일기로 매일의 행복을 발견하라

당신만의 행복을 찾는 훌륭한 방법 중 하나는 매일 감사 일기를 써보는 것이다. 무심코 보낸 하루 중 어느 순간에 감사를 느꼈는지 곰곰이 생각해보면, 당신이 무엇에 행복해하는지 더 선명하게 알 수 있다. 또한 감사의 감정을 느낄 때는 대뇌피질의 특정 부분이 활성화되는데, 이 영역은 공감, 정서 조절, 스트레스 완화와도 깊은 관련이 있다. 그래서 감사를 훈련하면 몸과 마음이 모두 건강해진다.

★ 림비가 전하는 핵심 포인트 ★

- 사람은 다른 사람과 어우러져 살아야 행복할 수 있다.
- 소명의식이 있다면 직장도 행복의 요소가 된다.
- 기억 속 깊은 감정은 유대감과 창의성을 만들어낸다.
- 기억이 꼭 정확한 것은 아니다. 대뇌피질과 함께 기억을 정정할 수 있다.
- 원하는 분야를 원하는 방식으로 공부하는 건 꿈꾸던 내 모습을 만드는 가장 좋은 방법이다.
- 나만의 습관과 취향은 소소한 행복을 준다.
- 우울증이 왔을 때는 반드시 내면의 소리에 귀를 기울이고 쉬어주자.
- 우리에겐 뇌가 설정한 한계를 뛰어넘을 수 있는 힘이 있다.
- 사람마다 행복의 단어가 다르다!

침비의 행복 나침반

행복이란 정적인 상태가 아니라 여행에 가깝다. 항상 새로운 목적지를 향해 나아가야 한다. 이곳에 적힌 지명 일부는 실제로 있는 곳이지만, 일부는 당신의 마음속에만 있는 곳이다. 이곳들을 탐험하면서 행복의 요소들을 발견할 수 있을 것이다.

구함의 저택

어린아이의 웃음

요리

신뢰의 바위

경청의 섬

좋아하는 음악

모임 참여의 다리

이렇게 해봐요!

그림 위로 동전을 하나 던져보세요.

또는 눈을 감고 손가락으로 짚으며 말해보세요. 난 오늘 내 행복을 찾으러 이곳으로 가겠어!

오늘 체험한 행복:
다른 사람을 도와줬어!

여기 뭔가 감춰져 있어요!

이 페이지의 고해상도 이미지 파일을 다운받을 수 있습니다.

결국 림비와의 관계가
행복을 결정한다!

림비는 항상 인류와 함께했다. 인류의 의식이 제대로 생기기도 전부터 림비는 내면의 신비하고 강력한 힘으로 인류와 함께한 것이다. 인류 의식의 역사는 약 15만 년 전 대뇌피질이 발달하면서 등장한 호모사피엔스부터 시작되었다. 의식을 통해 당신은 자신의 사고를 사고할 수 있고, 느낌을 느낄 수 있다. 당신은 "나"에 대해서 생각하고 "나"를 표현할 수 있다. 그렇다면 독일의 철학자 리하르트 다비트 프레히트Richard David Precht가 던진 질문이 이어서 떠오른다. "나는 누구이며, 몇 명이 있는가?" '나'라는 존재를 인식하는 이성은 자신 외에 더 감정적이고 빠르고 강력한 존재를 인지한다. 이 '다른 존재'에 대한 평가는 인류 역사에서 계속 변해왔다.

우리의 태곳적 조상은 마음 깊숙이 살고 있는 이 동물과 일심동체였다. 그들이 림비를 그렸다면 자기 자신과 똑같은 모양이었을 것이다. 어린 아기들도 그런 식으로 삶을 산다. 자기 안에 다른 존재는 없고 오로지 자신만이 존재할 뿐이다. 아기에게 이 세상은 전부 자신을 키우고 돌보기 위해 존재한다.

아이는 성장하면서 자신이 제어하지 못하는 크고 신비한 림비의 힘을 감지한다. 그리고 몇 번이나 반복해서 그 힘에 휘둘린다. 갑자기 눈물이 차오르고, 두려워지고, 기쁨이 넘실거린다. 모든 감정이 폭발하듯 솟아오른다. 아이들은 여러 경험을 통해서 내면의 존재가 특정 환경에서는 유순하지만 환경이나 조건이 바뀌면 끔찍한 괴물이 되어버린다는 것도 알게 된다.

구석기와 중석기 시대 인류의 조상은 소규모 집단생활을 하며 사냥과 채집을 했다. 족장 중심으로 모여들었고, 힘을 합쳐 서로를 보호했으며, 부족에서 정한 금지령과 의식을 따랐다. 그 울타리 바깥은 너무 위험했다. 당신의 유년시절도 이와 비슷해 가족이나 어린이집, 유치원의 강력한 보호 아래 성장한다. 제한된 조건에서만 그 테두리 밖을 나갈 수 있으며 허용된 시간도 아주 짧다.

인류의 역사에서도, 개인의 일대기에서도 어느 시점에는 혁명이 일어난다. 자유를 갈망하는 림비 때문이다. 사람들은 내면의 원초적 힘을 더 이상 두려워하지 않았고, 오히려 타인에게 공포를 일으키는 데 그 힘을 이용했다. 수렵과 채집으로 생활하던 사람들은 한곳에 정착했고, 농작과 목축이 발달했으며, 영토권을 두고 다퉜다. 이런 변혁의 시대가 찾아오면서 인류의 공격성과 발명 정신이 폭발했다. 혈투, 전쟁, 복수 등으로 생명을 위협받는 상황이 계속 이어졌고, 동물과 함께 생활하면서 전염병이 돌았다. 그러나 정착이라는 새로운 문화 덕에 인류의 수는 급속도로 늘어났다.

이렇게 큰 변화가 일어날 때마다 림비에 대한 시각도 변했다. 전쟁의 시대에 살면서 지속적으로 림비의 막강한 힘에 휘둘리는 것은 분명 엄청난 스트레스로 작용했을 것이다. 타인으로부터 안전한 사람은 그 어디에도 없었다. 침략, 절도, 전투가 일상이었고, 강함이 곧 법이 되었다.

림비가 패권을 쥐었던 이 시기가 저물면서 이윽고 대뇌피질의 시대가 도래했다. 인간 정신이 법이라는 장엄한 개념을 만들어내지 않았더라면 인류는 서로의 공격성으로 인해 몰락했을 것이다. 이 책의 은유법으로 풀이하자면, 림비는 더 이상 제멋대로 행동하지 못하게 되었다. 림비의 강력한 힘, 충동 등은 모두 제압당했다.

더 이상 힘이 센 우두머리를 따르는 것이 아니라 최고 높은 권력에 복종해야 했다. 그 이름도 성스러운, 계급이 등장했다.

그것은 단순히 정치적 변화를 넘어서 심리적 변동이기도 했다. 내면에 살고 있는 야생동물, 림비는 길들여져서 집에서 기르는 온순한 동물이 되었다. 인간 사회는 위대한 문명을 이룩하기 시작했다. 훈련된 병사들을 기반으로 거대한 국가 제도가 등장했다.

수렵과 채집만으로는 자연의 극미한 부분만 이해할 수 있었다. 그러나 국가가 형성되고 법률과 규범 등이 제정되면서 길, 도시, 요새, 성벽 등이 생겨났다. 망대 서너 개가 있는 작은 도시부터 2만 킬로미터를 넘는 만리장성까지 이 행성을 새롭게 구축하는 대규

모 프로젝트가 시작되었다. 강대한 국가체제하에서 그 어떤 림비도 자신이 원하는 걸 마음대로 할 수 없었다. 문화라는 커다란 손은 개개인의 정신까지 쥐고 있었다.

이렇게 림비가 제압당하고 길들여진 시대는 우리가 학교와 가정에서 교육받는 시기와 비슷하다고 볼 수 있다. 림비는 그 과정에서 감정을 그대로 표출하지 않음으로써 얻는 이득을 조금씩 배워나간다. 그러나 어느 순간 림비는 명령을 따르고 주어진 과제를 수행하는 데 지쳐버린다. 그 일을 해야만 하는 이유를 알고 싶어한다. 사춘기가 그렇게 시작한다. 이제 대뇌피질과 협력하는 법을 어느 정도 익힌 림비는 신피질과 함께 여태껏 당연하게 여겼던 전제들을 되묻기 시작한다.

이와 비슷한 맥락으로 약 500년 전 사람들은 권위에 비판적인 시각을 갖기 시작했다. 림비는 지속된 억압에 넌더리를 느꼈고 르네상스운동, 종교개혁, 계몽운동, 프랑스혁명은 이런 봉기의 정점이었다. 1784년 임마누엘 칸트Immanuel Kant는 이 말로 계몽주의를 점화했다. "스스로 생각할 용기를 가져라!" 대뇌피질은 림비의 힘을 활용하고 림비는 신피질과 협력하라는 외침이었다.

그것은 자연 탐구와 정복, 기술과 발명의 시대로 향하는 출발 신호였다. 이 거대한 흐름은 오늘날까지도 이어지며 계속해서 놀랍고 새로운 발견을 하고 있다. 개개인의 뇌 안에서도 이런 움직임은 활발히 이뤄지고 있다.

나는 뇌라는 사고와 감정의 기관을 탐색하면서 큰 영감을 얻었

고 깊이 매료되었다. 비록 난 이 분야에서 완전히 비전문가이지만, 신학자이자 일러스트레이터인 내 재능을 살려 끝없이 발전하고 있는 이 학문에 기여하고 싶어, 몇 년간 뇌 공부에 열중했다.

림비를 복슬복슬한 귀여운 동물로 표현한 은유법에 뇌학자들도 수긍할 것이라고 자부한다. 대뇌변연계의 감정 체계는 심연의 괴수가 아니라 선사시대부터 전해져온 매력적인 유물이다. 림비는 우리에게 필수 불가결한, 인생의 아주 주요한 한 부분이다. 우리는 우리에게 림비가 있다는 사실을 기뻐해야 한다.

한편으론 림비 역시 쉴 틈 없이 분석하고 먼 미래까지 생각하는 이성이 있다는 걸 기뻐할 것이다. 현명하게 림비와 협력하는 데 성공한다면, 우리는 무엇이든 해낼 수 있다.

— 서장. 림비와 인사하기

- Damasio, Antonio R., Ich fühle, also bin ich: Die Entschlüsselung des Bewusstseins, Berlin 2002

- Damasio, Antonio R., Descartes' Irrtum: Fühlen, Denken und das menschliche Gehirn, Berlin 2004

- Damasio, Antonio R., Der Spinoza-Effekt: Wie Gefühle unser Leben bestimmen, Berlin 2004

- Ekman, Paul, Gefühle lesen. Wie Sie Emotionen erkennen und richtig interpretieren, Heidelberg 2010

- Ekman, Paul, Ich weiß, dass du lügst: Was Gesichter verraten, Hamburg 2011

- Frädrich, Stefan, Das Günter-Prinzip. So motivieren Sie Ihren inneren Schweinehund, Offenbach 2011

- Heath, Chip und Dan, Decisive: How to Make Better Decisions, New York 2014

- Heath, Chip und Dan, Switch: Veränderungen wagen und dadurch gewinnen, Frankfurt/M. 2011

- Kahnemann, Daniel, Schnelles Denken, langsames Denken, München 2014

- MacLean, Paul, The Triune Conception of the Brain and Behaviour, Toronto 1974

- MacLean, Paul, The Triune Brain in Evolution: Role in Paleocerebral Functions, New York 1990

- N. N., »Wissen ist eßbar«, in Der Spiegel 36/1962, S.76–79 (Interessantes zum Strudelwurm)

- Roth, Gerhard, Das Gehirn und seine Wirklichkeit: Kognitive Neurobiologie und ihre philosophischen Konsequenzen, Frankfurt/M. 1996

- Roth, Gerhard, Aus Sicht des Gehirns, Frankfurt/M. 2009

- Stockrahm, Sven, »Unser ältester Vorfahr war ein vierbeiniger Insektenfresser«, in Zeit online vom 7. Februar 2013, online abrufbar unter www.zeit.de/wissen/2013-02/rekonstruktion-vorfahr-saeugetiere

- Storch, Maja, Machen Sie doch, was Sie wollen! Wie ein Strudelwurm den Weg zu Zufriedenheit und Freiheit zeigt, Bern 2010

- Storch, Maja, Das Geheimnis kluger Entscheidungen. Von Bauchgefühl und Körpersignalen, München 2011.

― 1장. 림비와 시간

- Csikszentmihalyi, Mihaly, FLOW und Kreativität: Wie Sie Ihre Grenzen überwinden und das Unmögliche schaffen, Stuttgart 2014

- Gladwell, Malcolm, Überflieger: Warum manche Menschen erfolgreich sind – und andere nicht, Frankfurt/New York 2010

- Hüther, Gerald, Was wir sind und was wir sein könnten: Ein neurobiologischer Mutmacher, Frankfurt/M. 2013

- Perry, John, Einfach liegen lassen: Das kleine Buch vom effektiven Arbeiten durch gezieltes Nichtstun, München 2012

- Rosa, Hartmut, Beschleunigung und Entfremdung: Entwurf einer kritischen Theorie spätmoderner Zeitlichkeit, Frankfurt/M. 2013

- Rosa, Hartmut, Beschleunigung. Die Veränderung der Zeitstrukturen in der Moderne, Frankfurt/M. 2005

― 2장. 림비와 공간

- Beck, Martha, Enjoy your life: 10 kleine Schritte zum Glück, München

2012

- Beck, Martha, Das Polaris Prinzip: Entdecke wozu Du bestimmt bist – und tue es!, München 2002

- Clark, Mindy, Das Haus, das sich von selbst aufräumt: Endlich Ordnung in Ihren vier Wänden, Witten 2008

— 3장. 림비와 돈

- Binswanger, Mathias, Die Tretmühlen des Glücks: Wir haben immer mehr und werden nicht glücklicher. Was können wir tun?, Freiburg 2006

- Faigle, Philip, »60 000 Euro reichen für ein schönes Leben«, in Zeit online vom 7. September 2010, online abrufbar unter www.zeit.de/wirt schaft/2010-09/studie-reichtum-glueck

- Holm, Friebe und Albers, Philipp, Was Sie schon immer über 6 wissen wollten. Wie Zahlen wirken, München 2011

— 4장. 림비와 몸

- Apfel, Petra, »Die Sportart ist egal, Hauptsache Bewegung«, in Focus online vom 13. Juli 2012, online abrufbar unter www.focus.de/gesund heit/gesundleben/fitness/training/tid-26187/fitness-fuer-herz-und-hirndie-sportart-ist-egal-hauptsache-bewegung-_aid_768786.html Baum, Thilo und Frädrich, Stefan, Günter, der innere Schweinehund, wird Nichtraucher. Ein tierisches Gesundheitsbuch, Offenbach 2006.

- Bundesministerium für Gesundheit – Epidemiologischer Suchtsurvey, online abrufbar unter www.bmg.bund.de/ministerium/ressortforschung/krankheitsvermeidung-und-bekaempfung/drogen-und-sucht/epdemiolo gie-des-suchtmittelkonsums/epidemiologischer-suchtsurvey.html Hatt, Hanns, Das Maiglöckchen-Phänomen: Alles über das Riechen und wie es unser Leben bestimmt, München 2008 Leiner, Peter, »Riechstörung lässt sich wegtrainieren«, in Ärzte-Zeitung online vom 19. September 2013, online abrufbar unter www.aerztezei tung.de/medizin/

krankheiten/hno-krankheiten/article/845681/geruchs sinn-verbessern-riechstoerung-laesst-wegtrainieren.html Mayer, Karl C., »Raucher«, in Glossar Psychiatrie/Psychosomatik/Psychotherapie/Neurologie/ Neuropsychologie, online abrufbar unter www.neuro24.de/show_glossar.php?id=1431

- Müller, Tilmann und Paterok, Beate, Schlaf erfolgreich trainieren. Ein Ratgeber zur Selbsthilfe, Göttingen 2010

- N. N., »Training ist ein planmäßiger Prozess«, Interview mit Dominik Schamne, in Pfälzischer Merkur online vom 21. März 2013, online abrufbar unter www.pfaelzischer-merkur.de/interview/aktuell/Aktuell-Trai ning-ist-ein-planmaessiger-Prozess;art202156,4706689

- Pape, Detlef, Schlank im Schlaf, München 2007 Rauch, Erich, Die F.X. Mayr-Kur und danach gesünder leben: Richtig entschlacken, den Darm sanieren und die passende Ernährung, Stuttgart 2011 Rüegg, Johann Caspar, Gehirn, Psyche und Körper: Neurobiologie von Psychosomatik und Psychotherapie, Stuttgart 2007 Schemann, Michael und Ehrlein, Hans Jörg, Der bewegte Darm (Film), Filmsequenzen online abrufbar unter http://humanbiology.wzw.tum.de/index.php?id=22

- Viele der Tipps zur Selbstverteidigung stammen aus den WO-DE (»Women-Defense«)-Kursen von Holger Schumacher. Informationen unter:www.wo-de.info oder Telefon (04154) 99 49 011

— 5장. 림비와 관계

- Horx, Matthias, Zukunft wagen: Über den klugen Umgang mit dem Unvorhersehbaren, München 2013 Hüther, Gerald, Wie Kinder heute wachsen: Natur als Entwicklungsraum.

- Ein neuer Blick auf das kindliche Lernen, Fühlen und Denken, Weinheim 2013

- Hüther, Gerald, »Begeisterung ...«, online abrufbar unter www. geraldhuether.de/populaer/veroeffentlichungen-von-gerald-huether/ texte/be geisterung-gerald-huether/index.php Largo, Remo H. und

Czernin, Monika, Jugendjahre. Kinder durch die Pubertät begleiten, München 2013

- N. N., »Die Welt wird besser. Und keiner glaubt es«, Interview mit Hans Rosling, in FAZ online vom 12. Januar 2014, online abrufbar unter

- www.faz.net/aktuell/wirtschaft/wirtschaftswissen/medizinprofessorhans-rosling-die-welt-wird-besser-und-keiner-glaubt-es-12747539.html Rock, David, Brain at Work: Intelligenter arbeiten, mehr erreichen, Frankfurt/New York 2011

- Sheldrake, Rupert, Der Wissenschaftswahn: Warum der Materialismus ausgedient hat, München 2012

- Singh, Maanvi, »To Get Help From A Little Kid, Ask The Right Way«, in Shots. Health News from NPR vom 30. April 2014, online abrufbar unter www.npr.org/blogs/health/2014/04/30/308045913/to-get-help-from-alittle-kid-ask-the-right-way

— 6장. 림비와 사랑

- Kosfeld, M., Heinrichs, M., Zak, P. J., Fischbacher, U. & Fehr, E., »Oxytocin increases trust in humans«, in Nature 435, 2005

- Love, Patricia, Schatz, wir müssen gar nicht reden! Wie Sie Ihre Beziehung in weniger als 5 Minuten täglich verbessern, Frankfurt/New York 2008

- N. N., »Frisch Verliebte sind auch hormonell im Gleichklang«, in

- science.orf.at, online abrufbar unter http://sciencev1.orf.at/science/news/113140

- Schnabel, Ulrich, »Ein Fest für die Hormone«, Interview mit Beate Ditzen, in Zeit online vom 23. Dezember 2008, online abrufbar unter

- www.zeit.de/2009/01/CH-Oxytocin Senftleben, Philipp von, Das Geheimnis des perfekten Flirts. So werden Sie unwiderstehlich, Reinbek 2008 Senger, Gerti, Schattenliebe. Nie mehr Zweite(r) sein, Wien 2007 Wolf, Christian, »Liebe ist Biochemie – und was noch?«, in das Gehirn.

- info vom 2. April 2013, online abrufbar unter http://dasgehirn.info/ handeln/liebe-und-triebe/liebe-ist-biochemie-2013-und-was-noch-7431/

― 7장. 림비와 행복

- Böschemeyer, Uwe, Warum nicht: Über die Möglichkeit des Unmöglichen, Salzburg 2014

- Diener, Ed und Biswas-Diener, Robert, Happiness: Unlocking the Mysteries of Psychological Wealth, Hoboken 2008

- Jiménez, Fanny, »Alles kommt zu dem von selbst, der warten kann«, in Die Welt online vom 3. März 2014, online abrufbar unter www.welt. de/gesundheit/psychologie/article125368166/Alles-kommt-zu-dem-vonselbst-der-warten-kann.html

- Kachler, Roland, Meine Trauer wird dich finden: Ein neuer Ansatz in der Trauerarbeit, Freiburg i.Br. 2005

- Seligman, Martin E., Der Glücks-Faktor. Warum Optimisten länger leben, Köln 2005

감수자 김대수

카이스트 뇌인지과학과 교수. 1998년 국내 대학원생으로는 최초로 《네이처》에 논문을 게재했고, 이후로도 왕성하게 연구를 이어가며 《네이처》, 《사이언스》, 《뉴런》 등 세계적으로 권위 있는 학술지에 논문을 기고하고 있다. 국제행동유전학회 젊은과학자상, 한미과학자협회 회장상, 카이스트 우수연구상, 3·1 문화상을 수상했으며 양질의 강의로 3회 연속 카이스트 우수강의상을 받기도 했다. 최근에는 대표적인 뇌질환 파킨슨병의 원인을 새로 밝혀내 전 세계의 주목을 받았다. 지은 저서로는 《뇌 과학이 인생에 필요한 순간》, 《기원, 궁극의 질문들》 등이 있다.

옮긴이 한윤진

연세대학교 독문학과를 졸업했으며 독일 뷔르츠부르크 대학에서 수학했다. 현재 번역 에이전시 엔터스코리아에서 번역가로 활동하고 있다. 옮긴 책으로는 《작고 똑똑한 심리책》, 《자기 회복력》, 《우주를 향한 골드러시》, 《돈, 뜨겁게 사랑하고 차갑게 다루어라》, 《보도 섀퍼 부의 레버리지》 등 다수가 있다.

생각에 지친 뇌를 구하는 감정 사용법

초판 1쇄 발행 2025년 1월 29일

펴낸곳 나무사이
출판등록 제 2023-000192호 (2023년 9월 25일)
대표메일 namu42book@naver.com
대표전화 070-8028-3289

만든 사람들
지은이 베르너 티키 퀴스텐마허
옮긴이 한윤진 **감수자** 김대수
편집 유진영 **마케팅** 곽수진 **디자인** 이하나
홍보 서일대학교 미디어출판학과 글로벌아이
제작 357 제작소

나무사이   '나무의 성장을 위한 존중의 거리' 나무 사이처럼 책과 사람 사이
서로의 성장을 도와주고 인생에 도움이 되는 책을 만들겠습니다.

만든 사람들
이야기

머릿속 행복을 깨우는 100일의 기적

림비 감정 일기

_____의 림비와 함께 쓰는 감정 일기장

나무사이

림비소개

안녕? 난 너의 머릿속에서 감정을 담당하고 있는 림비야.
100일 동안 나와 함께한다면 매일이 더 행복해지고 재밌어질 거야.
나와 함께 행복의 열쇠를 찾아 떠나보자!

림비를 더 알고 싶다면 큐알 코드를 찍어보세요!

변화될 내 모습을 기대하며 림비에게 인사를 건네보세요.
100일 이후 느끼고 싶은 감정도 붙여보세요. (책 뒤쪽에 림비 감정 스티커가 있어요!)
림비의 마법이 소원을 이루어줄 거예요.

림비의 감정 일기 활용법

STEP 1. 감정에 이름 붙여주기

오늘 하루를 돌아보면서 하루 동안 내가 느낀 감정을 모두 적어보세요.

Tip 감정이 떠오르지 않으면 '감정 사전'을 찾아보거나 '림비 감정 스티커'를 활용해봐요!

모호한 감정이 분명해지면서 내 마음을 제대로 이해할 수 있어요.

STEP 2. 감정과 대화하기

왜 그런 감정이 들었는지 내 마음을 들여다보고, 감정의 이유를 적어보세요.

감정의 이유를 알게 되면 감정에 대처하는 방법도 알 수 있어요.

STEP 3. 감정 쓰레기통에 버리기

오늘 느꼈던 감정 중에 부정적인 감정을 모두 적어보고, 감정 쓰레기통에 버려보세요.

나를 힘들게 한 감정을 특정하고, 이를 어딘가에 버린다고 생각하는 것만으로도 마음이 편안해져요.

STEP 4. 감사 일기 쓰기

오늘 하루 중 가장 감사하고 행복했던 기억 하나를 떠올리고 적어보세요.

좋은 감정을 상기하고 글로 적으면 머릿속 행복을 깨우고, 그 감정을 더 오래 간직할 수 있어요.

STEP 5. 행복 발견하기

림비에게 힘이 되는 말 한마디를 해주고, 행복한 림비를 그려보세요.

림비를 응원해주고 칭찬해주면 부정적인 감정도 행복하게 바뀌는 기적을 경험할 수 있어요.

감정 사전

내 마음의 기분을 알려주는 62가지 감정 단어를 배워봐요.

ㄱ	감동하다	크게 느끼어 마음이 움직이다.
	걱정스럽다	좋지 않은 일이 있을까 봐 두렵고 불안하다.
	고맙다	남이 자신을 위해 무엇을 해주어서 마음이 흐뭇하고 보답하고 싶다.
	공허하다	아무것도 없이 텅 비어 보람 없이 헛되다. 쓸쓸하거나 허전한 느낌이 들다.
	궁금하다	무엇이 알고 싶거나 걱정이 되어 마음이 무척 답답하다.
	귀엽다	보기에 예쁘고 곱거나 애교가 있어서 사랑스럽다.
	귀찮다	마음에 들지 아니하고 괴롭거나 성가시다.
	그립다	매우 보고 싶거나 만나고 싶은 마음이 간절하다.
	괴롭다	몸이나 마음이 편하지 않고 고통스럽다.
	기대하다	어떤 일이 원하는 대로 이루어지기를 바라면서 기다리다.
	긴장하다	마음을 조이고 정신을 바짝 차리다.
	기쁘다	마음이 흐뭇하고 흡족하여 기분이 매우 좋고 즐겁다.

ㄴ	나른하다	긴장이 풀리거나 고단하여 기운이 없다. 힘이 없이 보드랍다.
	놀라다	뜻밖의 일을 당하거나 무서워서 순간적으로 긴장하거나 가슴이 뛰다.

ㄷ	다행스럽다	예상보다 상황이 나쁘지 않아서 운이 좋은 듯하다.
	당황하다	놀라거나 다급하여 어찌할 바를 모르다.
	답답하다	근심이나 걱정으로 마음이 초조하고 속이 시원하지 않다.
	두렵다	걱정되고 불안하다. 몹시 피하고 싶을 만큼 겁이 나고 무섭다.
	든든하다	어떤 것에 대한 믿음이 있어 마음이 허전하거나 두렵지 않고 힘차다.

ㅁ	만족스럽다	기대하거나 필요한 것이 부족함 없거나 마음에 들어 흐뭇하다.
	망설이다	이리저리 생각만 하고 태도를 결정하지 못하다.
	무섭다	어떤 대상이 꺼려지거나 무슨 일이 일어날까 두렵다.
	미안하다	남에게 잘못을 하여 마음이 편치 못하고 부끄럽다.
	민망하다	사람을 대하거나 보기가 부끄럽거나 딱하고 안타까운 느낌이 있다.
	밉다	행동이나 태도 등이 마음에 들지 않거나 기분이 나쁘다.

ㅂ	반갑다	그리워하던 사람을 만나거나 원하는 일이 이루어져서 마음이 즐겁고 기쁘다.
	부끄럽다	쑥스럽거나 수줍다. 창피하거나 떳떳하지 못하다.
	부담스럽다	어떤 일이나 상황이 감당하기 어려운 느낌이 있다.
	부럽다	남의 일이나 물건을 보고 자기도 그런 일을 이루거나 물건을 갖기를 바라다.
	분노하다	분개하여 몹시 성을 내다.
	불쌍하다	사정이나 형편이 좋지 않아 가엾고 마음이 슬프다.

	불안하다	마음이 편하지 않다. 분위기 따위가 술렁거려 뒤숭숭하다.
	뿌듯하다	기쁨이나 감격이 마음에 가득 차서 벅차다.
ㅅ	서운하다	마음에 모자라 아쉽거나 섭섭하고 만족스럽지 못하다.
	설레다	마음이 가라앉지 아니하고 들떠서 두근거리다.
	슬프다	원통한 일을 겪거나 불쌍한 일을 보고 마음이 아프고 괴롭다.
	신나다	어떤 일에 재미나 즐거움을 느껴 기분이 아주 좋아지다.
	심심하다	하는 일이 없어 지루하고 재미가 없다.
	실망스럽다	기대하던 대로 되지 않아 희망을 잃거나 마음이 몹시 상하다.
	씁쓸하다	달갑지 아니하여 싫거나 언짢은 기분이 조금 나다.
ㅇ	아늑하다	따뜻하고 부드럽게 감싸 안기듯 편안하고 조용한 느낌이 있다.
	아쉽다	미련이 남아 안타깝고 서운하다. 필요할 때 모자라서 불만족스럽다.
	안타깝다	뜻대로 되지 아니하거나 보기에 딱하여 가슴 아프고 답답하다.
	어색하다	잘 모르거나 아니면 별로 만나고 싶지 않았던 사람과 마주 대하여 자연스럽지 못하다.
	억울하다	잘못한 것도 없이 피해를 입어 속이 상하고 답답하다.
	여유롭다	느긋하고 차분하게 생각하거나 행동하다. 대범하고 너그럽게 일을 처리하다.
	역겹다	속에 거슬리게 싫다. 몹시 마음에 들지 않거나 언짢아 기분이 나쁘다.
	외롭다	혼자가 되거나 의지할 데가 없어서 쓸쓸하다.
ㅈ	자랑스럽다	남에게 드러내어 뽐낼 만한 데가 있다.
	재미있다	아기자기하게 즐겁고 유쾌한 기분이나 느낌이 있다.
	지루하다	시간이 오래 걸리거나 같은 상태가 계속되어 따분하고 싫증이 나다.
	짜증스럽다	마음에 꼭 맞지 아니하여 귀찮고 성가셔서 싫다.
ㅊ	창피하다	체면이 깎이거나 아니꼬운 일을 당하여 부끄럽다.
ㅍ	편안하다	몸이나 마음이 거북하거나 괴롭지 않고 좋다.
	피곤하다	몸이나 마음이 지치어 고달프다.
ㅎ	행복하다	생활에서 충분한 만족과 기쁨을 느끼어 흐뭇하다.
	허전하다	무엇을 잃거나 의지할 곳이 없어진 것같이 서운하다.
	혼란스럽다	뒤죽박죽이 되어 마음이 어지럽고 질서가 없다.
	화나다	몹시 언짢거나 못마땅하여 기분이 나빠지다.
	황홀하다	눈부실 정도로 아름답고 화려하다. 마음이나 시선을 빼앗겨 흥분되다.
	후련하다	마음에 답답하게 맺혔던 것이 풀려 시원하다.
	후회하다	이전의 잘못을 깨치고 뉘우치다

• 국립국어원의 한국어기초사전과 표준국어대사전을 기반으로 일상에서 자주 사용하는 감정 어휘를 선별해 가나다순으로 나열했습니다.

림비를 그리는 것만으로도 행복해질 수 있어요.
아래의 설명에 따라 내 안의 행복한 림비를 그려보세요.

저자가 직접 알려주는 림비 드로잉이 궁금하다면 큐알 코드를 찍어보세요!

림비 얼굴 그리기

먼저 동그라미 두 개를 그리고 그 안에 점 두 개 찍기. 그 아래 작은 접시를 그리고, 그 밑에 좀 더 커다란 접시 한 개. 그다음 반대 방향에도 또 다른 접시 한 개를 그리면, 림비의 얼굴이 완성된다.

이건 어때요:

림비의 얼굴을 손바닥에 그려보자!

림비의 얼굴을 손바닥에 그리고 사진을 찍어 SNS에 올리면 놀라운 파급효과가 시작된다!

림비 몸 그리기

동그라미 두 개와 점을 찍어 림비의 두 눈 그리기. 코와 입, 머리를 그려 림비의 얼굴을 먼저 그리고,
양 팔을 벌리고 있는 두 손과 털이 복슬복슬한 몸, 마지막으로 두 발을 그리면 림비가 완성된다.

림비 직접 그려보기

Day 1

오늘의 감정

왜 그런 감정이 들었는지 적어보세요.

감정 쓰레기통에 버리고 싶은 감정이나 기억을 적어보세요.

오늘 하루 중 가장 감사하고 행복했던 기억 하나를 떠올리며 적어보세요.

오늘의 림비에게 힘이 되는 한마디를 적고, 림비를 그려보세요.

Day 2

왜 그런 감정이 들었는지 적어보세요.

감정 쓰레기통에 버리고 싶은 감정이나 기억을 적어보세요.

오늘 하루 중 가장 감사하고 행복했던 기억 하나를 떠올리며 적어보세요.

오늘의 림비에게 힘이 되는 한마디를 적고, 림비를 그려보세요.

Day 3

오늘의 감정

년   월   일

왜 그런 감정이 들었는지 적어보세요.

감정 쓰레기통에 버리고 싶은 감정이나 기억을 적어보세요.

오늘 하루 중 가장 감사하고 행복했던 기억 하나를 떠올리며 적어보세요.

오늘의 림비에게 힘이 되는 한마디를 적고, 림비를 그려보세요.

Day 4

왜 그런 감정이 들었는지 적어보세요.

감정 쓰레기통에 버리고 싶은 감정이나 기억을 적어보세요.

오늘 하루 중 가장 감사하고 행복했던 기억 하나를 떠올리며 적어보세요.

오늘의 림비에게 힘이 되는 한마디를 적고, 림비를 그려보세요.

Day 5

왜 그런 감정이 들었는지 적어보세요.

감정 쓰레기통에 버리고 싶은 감정이나 기억을 적어보세요.

오늘 하루 중 가장 감사하고 행복했던 기억 하나를 떠올리며 적어보세요.

오늘의 림비에게 힘이 되는 한마디를 적고, 림비를 그려보세요.

Day 6

왜 그런 감정이 들었는지 적어보세요.

감정 쓰레기통에 버리고 싶은 감정이나 기억을 적어보세요.

오늘 하루 중 가장 감사하고 행복했던 기억 하나를 떠올리며 적어보세요.

오늘의 림비에게 힘이 되는 한마디를 적고, 림비를 그려보세요.

Day 7

왜 그런 감정이 들었는지 적어보세요.

감정 쓰레기통에 버리고 싶은 감정이나 기억을 적어보세요.

오늘 하루 중 가장 감사하고 행복했던 기억 하나를 떠올리며 적어보세요.

오늘의 림비에게 힘이 되는 한마디를 적고, 림비를 그려보세요.

Day 8

왜 그런 감정이 들었는지 적어보세요.

감정 쓰레기통에 버리고 싶은 감정이나 기억을 적어보세요.

오늘 하루 중 가장 감사하고 행복했던 기억 하나를 떠올리며 적어보세요.

오늘의 림비에게 힘이 되는 한마디를 적고, 림비를 그려보세요.

오늘의 감정

년   월   일

왜 그런 감정이 들었는지 적어보세요.

감정 쓰레기통에 버리고 싶은 감정이나 기억을 적어보세요.

오늘 하루 중 가장 감사하고 행복했던 기억 하나를 떠올리며 적어보세요.

오늘의 림비에게 힘이 되는 한마디를 적고, 림비를 그려보세요.

Day 10

오늘의 감정

년   월   일

왜 그런 감정이 들었는지 적어보세요.

감정 쓰레기통에 버리고 싶은 감정이나 기억을 적어보세요.

오늘 하루 중 가장 감사하고 행복했던 기억 하나를 떠올리며 적어보세요.

오늘의 럼비에게 힘이 되는 한마디를 적고, 럼비를 그려보세요.

Day 11

년   월   일

왜 그런 감정이 들었는지 적어보세요.

감정 쓰레기통에 버리고 싶은 감정이나 기억을 적어보세요.

오늘 하루 중 가장 감사하고 행복했던 기억 하나를 떠올리며 적어보세요.

오늘의 림비에게 힘이 되는 한마디를 적고, 림비를 그려보세요.

Day 12

왜 그런 감정이 들었는지 적어보세요.

감정 쓰레기통에 버리고 싶은 감정이나 기억을 적어보세요.

오늘 하루 중 가장 감사하고 행복했던 기억 하나를 떠올리며 적어보세요.

오늘의 림비에게 힘이 되는 한마디를 적고, 림비를 그려보세요.

Day 13

왜 그런 감정이 들었는지 적어보세요.

감정 쓰레기통에 버리고 싶은 감정이나 기억을 적어보세요.

오늘 하루 중 가장 감사하고 행복했던 기억 하나를 떠올리며 적어보세요.

오늘의 림비에게 힘이 되는 한마디를 적고, 림비를 그려보세요.

Day 14

왜 그런 감정이 들었는지 적어보세요.

감정 쓰레기통에 버리고 싶은 감정이나 기억을 적어보세요.

오늘 하루 중 가장 감사하고 행복했던 기억 하나를 떠올리며 적어보세요.

오늘의 림비에게 힘이 되는 한마디를 적고, 림비를 그려보세요.

Day 15

오늘의 감정

왜 그런 감정이 들었는지 적어보세요.

감정 쓰레기통에 버리고 싶은 감정이나 기억을 적어보세요.

오늘 하루 중 가장 감사하고 행복했던 기억 하나를 떠올리며 적어보세요.

오늘의 림비에게 힘이 되는 한마디를 적고, 림비를 그려보세요.

Day 16

왜 그런 감정이 들었는지 적어보세요.

감정 쓰레기통에 버리고 싶은 감정이나 기억을 적어보세요.

오늘 하루 중 가장 감사하고 행복했던 기억 하나를 떠올리며 적어보세요.

오늘의 림비에게 힘이 되는 한마디를 적고, 림비를 그려보세요.

Day 17

오늘의 감정

년   월   일

왜 그런 감정이 들었는지 적어보세요.

감정 쓰레기통에 버리고 싶은 감정이나 기억을 적어보세요.

오늘 하루 중 가장 감사하고 행복했던 기억 하나를 떠올리며 적어보세요.

오늘의 림비에게 힘이 되는 한마디를 적고, 림비를 그려보세요.

Day 18

오늘의 감정

왜 그런 감정이 들었는지 적어보세요.

감정 쓰레기통에 버리고 싶은 감정이나 기억을 적어보세요.

오늘 하루 중 가장 감사하고 행복했던 기억 하나를 떠올리며 적어보세요.

오늘의 림비에게 힘이 되는 한마디를 적고, 림비를 그려보세요.

Day 19

오늘의 감정

년   월   일

왜 그런 감정이 들었는지 적어보세요.

감정 쓰레기통에 버리고 싶은 감정이나 기억을 적어보세요.

오늘 하루 중 가장 감사하고 행복했던 기억 하나를 떠올리며 적어보세요.

오늘의 림비에게 힘이 되는 한마디를 적고, 림비를 그려보세요.

Day 20

오늘의 감정

왜 그런 감정이 들었는지 적어보세요.

감정 쓰레기통에 버리고 싶은 감정이나 기억을 적어보세요.

오늘 하루 중 가장 감사하고 행복했던 기억 하나를 떠올리며 적어보세요.

오늘의 림비에게 힘이 되는 한마디를 적고, 림비를 그려보세요.

Day 21

오늘의 감정

년 　 월 　 일

왜 그런 감정이 들었는지 적어보세요.

감정 쓰레기통에 버리고 싶은 감정이나 기억을 적어보세요.

오늘 하루 중 가장 감사하고 행복했던 기억 하나를 떠올리며 적어보세요.

오늘의 림비에게 힘이 되는 한마디를 적고, 림비를 그려보세요.

Day 22

왜 그런 감정이 들었는지 적어보세요.

감정 쓰레기통에 버리고 싶은 감정이나 기억을 적어보세요.

오늘 하루 중 가장 감사하고 행복했던 기억 하나를 떠올리며 적어보세요.

오늘의 럼비에게 힘이 되는 한마디를 적고, 럼비를 그려보세요.

Day 23

오늘의 감정

왜 그런 감정이 들었는지 적어보세요.

감정 쓰레기통에 버리고 싶은 감정이나 기억을 적어보세요.

오늘 하루 중 가장 감사하고 행복했던 기억 하나를 떠올리며 적어보세요.

오늘의 럼비에게 힘이 되는 한마디를 적고, 럼비를 그려보세요.

Day 24

왜 그런 감정이 들었는지 적어보세요.

감정 쓰레기통에 버리고 싶은 감정이나 기억을 적어보세요.

오늘 하루 중 가장 감사하고 행복했던 기억 하나를 떠올리며 적어보세요.

오늘의 림비에게 힘이 되는 한마디를 적고, 림비를 그려보세요.

Day 25

오늘의 감정

왜 그런 감정이 들었는지 적어보세요.

감정 쓰레기통에 버리고 싶은 감정이나 기억을 적어보세요.

오늘 하루 중 가장 감사하고 행복했던 기억 하나를 떠올리며 적어보세요.

오늘의 림비에게 힘이 되는 한마디를 적고, 림비를 그려보세요.

Day 26

왜 그런 감정이 들었는지 적어보세요.

감정 쓰레기통에 버리고 싶은 감정이나 기억을 적어보세요.

오늘 하루 중 가장 감사하고 행복했던 기억 하나를 떠올리며 적어보세요.

오늘의 림비에게 힘이 되는 한마디를 적고, 림비를 그려보세요.

Day 27

오늘의 감정

왜 그런 감정이 들었는지 적어보세요.

감정 쓰레기통에 버리고 싶은 감정이나 기억을 적어보세요.

오늘 하루 중 가장 감사하고 행복했던 기억 하나를 떠올리며 적어보세요.

오늘의 럼비에게 힘이 되는 한마디를 적고, 럼비를 그려보세요.

Day 28

왜 그런 감정이 들었는지 적어보세요.

감정 쓰레기통에 버리고 싶은 감정이나 기억을 적어보세요.

오늘 하루 중 가장 감사하고 행복했던 기억 하나를 떠올리며 적어보세요.

오늘의 림비에게 힘이 되는 한마디를 적고, 림비를 그려보세요.

Day 29

오늘의 감정

왜 그런 감정이 들었는지 적어보세요.

감정 쓰레기통에 버리고 싶은 감정이나 기억을 적어보세요.

오늘 하루 중 가장 감사하고 행복했던 기억 하나를 떠올리며 적어보세요.

오늘의 림비에게 힘이 되는 한마디를 적고, 림비를 그려보세요.

Day 30

오늘의 감정

년   월   일

왜 그런 감정이 들었는지 적어보세요.

감정 쓰레기통에 버리고 싶은 감정이나 기억을 적어보세요.

오늘 하루 중 가장 감사하고 행복했던 기억 하나를 떠올리며 적어보세요.

오늘의 림비에게 힘이 되는 한마디를 적고, 림비를 그려보세요.

사랑스럽고 귀여운 내 친구 림비를 예쁘게 색칠해주세요.

Day 31

오늘의 감정

왜 그런 감정이 들었는지 적어보세요.

감정 쓰레기통에 버리고 싶은 감정이나 기억을 적어보세요.

오늘 하루 중 가장 감사하고 행복했던 기억 하나를 떠올리며 적어보세요.

오늘의 림비에게 힘이 되는 한마디를 적고, 림비를 그려보세요.

Day 32

오늘의 감정

왜 그런 감정이 들었는지 적어보세요.

감정 쓰레기통에 버리고 싶은 감정이나 기억을 적어보세요.

오늘 하루 중 가장 감사하고 행복했던 기억 하나를 떠올리며 적어보세요.

오늘의 럼비에게 힘이 되는 한마디를 적고, 럼비를 그려보세요.

Day 33

오늘의 감정

년   월   일

왜 그런 감정이 들었는지 적어보세요.

감정 쓰레기통에 버리고 싶은 감정이나 기억을 적어보세요.

오늘 하루 중 가장 감사하고 행복했던 기억 하나를 떠올리며 적어보세요.

오늘의 림비에게 힘이 되는 한마디를 적고, 림비를 그려보세요.

Day 34

오늘의 감정

왜 그런 감정이 들었는지 적어보세요.

감정 쓰레기통에 버리고 싶은 감정이나 기억을 적어보세요.

오늘 하루 중 가장 감사하고 행복했던 기억 하나를 떠올리며 적어보세요.

오늘의 림비에게 힘이 되는 한마디를 적고, 림비를 그려보세요.

Day 35

왜 그런 감정이 들었는지 적어보세요.

감정 쓰레기통에 버리고 싶은 감정이나 기억을 적어보세요.

오늘 하루 중 가장 감사하고 행복했던 기억 하나를 떠올리며 적어보세요.

오늘의 림비에게 힘이 되는 한마디를 적고, 림비를 그려보세요.

오늘의 감정

년   월   일

왜 그런 감정이 들었는지 적어보세요.

감정 쓰레기통에 버리고 싶은 감정이나 기억을 적어보세요.

오늘 하루 중 가장 감사하고 행복했던 기억 하나를 떠올리며 적어보세요.

오늘의 럼비에게 힘이 되는 한마디를 적고, 럼비를 그려보세요.

Day 37

왜 그런 감정이 들었는지 적어보세요.

감정 쓰레기통에 버리고 싶은 감정이나 기억을 적어보세요.

오늘 하루 중 가장 감사하고 행복했던 기억 하나를 떠올리며 적어보세요.

오늘의 림비에게 힘이 되는 한마디를 적고, 림비를 그려보세요.

Day 38

오늘의 감정

왜 그런 감정이 들었는지 적어보세요.

감정 쓰레기통에 버리고 싶은 감정이나 기억을 적어보세요.

오늘 하루 중 가장 감사하고 행복했던 기억 하나를 떠올리며 적어보세요.

오늘의 림비에게 힘이 되는 한마디를 적고, 림비를 그려보세요.

Day 39

왜 그런 감정이 들었는지 적어보세요.

감정 쓰레기통에 버리고 싶은 감정이나 기억을 적어보세요.

오늘 하루 중 가장 감사하고 행복했던 기억 하나를 떠올리며 적어보세요.

오늘의 림비에게 힘이 되는 한마디를 적고, 림비를 그려보세요.

Day 40

오늘의 감정

| 년 | 월 | 일 |

왜 그런 감정이 들었는지 적어보세요.

감정 쓰레기통에 버리고 싶은 감정이나 기억을 적어보세요.

오늘 하루 중 가장 감사하고 행복했던 기억 하나를 떠올리며 적어보세요.

오늘의 림비에게 힘이 되는 한마디를 적고, 림비를 그려보세요.

Day 41

왜 그런 감정이 들었는지 적어보세요.

감정 쓰레기통에 버리고 싶은 감정이나 기억을 적어보세요.

오늘 하루 중 가장 감사하고 행복했던 기억 하나를 떠올리며 적어보세요.

오늘의 림비에게 힘이 되는 한마디를 적고, 림비를 그려보세요.

Day 42

오늘의 감정

년 월 일

왜 그런 감정이 들었는지 적어보세요.

감정 쓰레기통에 버리고 싶은 감정이나 기억을 적어보세요.

오늘 하루 중 가장 감사하고 행복했던 기억 하나를 떠올리며 적어보세요.

오늘의 럼비에게 힘이 되는 한마디를 적고, 럼비를 그려보세요.

Day 43

오늘의 감정   년   월   일

왜 그런 감정이 들었는지 적어보세요.

감정 쓰레기통에 버리고 싶은 감정이나 기억을 적어보세요.

오늘 하루 중 가장 감사하고 행복했던 기억 하나를 떠올리며 적어보세요.

오늘의 림비에게 힘이 되는 한마디를 적고, 림비를 그려보세요.

Day 44

왜 그런 감정이 들었는지 적어보세요.

감정 쓰레기통에 버리고 싶은 감정이나 기억을 적어보세요.

오늘 하루 중 가장 감사하고 행복했던 기억 하나를 떠올리며 적어보세요.

오늘의 림비에게 힘이 되는 한마디를 적고, 림비를 그려보세요.

Day 45

오늘의 감정

왜 그런 감정이 들었는지 적어보세요.

감정 쓰레기통에 버리고 싶은 감정이나 기억을 적어보세요.

오늘 하루 중 가장 감사하고 행복했던 기억 하나를 떠올리며 적어보세요.

오늘의 림비에게 힘이 되는 한마디를 적고, 림비를 그려보세요.

Day 46

오늘의 감정

왜 그런 감정이 들었는지 적어보세요.

감정 쓰레기통에 버리고 싶은 감정이나 기억을 적어보세요.

오늘 하루 중 가장 감사하고 행복했던 기억 하나를 떠올리며 적어보세요.

오늘의 림비에게 힘이 되는 한마디를 적고, 림비를 그려보세요.

Day 47

왜 그런 감정이 들었는지 적어보세요.

감정 쓰레기통에 버리고 싶은 감정이나 기억을 적어보세요.

오늘 하루 중 가장 감사하고 행복했던 기억 하나를 떠올리며 적어보세요.

오늘의 림비에게 힘이 되는 한마디를 적고, 림비를 그려보세요.

Day 48

오늘의 감정

왜 그런 감정이 들었는지 적어보세요.

감정 쓰레기통에 버리고 싶은 감정이나 기억을 적어보세요.

오늘 하루 중 가장 감사하고 행복했던 기억 하나를 떠올리며 적어보세요.

오늘의 럼비에게 힘이 되는 한마디를 적고, 럼비를 그려보세요.

Day 49

왜 그런 감정이 들었는지 적어보세요.

감정 쓰레기통에 버리고 싶은 감정이나 기억을 적어보세요.

오늘 하루 중 가장 감사하고 행복했던 기억 하나를 떠올리며 적어보세요.

오늘의 럼비에게 힘이 되는 한마디를 적고, 럼비를 그려보세요.

Day 50

오늘의 감정

왜 그런 감정이 들었는지 적어보세요.

감정 쓰레기통에 버리고 싶은 감정이나 기억을 적어보세요.

오늘 하루 중 가장 감사하고 행복했던 기억 하나를 떠올리며 적어보세요.

오늘의 림비에게 힘이 되는 한마디를 적고, 림비를 그려보세요.

Day 51

오늘의 감정   년   월   일

왜 그런 감정이 들었는지 적어보세요.

감정 쓰레기통에 버리고 싶은 감정이나 기억을 적어보세요.

오늘 하루 중 가장 감사하고 행복했던 기억 하나를 떠올리며 적어보세요.

오늘의 림비에게 힘이 되는 한마디를 적고, 림비를 그려보세요.

Day 52

오늘의 감정

왜 그런 감정이 들었는지 적어보세요.

감정 쓰레기통에 버리고 싶은 감정이나 기억을 적어보세요.

오늘 하루 중 가장 감사하고 행복했던 기억 하나를 떠올리며 적어보세요.

오늘의 림비에게 힘이 되는 한마디를 적고, 림비를 그려보세요.

Day 53

왜 그런 감정이 들었는지 적어보세요.

감정 쓰레기통에 버리고 싶은 감정이나 기억을 적어보세요.

오늘 하루 중 가장 감사하고 행복했던 기억 하나를 떠올리며 적어보세요.

오늘의 림비에게 힘이 되는 한마디를 적고, 림비를 그려보세요.

Day 54

오늘의 감정

왜 그런 감정이 들었는지 적어보세요.

감정 쓰레기통에 버리고 싶은 감정이나 기억을 적어보세요.

오늘 하루 중 가장 감사하고 행복했던 기억 하나를 떠올리며 적어보세요.

오늘의 림비에게 힘이 되는 한마디를 적고, 림비를 그려보세요.

오늘의 감정

왜 그런 감정이 들었는지 적어보세요.

감정 쓰레기통에 버리고 싶은 감정이나 기억을 적어보세요.

오늘 하루 중 가장 감사하고 행복했던 기억 하나를 떠올리며 적어보세요.

오늘의 림비에게 힘이 되는 한마디를 적고, 림비를 그려보세요.

Day 56

오늘의 감정

왜 그런 감정이 들었는지 적어보세요.

감정 쓰레기통에 버리고 싶은 감정이나 기억을 적어보세요.

오늘 하루 중 가장 감사하고 행복했던 기억 하나를 떠올리며 적어보세요.

오늘의 럼비에게 힘이 되는 한마디를 적고, 럼비를 그려보세요.

Day 57

왜 그런 감정이 들었는지 적어보세요.

감정 쓰레기통에 버리고 싶은 감정이나 기억을 적어보세요.

오늘 하루 중 가장 감사하고 행복했던 기억 하나를 떠올리며 적어보세요.

오늘의 림비에게 힘이 되는 한마디를 적고, 림비를 그려보세요.

오늘의 감정

왜 그런 감정이 들었는지 적어보세요.

감정 쓰레기통에 버리고 싶은 감정이나 기억을 적어보세요.

오늘 하루 중 가장 감사하고 행복했던 기억 하나를 떠올리며 적어보세요.

오늘의 림비에게 힘이 되는 한마디를 적고, 림비를 그려보세요.

Day 59

왜 그런 감정이 들었는지 적어보세요.

감정 쓰레기통에 버리고 싶은 감정이나 기억을 적어보세요.

오늘 하루 중 가장 감사하고 행복했던 기억 하나를 떠올리며 적어보세요.

오늘의 림비에게 힘이 되는 한마디를 적고, 림비를 그려보세요.

Day 60

오늘의 감정

년   월   일

왜 그런 감정이 들었는지 적어보세요.

감정 쓰레기통에 버리고 싶은 감정이나 기억을 적어보세요.

오늘 하루 중 가장 감사하고 행복했던 기억 하나를 떠올리며 적어보세요.

오늘의 럼비에게 힘이 되는 한마디를 적고, 럼비를 그려보세요.

Day 61

왜 그런 감정이 들었는지 적어보세요.

감정 쓰레기통에 버리고 싶은 감정이나 기억을 적어보세요.

오늘 하루 중 가장 감사하고 행복했던 기억 하나를 떠올리며 적어보세요.

오늘의 림비에게 힘이 되는 한마디를 적고, 림비를 그려보세요.

Day 62

오늘의 감정

년   월   일

왜 그런 감정이 들었는지 적어보세요.

감정 쓰레기통에 버리고 싶은 감정이나 기억을 적어보세요.

오늘 하루 중 가장 감사하고 행복했던 기억 하나를 떠올리며 적어보세요.

오늘의 림비에게 힘이 되는 한마디를 적고, 림비를 그려보세요.

Day 63

왜 그런 감정이 들었는지 적어보세요.

감정 쓰레기통에 버리고 싶은 감정이나 기억을 적어보세요.

오늘 하루 중 가장 감사하고 행복했던 기억 하나를 떠올리며 적어보세요.

오늘의 림비에게 힘이 되는 한마디를 적고, 림비를 그려보세요.

Day 64

왜 그런 감정이 들었는지 적어보세요.

감정 쓰레기통에 버리고 싶은 감정이나 기억을 적어보세요.

오늘 하루 중 가장 감사하고 행복했던 기억 하나를 떠올리며 적어보세요.

오늘의 림비에게 힘이 되는 한마디를 적고, 림비를 그려보세요.

Day 65

오늘의 감정

년 월 일

왜 그런 감정이 들었는지 적어보세요.

감정 쓰레기통에 버리고 싶은 감정이나 기억을 적어보세요.

오늘 하루 중 가장 감사하고 행복했던 기억 하나를 떠올리며 적어보세요.

오늘의 림비에게 힘이 되는 한마디를 적고, 림비를 그려보세요.

Day 66

왜 그런 감정이 들었는지 적어보세요.

감정 쓰레기통에 버리고 싶은 감정이나 기억을 적어보세요.

오늘 하루 중 가장 감사하고 행복했던 기억 하나를 떠올리며 적어보세요.

오늘의 림비에게 힘이 되는 한마디를 적고, 림비를 그려보세요.

오늘의 감정

왜 그런 감정이 들었는지 적어보세요.

감정 쓰레기통에 버리고 싶은 감정이나 기억을 적어보세요.

오늘 하루 중 가장 감사하고 행복했던 기억 하나를 떠올리며 적어보세요.

오늘의 림비에게 힘이 되는 한마디를 적고, 림비를 그려보세요.

Day 68

오늘의 감정

년　월　일

왜 그런 감정이 들었는지 적어보세요.

감정 쓰레기통에 버리고 싶은 감정이나 기억을 적어보세요.

오늘 하루 중 가장 감사하고 행복했던 기억 하나를 떠올리며 적어보세요.

오늘의 림비에게 힘이 되는 한마디를 적고, 림비를 그려보세요.

Day 69

왜 그런 감정이 들었는지 적어보세요.

감정 쓰레기통에 버리고 싶은 감정이나 기억을 적어보세요.

오늘 하루 중 가장 감사하고 행복했던 기억 하나를 떠올리며 적어보세요.

오늘의 림비에게 힘이 되는 한마디를 적고, 림비를 그려보세요.

Day 70

왜 그런 감정이 들었는지 적어보세요.

감정 쓰레기통에 버리고 싶은 감정이나 기억을 적어보세요.

오늘 하루 중 가장 감사하고 행복했던 기억 하나를 떠올리며 적어보세요.

오늘의 림비에게 힘이 되는 한마디를 적고, 림비를 그려보세요.

Day 71

오늘의 감정

왜 그런 감정이 들었는지 적어보세요.

감정 쓰레기통에 버리고 싶은 감정이나 기억을 적어보세요.

오늘 하루 중 가장 감사하고 행복했던 기억 하나를 떠올리며 적어보세요.

오늘의 림비에게 힘이 되는 한마디를 적고, 림비를 그려보세요.

Day 72

왜 그런 감정이 들었는지 적어보세요.

감정 쓰레기통에 버리고 싶은 감정이나 기억을 적어보세요.

오늘 하루 중 가장 감사하고 행복했던 기억 하나를 떠올리며 적어보세요.

오늘의 림비에게 힘이 되는 한마디를 적고, 림비를 그려보세요.

Day 73

오늘의 감정

왜 그런 감정이 들었는지 적어보세요.

감정 쓰레기통에 버리고 싶은 감정이나 기억을 적어보세요.

오늘 하루 중 가장 감사하고 행복했던 기억 하나를 떠올리며 적어보세요.

오늘의 림비에게 힘이 되는 한마디를 적고, 림비를 그려보세요.

Day 74

왜 그런 감정이 들었는지 적어보세요.

감정 쓰레기통에 버리고 싶은 감정이나 기억을 적어보세요.

오늘 하루 중 가장 감사하고 행복했던 기억 하나를 떠올리며 적어보세요.

오늘의 림비에게 힘이 되는 한마디를 적고, 림비를 그려보세요.

Day 75

오늘의 감정

| 년 | 월 | 일 |

왜 그런 감정이 들었는지 적어보세요.

감정 쓰레기통에 버리고 싶은 감정이나 기억을 적어보세요.

오늘 하루 중 가장 감사하고 행복했던 기억 하나를 떠올리며 적어보세요.

오늘의 럼비에게 힘이 되는 한마디를 적고, 럼비를 그려보세요.

Day 76

왜 그런 감정이 들었는지 적어보세요.

감정 쓰레기통에 버리고 싶은 감정이나 기억을 적어보세요.

오늘 하루 중 가장 감사하고 행복했던 기억 하나를 떠올리며 적어보세요.

오늘의 림비에게 힘이 되는 한마디를 적고, 림비를 그려보세요.

오늘의 감정

왜 그런 감정이 들었는지 적어보세요.

감정 쓰레기통에 버리고 싶은 감정이나 기억을 적어보세요.

오늘 하루 중 가장 감사하고 행복했던 기억 하나를 떠올리며 적어보세요.

오늘의 림비에게 힘이 되는 한마디를 적고, 림비를 그려보세요.

Day 78

오늘의 감정

왜 그런 감정이 들었는지 적어보세요.

감정 쓰레기통에 버리고 싶은 감정이나 기억을 적어보세요.

오늘 하루 중 가장 감사하고 행복했던 기억 하나를 떠올리며 적어보세요.

오늘의 림비에게 힘이 되는 한마디를 적고, 림비를 그려보세요.

Day 79

왜 그런 감정이 들었는지 적어보세요.

감정 쓰레기통에 버리고 싶은 감정이나 기억을 적어보세요.

오늘 하루 중 가장 감사하고 행복했던 기억 하나를 떠올리며 적어보세요.

오늘의 림비에게 힘이 되는 한마디를 적고, 림비를 그려보세요.

Day 80

왜 그런 감정이 들었는지 적어보세요.

감정 쓰레기통에 버리고 싶은 감정이나 기억을 적어보세요.

오늘 하루 중 가장 감사하고 행복했던 기억 하나를 떠올리며 적어보세요.

오늘의 림비에게 힘이 되는 한마디를 적고, 림비를 그려보세요.

Day 81

년   월   일

왜 그런 감정이 들었는지 적어보세요.

감정 쓰레기통에 버리고 싶은 감정이나 기억을 적어보세요.

오늘 하루 중 가장 감사하고 행복했던 기억 하나를 떠올리며 적어보세요.

오늘의 림비에게 힘이 되는 한마디를 적고, 림비를 그려보세요.

Day 82

오늘의 감정

년   월   일

왜 그런 감정이 들었는지 적어보세요.

감정 쓰레기통에 버리고 싶은 감정이나 기억을 적어보세요.

오늘 하루 중 가장 감사하고 행복했던 기억 하나를 떠올리며 적어보세요.

오늘의 림비에게 힘이 되는 한마디를 적고, 림비를 그려보세요.

Day 83

왜 그런 감정이 들었는지 적어보세요.

감정 쓰레기통에 버리고 싶은 감정이나 기억을 적어보세요.

오늘 하루 중 가장 감사하고 행복했던 기억 하나를 떠올리며 적어보세요.

오늘의 림비에게 힘이 되는 한마디를 적고, 림비를 그려보세요.

Day 84

오늘의 감정

왜 그런 감정이 들었는지 적어보세요.

감정 쓰레기통에 버리고 싶은 감정이나 기억을 적어보세요.

오늘 하루 중 가장 감사하고 행복했던 기억 하나를 떠올리며 적어보세요.

오늘의 림비에게 힘이 되는 한마디를 적고, 림비를 그려보세요.

Day 85

오늘의 감정

년   월   일

왜 그런 감정이 들었는지 적어보세요.

감정 쓰레기통에 버리고 싶은 감정이나 기억을 적어보세요.

오늘 하루 중 가장 감사하고 행복했던 기억 하나를 떠올리며 적어보세요.

오늘의 림비에게 힘이 되는 한마디를 적고, 림비를 그려보세요.

오늘의 감정   년   월   일

왜 그런 감정이 들었는지 적어보세요.

감정 쓰레기통에 버리고 싶은 감정이나 기억을 적어보세요.

오늘 하루 중 가장 감사하고 행복했던 기억 하나를 떠올리며 적어보세요.

오늘의 림비에게 힘이 되는 한마디를 적고, 림비를 그려보세요.

Day 87

오늘의 감정

년　　월　　일

왜 그런 감정이 들었는지 적어보세요.

감정 쓰레기통에 버리고 싶은 감정이나 기억을 적어보세요.

오늘 하루 중 가장 감사하고 행복했던 기억 하나를 떠올리며 적어보세요.

오늘의 림비에게 힘이 되는 한마디를 적고, 림비를 그려보세요.

Day 88

오늘의 감정

년   월   일

왜 그런 감정이 들었는지 적어보세요.

감정 쓰레기통에 버리고 싶은 감정이나 기억을 적어보세요.

오늘 하루 중 가장 감사하고 행복했던 기억 하나를 떠올리며 적어보세요.

오늘의 림비에게 힘이 되는 한마디를 적고, 림비를 그려보세요.

Day 89

왜 그런 감정이 들었는지 적어보세요.

감정 쓰레기통에 버리고 싶은 감정이나 기억을 적어보세요.

오늘 하루 중 가장 감사하고 행복했던 기억 하나를 떠올리며 적어보세요.

오늘의 림비에게 힘이 되는 한마디를 적고, 림비를 그려보세요.

Day 90

왜 그런 감정이 들었는지 적어보세요.

감정 쓰레기통에 버리고 싶은 감정이나 기억을 적어보세요.

오늘 하루 중 가장 감사하고 행복했던 기억 하나를 떠올리며 적어보세요.

오늘의 림비에게 힘이 되는 한마디를 적고, 림비를 그려보세요.

사랑스럽고 귀여운 내 친구 림비를 예쁘게 색칠해주세요.

Day 91

오늘의 감정

년   월   일

왜 그런 감정이 들었는지 적어보세요.

감정 쓰레기통에 버리고 싶은 감정이나 기억을 적어보세요.

오늘 하루 중 가장 감사하고 행복했던 기억 하나를 떠올리며 적어보세요.

오늘의 림비에게 힘이 되는 한마디를 적고, 림비를 그려보세요.

Day 92

오늘의 감정

왜 그런 감정이 들었는지 적어보세요.

감정 쓰레기통에 버리고 싶은 감정이나 기억을 적어보세요.

오늘 하루 중 가장 감사하고 행복했던 기억 하나를 떠올리며 적어보세요.

오늘의 럼비에게 힘이 되는 한마디를 적고, 럼비를 그려보세요.

Day 93

왜 그런 감정이 들었는지 적어보세요.

감정 쓰레기통에 버리고 싶은 감정이나 기억을 적어보세요.

오늘 하루 중 가장 감사하고 행복했던 기억 하나를 떠올리며 적어보세요.

오늘의 럼비에게 힘이 되는 한마디를 적고, 럼비를 그려보세요.

Day 94

오늘의 감정

년   월   일

왜 그런 감정이 들었는지 적어보세요.

감정 쓰레기통에 버리고 싶은 감정이나 기억을 적어보세요.

오늘 하루 중 가장 감사하고 행복했던 기억 하나를 떠올리며 적어보세요.

오늘의 림비에게 힘이 되는 한마디를 적고, 림비를 그려보세요.

Day 95

오늘의 감정

년   월   일

왜 그런 감정이 들었는지 적어보세요.

감정 쓰레기통에 버리고 싶은 감정이나 기억을 적어보세요.

오늘 하루 중 가장 감사하고 행복했던 기억 하나를 떠올리며 적어보세요.

오늘의 럼비에게 힘이 되는 한마디를 적고, 럼비를 그려보세요.

Day 96

오늘의 감정

왜 그런 감정이 들었는지 적어보세요.

감정 쓰레기통에 버리고 싶은 감정이나 기억을 적어보세요.

오늘 하루 중 가장 감사하고 행복했던 기억 하나를 떠올리며 적어보세요.

오늘의 림비에게 힘이 되는 한마디를 적고, 림비를 그려보세요.

Day 97

왜 그런 감정이 들었는지 적어보세요.

감정 쓰레기통에 버리고 싶은 감정이나 기억을 적어보세요.

오늘 하루 중 가장 감사하고 행복했던 기억 하나를 떠올리며 적어보세요.

오늘의 림비에게 힘이 되는 한마디를 적고, 림비를 그려보세요.

Day 98

오늘의 감정

왜 그런 감정이 들었는지 적어보세요.

감정 쓰레기통에 버리고 싶은 감정이나 기억을 적어보세요.

오늘 하루 중 가장 감사하고 행복했던 기억 하나를 떠올리며 적어보세요.

오늘의 림비에게 힘이 되는 한마디를 적고, 림비를 그려보세요.

Day 99

오늘의 감정   년   월   일

왜 그런 감정이 들었는지 적어보세요.

감정 쓰레기통에 버리고 싶은 감정이나 기억을 적어보세요.

오늘 하루 중 가장 감사하고 행복했던 기억 하나를 떠올리며 적어보세요.

오늘의 림비에게 힘이 되는 한마디를 적고, 림비를 그려보세요.

오늘의 감정

년   월   일

왜 그런 감정이 들었는지 적어보세요.

감정 쓰레기통에 버리고 싶은 감정이나 기억을 적어보세요.

오늘 하루 중 가장 감사하고 행복했던 기억 하나를 떠올리며 적어보세요.

오늘의 림비에게 힘이 되는 한마디를 적고, 림비를 그려보세요.

100일 동안 가장 많이 만나고 느꼈던
내 머릿속 림비를 그리거나 스티커로 붙여보세요.

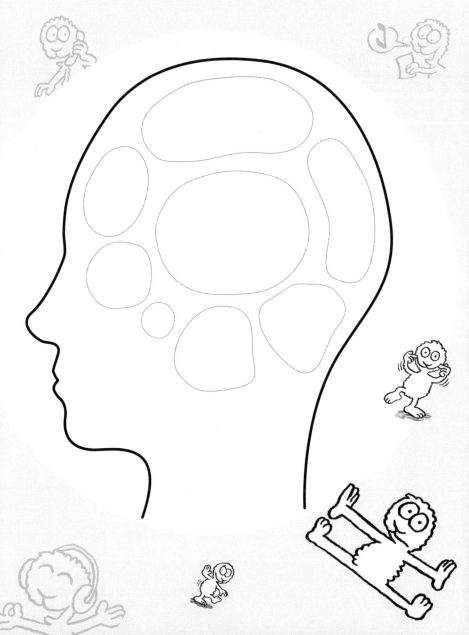

100일의 기록을 쌓아온 나의 림비에게

from.

마지막으로 나의 림비를 즐겁게 하는 행복 목록을 적어보세요.

- ☐
- ☐
- ☐
- ☐
- ☐